새로운 시대의

부모교육

홍길회 · 우수정

창지사

머리말

4차 산업혁명 시대를 맞이하여 눈부신 발전과 변화가 이루어지는 가운데 최근 급변하고 있는 세계정세와 저출산·고령화 현상은 가장 큰 사회문제가 되고 있습니다. 이는 기후변화, 환경보전과 더불어 교육에도 영향을 미치고 있으며, 미래 교육에 중요한 과제가 되고 있습니다.

사회변화는 가치관을 바꾸어 놓았고, 가정의 기능을 변화시켰습니다. 가정이 가지고 있는 기능 중에 가장 중요한 본질은 인간을 건강한 사회구성원으로 길러내는 일일 것입니다. 이러한 점에서 출산율의 급격한 감소는 노인세대의 급격한 증가와 더불어 사회적으로 염려하지 않을 수 없는 일입니다.

최근에는 이러한 급격한 사회변화 현상과 함께 다양한 형태로의 가족변화가 이루어지고 있어, 이러한 현실에서 '부모역할을 어떻게 수행할 것인가'가 주요 키워드로 부각되고 있습니다.

시대가 변하면 부모역할도 바뀌어야 할 것입니다. 변화하는 사회에서 건강한 가족을 유지하고 사는 일, 특히 성공적으로 부모역할을 수행하는 것은 그 무엇보다 중요한 일이라고 할 수 있습니다.

무엇보다 가정이 건강하고 행복해야 합니다. 건강한 가족관계는 가족구성원들의 심리적 안녕에 기여하며, 행복한 부부관계는 부모역할에 큰 영향을 미치게 됩니다.

하지만 동서고금을 막론하고 좋은 부모 노릇은 쉽지 않은 일입니다. 더구나 자녀를 낳고 키우는 환경은 악화되어 가고 있고, 극심한 취업난으로 결혼과 출산을 포기하는 요즈음 세대에겐 더욱 부모역할이 쉽지 않은 일이 되어 자녀양육이 부담감과 두려움으로 작용하고 있습니다. 참으로 안타까운 일이 아닐 수 없습니다.

국가에서는 초저출산 시대를 극복하기 위해 단순히 출산율 증가가 아닌 개인의 권리 향유는 물론 함께 일하고 함께 돌보는 사회로의 전환을 추진하고 있습니다. 이와 같이 삶의 질 제고를 위한 패러다임 변화를 제안하면서 돌봄 서비스 확대 및 돌봄 서비스 통합 AI 플랫폼 구축을 통해 돌봄 공백을 최소화하고자 노력하고 있습니다.

그러나 부모역할을 위한 각종 사회적인 지원 못지않게 필요한 것은 부모가 되는 당사자의 준비일 것입니다. 따라서 변화하는 사회에서의 가족 이해를 바탕으로 한 부모역할 지침이 필요할 것입니다.

한 인간의 삶에 절대적인 영향을 미치는 부모의 중요성을 볼 때, 유아교육의 효과는 궁극적으로 유아교육기관 종사자들이 부모와 가정과 얼마나 협력관계를 맺느냐에 달려 있다고 해도 과언이 아닐 것입니다.

본서는 아직 부모됨을 겪지 않은 학생들이나 예비교사 및 영유아교육기관 교사들에게 자신의 미래 부모로서의 모습을 준비하는 데 도움을 주고자 하였습니다. 즉, 자녀양육을 통해 인간적인 성숙과 더불어 보람과 행복을 얻는 일을 경험할 수 있기를 바라는 마음으로 집필하였으며, 동시에 유아교육현장에서 교사로서 만나는 부모들과의 다양하고 효율적인 소통을 통해 부모역할을 지원할 수 있는 역량을 기르는 데 도움을 주고자 하였습니다.

이에 본서를 총 8장으로 구성하여 1장에서는 부모교육의 개념과 필요성 및 가족과 그 변화를 알아보았고, 2장에서는 다양한 가족유형에 따른 부모역할을 살펴보았으며, 3장은 아버지, 어머니 역할 등 다양한 내용의 부모역할을 담았으며,

4장에서는 자녀 발달단계에 따른 부모역할의 변화내용을 다루었습니다다. 5장에서는 부모교육 프로그램을 소개하였는데, 많이 활용하는 것을 중심으로 쉽게 풀어 쓰려고 노력하였으며, 6장과 7장에서는 영유아교육기관에서의 부모와의 관계 및 소통을 위해 할 수 있는 부모교육의 내용과 방법을, 마지막 8장에서는 영유아교육기관에서 이루어지는 부모면담에 필요한 내용을 살펴보았습니다.

특히 본서에서 역점을 둔 것은 사회변화에 따른 가족의 변화를 이해하고, 최근 증가한 가족유형에 따른 부모역할의 어려움을 파악해 적절한 부모역할을 모색해 본 점과 유아교육현장에서 교사, 특히 초임교사가 어려워하는 부모상담을 잘하기 위해 필요한 내용을 간추려 소개하고 있다는 점입니다.

본서가 변화하는 사회에서 어린 세대를 건강하고 행복하게 길러 내는 책무를 수행하는 데 기여할 수 있기를 기대해 봅니다.

끝으로 자료 제공에 도움을 주신 어린이집과 유치원 원장님들께 감사의 마음을 전하며, 창지사 김기섭 사장님과 편집부 관계자 여러분께 감사드립니다.

2023년 2월
저자 일동

목차

CHAPTER 4 | 발달단계와 부모역할

CHAPTER 6 | 유아교육기관과 부모

CHAPTER 7 | 유아교육현장에서의 부모교육 운영

CHAPTER 8 | 유아교육현장에서 부모면담

새로운 시대의 부/모/교/육

CHAPTER

01

현대사회의 가족과 부모교육

1 부모교육의 이해

1) 부모교육의 개념

부모교육(parent education)은 '이미 성인이 된 사람들이나 예비부모들을 위한 일종의 성인교육으로서, 자녀의 양육이나 교육, 가정생활의 개선 등에 관한 지식을 얻거나 소양을 높이기 위한 것을 목적으로 한다'고 사전적으로 정의되어 있다. 예비부모를 포함한 부모와 교육기관에서 부모교육과 유사한 개념으로 사용되는 용어로는, 부모참여(parent participation), 부모개입(parent involvement), 부모지지(parent support), 부모훈련(parent training), 부모역할하기(parenting) 등을 들 수 있다. 이 중 가장 자주 사용되는 용어가 부모교육과 부모참여이다. 최근에는 소집단을 구성하여, 일회성이 아닌 여러 회기에 걸쳐 이루어지는 부모교육을 다른 교육프로그램과 구분하여 부모훈련이라 부르기도 한다.

부모교육이란 자녀에 대한 부모의 이해와 지식을 증진시켜서 사고와 감정, 그리고 행동에 있어서 습관적인 방법을 돌이켜 검토해 보도록 함과 동시에, 자녀를 양육하는 새로운 방법을 습득하도록 도와주는 다양한 교육적 경험을 말하며, 부모로서의 역량을 키우고 효과적인 자녀 양육방법을 개발하도록 도와주는 다양한 교육프로그램을 말한다(이재연·김경희, 2000). 유호순과 정원식(1994)은 부모교육은 부모로 하여금 자녀교육에 대한 책임을 인식하도록 하며, 주어진 책임을 수행하는데 필요한 지식과 기능을 습득하게 하고, 부모에게 요구되는 기본적인 태도를 지니도록 하는 것으로서 의도적으로 주어지는 교육과정이라고 하였다.

한편 단순히 좋은 부모가 되어 자녀를 잘 양육한다는 것만을 목적으로 하지 않고, 부모 자신의 자아존중감을 키우고 자기실현을 도와주는 교육으로 부모교육을 정의하기도 한다(정계숙 외, 2007). 이원영 외(2011)는 부모역할에 대한 정보를 제공하여 자신의 자녀를 보다 바람직한 방법으로 양육하도록 하는 한편, 부모 자신도 인격적으로 성숙할 수 있도록 돕고, 영유아교육의 효과도 증진시키는 성인교육을 포괄적으로 부모교육으로 정의하고 있다.

부모참여는 부모개입과 유사하게 사용하는 용어로서, 부모가 영유아교육기관과 긴밀한 관계를 유지하며 영유아를 이해하고 교육의 질을 높이기 위해서 영유아의 학습현장에 직접 참여하는 것을 말한다. 부모참여는 영유아 교육 및 발달을 핵심으로, 가정(부모)과 영유아교육기관(교사)이 동반자로서 동등한 입장에서 상호유대관계와 연결을 유지하여, 보다 효율적인 영유아 교육 및 발달을 위해 적극 노력하는 모든 과정을 의미하는, 포괄적이고 적극적인 개념이다(이기숙, 1982). Evans(1990)는 부모참여란 유아교육프로그램의 계획, 실천, 평가, 그리고 수정 등의 모든 주요 단계에 부모가 참여하는 것으로서 부모의 의사결정권한이 강조되는 개념으로 보았다.

역사적으로 볼 때, 1960년대 이전의 부모교육이 주로 전문가가 부모에게 교육을 하고 부모는 교육을 받기만 하는 수직적인 관계의 소극적인 부모교육이었다면, 1960년대 헤드스타트 운동 이후 부모교육 개념은 점차 수직적 관계에서 수평적 관계로 확대되어 가고 있다. 이는 전문가와 부모가 동반자로서 동등한 입장에서 상호작용하면서, 부모의 결정권한과 참여가 확대되어, 부모교육의 개념이 부모참여와 부모개입의 성격을 많이 포함하게 되었다고 볼 수 있다.

고든(Gordon)은 영유아교육기관에서의 부모관여도에 따라 부모교육의 정의를 다음과 같이 개념화하였다. 첫째, 최소한의 관여로서 부모가 아동발달이나 교육 등에 대한 지식을 수동적으로 전달받는 소극적인 역할을 하는 경우이다. 둘째, 약간 발전된 부모관여 형태로서, 부모가 학급의 보조교사, 지원인사로서 자발적으로 참여하고 봉사하는 경우이다. 이 형태는 부모가 교구·교재의 제작 및 개발에 참여하고, 유아의 휴식, 간식, 자유놀이 시간 등에 보조교사로서 활동을 하며, 교사의 지도와 보조 하에 가끔 부분 수업 또는 흥미영역별 수업을 주도하는 경우이다. 셋째, 영유아교육기관의 교육과정 운영에 부모의 요구가 적극적으로 반영되어, 부모가 자녀의 교육프로그램 결정에 참여·선택할 수 있는 재량권을 행사하는 경우이다.

부모지지는 가족 및 친지로부터의 도움을 위시하여, 지역사회 내의 각종 학부모회, 지방자치단체, 교육기관, 아동복지시설, 병원, 도서관, 기업체, 종교기관, 기타 사회사업기관으로부터의 부모역할 지원활동을 의미한다. 부모훈련은 전문적인 부모교육 프로그램을 통해, 바람직한 부모역할 수행에 필요한 지식 및 정보와 기술을 체득시켜, 좋은 부모가 될 수 있도록 훈련하거나 교육하는 것을 말한다. 부모역할하기는 자녀의 전인적인 발달을 돕기 위해, 부모들이 자녀를 양육, 보호, 교육하고, 관리하는 과정에서 수행하는 전반적인 과업을 의미한다. 자녀의 성장에 따른 부모역할의 내용이 변하게 됨에 따라, 부모역할하기는 부모-자녀 간에 일련의 과정으로 지속적으로 진행되며, 어머니역할하기와 아버지역할하기가 있다(홍길회 외, 2016).

2) 부모교육의 필요성

현대사회는 농경사회에서 산업화된 사회, 정보사회로 급속히 변해 왔으며, 이와 같은 변화는 가족구조와 가족기능에 많은 변화를 가져 왔다. 또한 맞벌이 가족의 증가와 함께 가족형태의 다양성이 증가함으로써, 부모역할 수행의 어려움이 가중되고 있어, 바람직한 부모역할 수행을 위한 부모교육이 필수적으로 요구되고 있다.

부모교육의 필요성은 영유아 측면, 부모 측면, 영유아교육기관(교사) 측면 그리고 사회적인 측면에서 다음과 같이 설명할 수 있다.

(1) 영유아 측면

영유아의 발달은 유전과 환경의 상호작용으로 이루어진다. 부모는 영유아 발달을 위한 중요한 환경으로서 자녀의 신체, 정서, 인지, 사회, 언어, 창의성 등 전인발달에 중요한 영향을 미치는 사람이다. 특히 영유아기가 발달에 결정적인 시기라는 학설로 인해 부모역할의 중요성이 더욱 강조되고 있다. 부모는 자녀에게 영향을 주는 최초의 사람이고 지속적인 사람이므로, 부모가 부모교육을 통해 적절한 도움을 받는다면, 영유아는 보다 좋은 환경에서 잘 자랄 수 있을 것이다.

(2) 부모 측면

부모는 자녀의 성장 발달 촉진은 물론, 부모로서의 자질향상과 개인의 자아실현을 위해 도움을 필요로 한다.

첫째, 양육모델의 부재로 인해 부모역할 수행에 어려움이 많다. 부모–자녀관계의 인식의 변화로 인하여, 과거 자신의 부모세대의 양육모델이 현 시점에서는 적절하지 않고, 바람직한 새로운 양육모델도 발견하기 어렵기 때문에, 자신의 상황에 적합한 양육방식을 찾기 위해 부모교육이 필요하다.

둘째, 텔레비전, 잡지, 인터넷 등의 대중매체가 제공하는 양육에 대한 정보가 일관성이 없고, 극단적이거나 이상적이며 때로는 상충적인 정보가 많기 때문에, 홍수처럼 쏟아지는 정보를 올바르게 판단하여 선택하고 적용하려면 부모교육이 필요하다. 예를 들면, '매를 아끼면 자녀를 망친다.'와 '체벌은 백해무익하다.'라는 정보는 부모에게 혼란을 준다.

셋째, 자녀에게 중요한 영향을 미치는 부모 자신이 성숙한 인격을 갖춘 다음에, 자녀를 양육할 수 있다면 가장 좋겠지만, 그것이 현실적으로 불가능하므로 부모교육을 통해 자녀 양육과정에서 보다 성숙된 부모가 되도록 도울 수 있다.

넷째, 여성의 사회참여 증가와 아버지역할의 중요성에 대한 연구결과는 그동안 어머니가 전담해 왔던 부모역할에 대한 인식의 변화를 가져왔다. 아버지의 자녀양육에의 참여가 불가피하게 되었으나, 아직까지 아버지는 자녀양육에 대한 인식이나 양육기술이 부족하므로 부모교육이 필요하다.

다섯째, 한부모 가족, 조손가족, 다문화 가족, 미혼모 가족, 이혼가족, 재혼가족 등 다양한 가족형태로 인해 부모들의 요구가 달라질 수밖에 없다. 가족형태에 따른 양육방식 등 이들을 돕기 위한 다각적인 정보 및 지원체계 마련을 위해서 부모교육이 필요하다.

여섯째, 부모역할을 통해 부모들이 인간으로서 성장할 기회를 얻도록 하기 위하여 부모교육이 필요하다. 부모역할은 일생을 통해 이루어지는 성인교육의 한 측면으로 생각할 수 있다. 성인이 담당하는 다른 역할과는 달리, 부모역할은 자녀들이 성장함에 따라 함께 변하기 때문에, 부모는 자녀의 성장에 따른 다양한 요구에 적절히 적응하고 반응해 주어야 한다. 부모는 부모교육을 통해서 부모로서 성장할 기회를 얻을 뿐만 아니라, 인간으로서도 성상하고 발달할 기회를 얻을 수 있기 때문에 부모교육이 필요하다(연미희 · 김진숙, 2008).

(3) 영유아교육기관(교사) 측면

영유아교육기관에서 실시하는 부모교육은 부모에 대한 지원체계의 핵심으로서, 부모로 하여금 영유아교육기관에 적극적으로 참여할 수 있는 기회를 제공하고, 영유아교육기관과 가정과의 연계를 도모하여 영유아의 성장과 발달을 돕는다.

첫째, 영유아교육기관이 부모교육을 통해 기관의 교육철학과 교육방침을 안내함으로써, 가정에서도 일관성이 있는 교육을 할 수 있도록 도움을 준다.

둘째, 영유아교육기관의 부모교육 및 참여를 통해 부모와 교사 간에 영유아 발달에 관한 정보를 교환하고 공유함으로써, 영유아에 대한 이해를 높일 수 있다.

셋째, 영유아교육기관에의 부모참여를 통해 교사의 교육활동을 관찰함으로써, 영유아의 지도방법을 익힐 수 있는 기회를 제공한다.

넷째, 영유아교육기관의 부모교육은 교사 및 기관에 대한 상호신뢰를 높여, 영유아교육기관의 운영에 대한 협조를 얻을 수 있다.

다섯째, 영유아교육기관의 교육과정에 부모를 인적자원으로 활용할 수 있다. 부모들이 가지고 있는 특기를 활용해서 영유아교육기관의 환경구성, 학습자료 제작, 소집단 활동지도 등에 참여하게 함으로써 영유아교육기관의 교육과정을 풍요롭게 할 수 있을 뿐만 아니라 교사의 과중한 업무를 줄이는 데도 기여할 수 있다.

(4) 사회적 측면

첫째, 인적자원의 개발 측면이다. 자녀가 잘 자라서 건강한 사회구성원으로 자란다면, 이는 국가의 입장에서 볼 때 우수한 인적자원을 얻는 것이다. 반면 그들이 비정상적으로 성장하여 비행 청소년 또는 성인이 된다면, 국가에서 그들을 교화하는 데 많은 비용이 들 것이다. 이런 관점에서 볼 때 부모교육을 실시하는 것은 투자가치가 매우 높다고 할 수 있다.

둘째, 오늘날 사회의 변화속도는 아무도 가늠할 수 없다. 과거에 부모 자신이 양육되었던 방식으로는 자녀를 미래에 적응할 수 있는 사람으로 키우는 것이 어렵다. 따라서 부모교육을 통해 미래사회에 필요한 지식, 태도, 가치관 등에 대한 정보를 얻는 것이 필요하다. 예를 들어, 미래에는 지식보다는 창의적인 사고와 문제해결력 등이 더욱 요구될 것이다.

셋째, 남녀평등 인식의 확대와 여성의 사회진출에 대한 사회적 요구는 자녀양육에 큰 부담이 되고 있다. 이는 많은 가정에서의 자녀출산 저해요인으로 작용하여 심각한 사회적·국가적 문제가 되고 있는 바, 부모가 자녀양육의 어려움을 덜고 효율적으로 부모역할을 할 수 있도록 지원하는 국가차원의 부모교육 활성화가 요구된다(홍길회 외, 2016).

3) 부모교육의 내용

부모교육 프로그램들은 부모 양육에 필요한 정보제공과 부모역할의 중요성에 대한 인식, 그리고 바람직한 부모 양육행동을 가져올 수 있는 기술습득을 주로 다룬다. 영유아교육기관에서 실시되는 부모교육 내용은 다음과 같다.

(1) 양육에 관한 지식과 정보의 제공

영유아기의 중요성, 영유아의 신체적, 사회·정서적, 인지적 그리고 언어적 발달 특징과 발달단계별 부모역할에 대한 지식, 바람직한 자녀양육태도, 영유아의 문제행동과 지도방법, 부모-자녀관계의 중요성, 건강관리를 위한 정보를 나눈다.

(2) 양육에 관한 기술훈련

지식과 정보의 제공만으로는 부모의 행동에 실질적인 변화를 가져오기에는 충분하지 않음으로 기술훈련을 실시하는 것이 필요하다. 즉 부모역할에 관련된 특정기술을 발달시키기 위해 부모에게 집중적인 훈련을 제공한다. 구체적으로 역할놀이, 시범보이기, 행동연습과 그에 대한 피드백 등을 통하여 자녀와 효과적으로 의사소통하는 방법, 놀이지도, 훈육방법, 아동의 긍정적 행동 형성하기 등의 기법을 익힌다. 그중에서도 가장 보편적으로 다루고 있는 내용은 의사소통기법에 관한 것이다. 바람직한 부모-자녀관계를 위해서 원만한 의사소통은 필수적이다.

(3) 부모의 자아인식과 자아존중감

부모의 자아인식의 증진을 도와줄 방법을 다룬다. 부모는 자아인식을 통하여, 현재의 자녀양육방식에 영향을 끼친 자신의 부모세대의 양육방식을 인식하게 되며, 자신의 가치체계의 변화를 경험할 수 있다. 또한 성숙한 부모의 자아존중감은 자녀의 자아존중감에도 영향을 주기 때문에 부모의 자아존중감 증진을 위한 다각적인 지원을 한다.

(4) 영유아 학습경험의 자원

영유아교육기관에서 부모는 교사의 교육과 지도를 보조하면서 교사의 역할을 도울 뿐만 아니라, 교육현장에서 학습한 의사소통 및 상호작용 기술을 가정에서 이용함으로써, 부모역할에 도움을 받게 된다. 그리고 부모가 가진 재능과 직업에 관련된 자원을 제공함으로써, 아동의 학습경험을 확대시킬 수 있다.

(5) 가정에서의 학습환경 조성

유아가 매일 접촉하는 가정환경은 유아발달에 많은 영향을 준다. 풍요한 가정환경은 유아의 발달을 촉진하는 다양한 학습경험의 기회를 제공해 준다. 따라서 유아의 발달을 촉진시켜 주기 위한 학습환경을 조성해 주는 방법을 다룰 수 있다.

(6) 부모를 위한 일반 상식 및 여가선용

부모는 자녀의 교육 이외에도 가정의 관리 및 운영, 나아가 지역사회 발전에 참여하기 위해서 여러 가지 정보를 필요로 한다. 이를 감안하여, 부모교육에서 세금 및 보험에 관한 지식, 자연보호, 노인문제, 가족법, 유아의 예방접종 및 응급처치, 친환경 식품이나 위생적 식품관리, 물품 구입에 대한 지식과 정보 등을 다룰 수 있다. 또한 일상생활에서 오는 부모의 스트레스를 줄이기 위해 노래교실, 웃음치료, 레크리에이션 등 여가선용 프로그램도 제공할 수 있다(홍길회 외, 2016).

2 가정의 이해

가정은 '한 개인이나 가족이 생활하는 장소'를 뜻하는 주거적인 개념과 가족구성원의 몸과 마음이 쉴 수 있는 안식처의 개념을 모두 포함한다. 즉, 가정은 물질적인 환경만을 의미하는 것이 아니라 의식주를 영위하면서 정서적 유대와 소속감을 느끼는 연대의식을 가진 가족공동체가 휴식과 안정을 얻을 수 있는 따뜻한 사랑의 보금자리를 뜻한다.

가정은 사회를 구성하는 가장 기본적인 사회적 단위로서 중요한 역할을 하는데, 즉 자녀의 출산으로 세대를 연결하고, 그 자녀를 사회화를 통해 문화적으로 또 심리사회적으로 개발시키며, 각 개인 행위를 이끌고 지도하게 된다.

가족의 사전적 정의를 보면 '부부와 같이 혼인으로 맺어지거나, 부모-자식과 같이 혈연으로 이루어지는 집단, 또는 그 구성원'으로 정의된다.

가족의 유형과 구조가 점점 더 다양화하고 있는 현대사회에서는 가족에 대한 개념을 보다 유연하게 정립하고 현실적으로 대응하는 일이 중요하다.

이런 의미에서 UN에서는 오늘날 가족의 유형이 너무나 다양하기 때문에 국가의 법률과 관행상 가족은 '어린이를 돌보는 사람들', '국가의 법률과 관행 하에 가족으로 간주되는 일군의 사람들'이라고 정의하고 있다.

또한 다양한 인종과 민족이 모여 한 국가를 이룬 미국에서는 가족을 아주 간단하게 '두 명 이상의 동거하고 있는 사람들이 혈연, 결혼 또는 입양의 관계를 가진 경우'라고 정의하면서 가능한 한 미국 내에 존재하는 다양한 가족의 형태를 포함시키고자 하고 있다.

가정은 예로부터 자녀의 출산과 양육, 사회화와 교육, 오락 등을 책임져 왔다. 부모는 무력하고 연약하게 태어난 자녀의 생존을 위해 물리적 환경을 적절히 제공해 주어야 하며, 뿐만 아니라 건전한 자아를 가진 성숙한 사회인으로 성장할 수 있도록 정서적, 심리적으로 도와주어야 한다.

1) 가정의 기능

(1) 성적 기능(애정적 기능)

결혼을 통해 이룩되는 가정은 한 남자와 한 여자의 완전한 사랑의 결합을 요구한다. 완전한 사랑의 결합이란 정신적으로 육체적으로 완전한 결합을 말한다. 이러한 결합은 결혼으로서만 가능하며, 결혼이 이와 같은 완전한 결합을 가져오지 못할 때 그 결합은 위기를 맞게 된다.

(2) 생식의 기능

완전한 사랑의 결합은 필연적으로 자녀의 출산을 가져온다. 자녀를 출산하는 생식의 기능은 가족이 갖는 가장 중요한 기능이며, 가족만이 갖는 유일한 기능이다.

(3) 부양·보호적 기능

부모는 어린 자식을 양육하고 자식은 노부모를 부양한다. 이러한 부양·보호의 관계는 권리·의무의 관계 이전에 인간 본연의 사랑에서 우러나오는 자연적인 현상이다. 가족 중 환자·실업자·노령자 등의 보호는 보호적 기능의 대표적 예로 들 수 있다. 오늘날에는 경찰·병원·사회보장제도 등 사회와 국가에 의한 의존도가 높아지고 있다.

(4) 교육적 기능

어린이는 태어나면서부터 부모의 애정 속에서 인간관계·생활양식·행위규범·가치체계를 습득하게 된다. 즉, 하나의 생물학적 개체가 하나의 인격적인 존재로 성장해 간다. 그래서 점차 사회의 일원으로서 적응하며 생활할 수 있는 필요한 기본적 인성(Personality)를 형성하는 것이다.

(5) 경제적 기능

가족의 경제적 기능은 생산적 기능과 소비적 기능의 양면을 생각할 수 있다.

가족생활은 재산의 공동생산과 공동소비의 성격을 띠고 있으나 오늘날에는 점차 생산적 기능은 감퇴되어 간다. 오늘날 가족에서 남자는 생계를 위한 생산에 종사하며 수입 면을 담당하고, 여자는 자녀를 낳아 기르고 의·식·주 생활을 관리하며 소비 면을 담당하고 있다.

(6) 휴식 및 오락 기능

가족은 가족원에 의해서 심신의 긴장을 풀거나 피로의 회복을 꾀하는 휴식의 기능을 갖는다. 사회에서 노동력을 소비하여 지친 심신을 가정에 돌아와 휴식을 취함으로써 다음날의 노동력을 재생산한다. 따라서 따뜻한 가정의 분위기에서 충분한 휴식을 취한 사람들만이 명랑한 사회의 분위기를 형성할 수 있다. 가족은 여러 가지 오락시설을 갖추고 이를 즐기기도 하고, 스스로 공동의 레크리에이션을 갖기도 한다. 가족이 함께 오락을 즐김으로써 심신의 휴식을 취할 뿐 아니라 교육적인 의미도 수반하게 된다. 따라서 건전한 가족 오락은 가족 개개인에게 도움이 될 뿐 아니라 건전한 사회를 이룩하는 데도 필요한 것이다.

(7) 종교적 기능

가족은 대체로 같은 종교를 가지고 있을 뿐 아니라 우리의 옛 관습대로 조상제사의 예식도 거행한다. 가족이 다 같이 한 종교를 가지고 있다면 더욱 원만하고 명랑한 생활을 할 수 있으며, 확고한 가치관과 성숙된 행복한 가정을 이룩할 수 있다(홍길회 외, 2016).

2) 가정기능의 변화

현대사회에서는 사회변화와 더불어 가족의 형태 또한 다양화되면서 과거의 가정에서 기능해 온 가족 내 복지의 기능, 경제적 생산기능이 상실되거나 약화되었다. 반면, 소비기능, 자녀의 사회화 기능, 정서적 만족기능 등과 같은 것들이 강화되고 있다.

전통적으로 가족이 수행해 왔던 기능은 성적 기능, 자녀출산의 기능, 생산과 소비를 함께하는 경제적 기능, 양육(보호)의 기능, 교육(사회화)의 기능, 부양의 기능, 휴식과 오락의 기능, 종교적 기능 등으로 경제적 생산, 소비, 교육을 비롯하여 아주 포괄적인 기능을 수행해 왔다. 현대에 와서는 반면 가족의 사회보장기능과 가족의 보호기능은 점차 약화되고 있으며, 특히 '사회보호'라는 용어로 점차적으로 공적인 사회보장제도 영역으로 확산되는 경향이다(홍길회 외, 2012). 많은 기능이 그것만을 전문으로 하는 다른 제도(기관)로, 예컨대 사회보장제도, 의료제도, 교육제도 등 국가의 사회제도인 공적 기능으로 이양되었다.

반면 자녀양육과 자녀사회화 역할 학습기능의 중요성은 점점 더 가족에게 큰 부담으로 작용하고 있으며, 가족의 정서적 유대기능과 여가기능은 점차 더 중시되고 있다. 부모로서 자녀출산, 자녀의 사회화, 자녀의 정서적 태도 학습기능은 현대사회에서도 여전히 중요한 가족기능으로 나타나고 있다. 특히 전통적 한국사회의 특수성은 아직도 부모-자녀관계와 한국적 가족기능역할에 중요한 부분을 보여 주고 있다.

가정이 가족이 아니면 수행할 수 없는 본질적 기능만을 주로 수행하게 됨에 따라 가족구성원의 역할도 변할 수밖에 없다.

그러나 인간의 애정과 인정을 추구하는 욕구는 가정 이외에서는 충족되기가 어렵고 가정이라는 울타리를 통해서만 이루어지는 부분이 따로 있기 때문에 가정은 과거와 마찬가지로 여전히 어린 세대를 돌보는 중요한 곳이다. 한 인간의 인격적 완성은 학교나 사회교육 이전에 가정에서의 교육을 통하여 형성되는 것이므로 가정과 부모의 역할은 시대나 사회가 변하더라도 지속적으로 강조되어야 한다(홍길회 외, 2016).

3 가족의 변화 이해

1) 가족구조 및 형태의 변화

현대사회에서는 결혼의 기피, 이혼과 재혼의 증가 등으로 가족구조의 변화가 갈수록 심화되고 있다. 우리나라의 경우에도 일정한 연령이 되면 누구나 반드시 결혼을 해야 한다는 생각이 변화하여 현대사회에서 결혼은 과거처럼 필수가 아닌 선택이 되었다. 결혼연령도 늦어져 초혼연령이 1960년에 남자 25.4세, 여자 21.6세이던 것이 2014년 남자 32.4세, 여자 29.8세로 나날이 늦어지고 있다(통계청, 2015). 이것은 자연스럽게 임산부의 초산연령이 점점 늦어지는 결과를 가져왔다.

또한 출산율의 감소로 신생아 수는 줄어들고 있는 반면에 평균수명의 연장 등으로 인한 노인의 인구는 증가추세를 보이는 등 많은 변화가 일어나고 있다.

즉, 결혼과 출산의 문제가 개인적인 선택의 문제가 됨으로써 혼인율과 출산율이 저하되었고, 무자녀 가족이 증가하며, 초혼이나 초산연령이 높아졌다. 특히 이혼율은 OECD 국가 중 3위로 비교적 높은 수치로서 부끄럽지 않을 수 없는 실정이다(통계청, 2007).

현재 가속의 가장 두드러진 외형적 변화는 가족규모에 있어서의 변화이다. 출산율 감소에서 나타나는 바와 같이 자녀 수의 급격한 간소는 경제적 이유와 더불어 출산과 자녀양육에 대한 부담을 이유로 무자녀 가정이 증가하는 추세에 있다.

나아가 단독가구의 증가 등이 가족규모를 더욱 소규모화 하고 있다. 통계청 자료에 나타난 부부중심 가족과 1인 가족의 증가추세는 이러한 경향을 잘 보여 주고 있다.

이렇게 가족규모가 축소되면서 다양한 형태의 가족이 등장하고 있다. 핵가족화를 비롯한 무자녀, 독신가족과 더불어 한부모 가족(편모 및 편부가족)과 재혼가족의 증가는 변화하는 가족의 모습을 엿보게 한다.

또한 산업화에 따른 직업과 교육문제와 관련한 장거리 가족, 맞벌이 가족, 주말

가족 등의 가족형태가 보편화되고 있으며, 이러한 경향을 통하여 현대사회의 가족은 지금까지 이혼, 사망 등에 기초한 한부모 가족의 개념적 범위를 넘어서고 보다 다양한 형태로 변화하고 있음을 알 수 있다.

더불어 현대사회의 다양한 문화적 가치에 기초한 공동체 가족, 동거가족, 동성애 가족 등의 새로운 가족형태도 등장하고 있으며, 그 밖에도 소년소녀가장이나 조부모 가정 등도 현대사회의 가족변화의 한 부분으로 이해될 수 있다.

가족규모의 축소와 가족유형의 다양화와 더불어 현대 가족변화의 외형적 특성으로 가족주기의 변화를 들 수 있다. 교육기간의 연장 및 직업기회의 제한으로 인하여 초혼연령이 상승하고 있으며, 출산율 저하에 따라 자녀출산의 시기 및 자녀양육의 기간이 변화하고 있다.

가족의 외형적 변화 양상은 가족의 기능적 변화를 내포하고 있으며, 나아가 가족해체의 위기적 요소들을 포함하고 있다. 현대사회 가족의 외형적인 변화 양상은 실질적으로 가족 내적인 변화를 초래하고 있다(홍길회 외, 2016).

2) 가족가치관의 변화

가족관계 가치관의 변화는 가족기능의 약화에 따른 부작용으로서 이혼 및 별거가족, 독신가족, 가족갈등, 가족해체, 청소년비행, 노인문제 등 사회영역에서, 도시로의 인구집중에 따른 가족형태나 삶의 양식에서 영향력을 발휘하였다.

최근 가족가치관의 사회변화를 선동하는 것은 무엇보다도 정보화이며, 정보사회에 대처하는 가족의 모습이 중요하다고 하겠다. 정보의 발달은 가족생활문화를 편리하게 하고 있으며, 빠른 정보와 전문적 정보는 전통가족의 도구적 기능을 대신하고 있다. 가족관계의 변화는 가족구조에서도 권위주의 입장, 지배종속의 관계에서 평등주의로의 변화를 가져다 주었다.

여성가족부(2005)의 세대별 가족가치관을 분석한 자료에 따라 한국인의 가족가치관 변화를 살펴보면 다음과 같다(홍길회 외, 2012).

(1) 자녀에 대한 가치관

한국인의 경우 결혼을 했거나 자녀를 출산하여 양육하고 있는 사람들은 대체로 자식의 성장을 지켜보는 것이 인생의 즐거움이라고 인식하고 있으나, 젊은 세대의 경우 이러한 자녀의 정서적 자원에 대한 가치관이 매우 약화되고 있다.

(2) 가족 부부 개인에 대한 가치관

한국인들의 개인·가족의 중요성에 대한 인식은 양 세대 모두 가족의 관심을 더욱 우선시하는 경향을 보이는데, 50대 연령층의 태도가 더욱 명백하다. 부부관계보다 부모-자녀관계를 더 중시하는 전통적인 의식에 대해서는 연령이 낮거나 높은 세대 모두 동의하는 비율이 과반수를 넘지 않았으며, 특히 20대 젊은 세대는 낮은 동의율을 보였다.

(3) 동거·이혼·출산에 대한 가치관

혼전동거에 대한 인식은 젊은 층이 나이든 층에 비해 상대적으로 관대한 태도를 보여 주고 있으며, 부부갈등이 심각하고 해결하기 어렵다고 판단될 때 이혼으로 문제를 해소시키는 태도 역시 20대가 더욱 관대하였다.

또한 전통 한국사회에서는 결혼하면 출산은 당연한 것이었는데 반해 연령에 따라 차이를 보이고 있으며, 20대 이상의 가치관이 상대적으로 비전통적인 것을 알 수 있다.

(4) 성역할에 대한 가치관

전통적인 성역할에 대한 태도는 고연령층에는 전통적인 성역할의 태도가 강하나 저연령층에서는 전통적인 성역할 태도를 부정하는 경향이 강하였다.

여성도 가족부양의 책임이 있다는 생각은 세대 간에 유사하였으며, 남성중심

의사결정권 역시 젊은 연령층에서는 약화된 것으로 나타났다.

3) 새로운 가족의 형태

가족의 본질이 '혈연' 중심에서 '관계' 중심으로, '혈연공동체'에서 '정서공동체'로 바뀌고 있다. 가족이 혈연만으로 맺어지는 시대는 지났을 뿐 아니라 과거에 생각하지도 못한 새로운 가족형태도 등장했었는데, 이러한 변화하는 가족들을 문제 있는 가족이라는 시각에서 벗어나 자연스럽게 받아들이고, 실체를 적절히 파악하는 등 사회의 적극적이고 올바른 이해가 필요할 것이다. 새롭게 등장하고 있는 가족들을 살펴보면 다음과 같다(홍길회 외, 2012).

(1) 동거가족

동거가족은 결혼하지 않은 남성과 여성이 함께 사는 것을 말한다. 과거에도 경제적 이유나 부모의 반대로 결혼을 미룬 '미혼동거'는 적지 않았으나, 최근에는 결혼의 대안으로 자발적으로 선택하는 '비혼동거'가 시도된다는 점에서 주목되고 있다.

미혼동거가 여러 가지 이유로 결혼 자체를 유예한 것이기 때문에 '질적' 부부관계는 결혼에 가까운데 비해 비혼동거는 평등한 관계에서 협약을 통해 가정의 규칙을 정하는 등 '전통적' 부부관계와는 다른 양상을 보인다.

(2) 독신

과거의 독신자들이 주로 20대 전문직 종사자나 배우자와 사별한 노인층에 많았다면, 요즈음에는 30~40대 고소득자들이 새롭게 독신자 대열에 합류하고 있다. 이는 교육과 직업으로 인해 결혼연령을 늦추거나 우리 사회에서 결혼의 한 대안으로 받아들이는 인식이 높아지는 데서 그 원인을 찾을 수 있다.

혼자 살면 자유롭기는 하나 반드시 건강하거나 만족한 생활을 할 수 있는 것은 아니다. 대체로 남성보다는 여성이 더 독신생활을 즐기는 경향이 있는데, 독신녀들은 친구끼리 모여 살면서 신가정 역할을 하는 네트워크를 구성하기도 한다.

(3) 홈대디 가족

아내가 밖에 나가 일하고 남편이 집에서 가사를 전담하는 부부를 홈대디 가족이라 한다. 과거엔 맞벌이 부부 중 어느 한 쪽이 가사를 맡는다면 당연히 아내 몫이었으나, 요즈음은 부부 중 소득이 적은 쪽이 일을 포기하는 경향이 있다.

이는 여성의 사회적 지위가 높아지고 전문직·고소득 여성이 많아졌으며, 연상녀·연하남 커플이 증가한 것 등을 그 원인으로 꼽을 수 있다.

(4) 원거리 가족(분거가족)

취업·진학 등의 이유로 떨어져 살지만 가족의 유대감을 유지하는 원거리 가족은 90년대 말부터 크게 늘기 시작하여 '원거리 가족', '기러기 가족', '따로 또 함께 가족' 등의 다양한 용어로 불리고 있다. 한국인은 가족주의가 강하기 때문에 구성원들이 물리적으로 떨어져 있어도 '정서적 유대'라는 가족기능 유지를 통신매체 등 다양한 수단을 사용하여 잘 수행할 필요가 있겠다.

(5) 공동체 가족

공동체 가족은 자녀들과 성인들이 함께 사는 집합체적 기구이다. 현대사회에서 핵가족이 직면한 문제와 제한점을 서로 협동적으로 극복해 보려는 시도의 일환으로 나타났으며, 종교 생활공동체, 이데올로기 생활공동체, 노인 생활공동체 등 여러 형태가 있다.

과거엔 공동체 가족이 혼자 사는 노인이나 보호가 필요한 아동층에 한정되어 있었다면, 요즈음은 직업·취미에 따라서 혹은 '육아공동체'처럼 다양한 형태의 공동체 가족이 생겼다.

(6) 위성가족

맞벌이 부부가 보편화되면서 부모 집 근처에서 살면서 육아 등의 도움을 받는 '위성가족'이 갈수록 늘고 있다. 부모-자녀 세대가 각각 별도의 핵가족을 이루면서 가까운 거리에 살며 대가족의 장점을 취하는 경우가 있는데, 예로서 부모는 손자들 재롱을 보며 외로운 노후를 달랠 수 있고, 자녀는 육아 도움을 받는 대신 용돈으로 사례하는 경우이다.

이와는 달리 자녀가 부모에 의존해 살아가는 위성가족도 늘고 있다는데 이를 일명 '캥거루족'(가정을 꾸린 후에도 부모의 경제력에 얹혀 사는 젊은 세대), '자라증후군'(유사시 부모의 보호 속에 숨어든다는 의미)으로 부르기도 한다.

(7) 사이버 가족

통신수단을 통한 가족들 간의 긴밀한 접촉 가능성은 '사이버 가족'이라는 새로운 형태의 가족을 출현시켰다. 사이버 공간에서의 가족과 관련된 현상은 이성교제부터 가족형성 및 가족해체에 이르기까지 다양한 형태로 나타난다. 흔히 사이버와 가족의 합성어로 '사이버 팸'이라고 불리며 인터넷 시대의 대안공동체로 작용을 한다.

(8) 자발적 무자녀 가족

일부 기혼 부부들은 자녀를 갖지 않는다. 이들은 자녀양육 책임에 대한 자유, 보다 만족스러운 부부관계, 여성의 직업 고려, 순간의 경제적 이득의 순으로 이러한 선택을 한다.

(9) 다문화 가족

세계는 이제 다문화사회가 되어 여러 나라 사람들과 함께 생활하게 되었다. 우리가 문화, 사회, 가족에서의 차이를 이해하는 것은 가족에 대한 지식과 이해를 넓혀 주고 깊게 해 주는 데 도움을 줄 것이다.

4) 다양한 가족의 발생원인

전체적으로 가족은 정서적 유대, 결혼과 성관계, 출산과 혈연, 입양, 경제적 공동생활, 정서적 유대, 주거생활 공동체 등 다양한 요소를 포함하고 있다. 그렇지만 모든 가족이 이런 요소들을 기본적으로 공유하고 있는 것은 아니며 현실의 가족들은 이들 중 몇 가지 요소만을 포함하는 다양한 형태를 지니고 있다.

다양한 가족의 발생원인으로 사회적 요인, 가치관적 요인, 인구학적 요인, 개인적 및 가족 요인 등 네 가지로 구분해 볼 수 있다(홍길회 외, 2016).

(1) 사회적 요인

한국사회에서 다양한 가족의 출현요인을 사회적 측면에서 접근하면, 첫째, 산업화를 들 수 있다. 산업화 과정을 먼저 경험한 서구 선진국의 경우와 마찬가지로 산업화는 도시화, 핵가족화를 촉진시키며, 아울러 집단주의적 또는 가족주의적 가치관은 퇴색시키고 서구적인 개인주의적 가치관을 확산시킨다. 다시 말해 서구 국가가 먼저 경험한 산업화와 그로 인한 가족제도의 변화가 우리나라에서도 발생하게 된 것이다.

둘째, 도시화로 실제로 한국사회에서 급진전된 젊은 연령층 인구의 도시로의 이동은 한편으로는 농촌지역에 남겨져 있는 가족에게 사회적 긴장을 야기하고, 다른 한편으로는 주거지와 근무지 간의 원거리에 의한 분거가족의 증가를 가져와 도시생활에서의 과다한 경쟁과 함께 가족원 간의 긴장과 갈등을 초래할 가능성을 증대시킬 뿐만 아니라 주말부부 가족이 발생하게 된 배경이기도 하다(서수경, 2002).

셋째, 세계화 및 유학의 증가로 인한 해외근무의 증가, 높은 교육열과 함께 국내교육의 비정상화로 인한 조기유학 열풍 등도 다양한 가족의 출현이 발생된 사회적 요인으로 볼 수 있다.

넷째, 높은 교육열과 함께 소비생활의 고급화는 여성이 경제활동에 적극적으로 참가하지 않을 수 없도록 만드는 결정적 요인으로 작용하게 되었다고 하겠다.

(2) 가치관적 요인

가치관이란 여러 가지 인간문제에 관하여 바람직한 것과 해야 할 것에 대한 일반적인 생각 또는 개념으로서 사람들로 하여금 어떤 행동을 일으키게 하는 심리적 요인임과 동시에 개인의 행동을 구속하는 평가적 표준 또는 이념 내지 신념이다.

이는 공동의식을 형성하는 데 중요한 요인이 되며, 사회의 각종 활동에 필요한 규율을 제공하게 된다. 또한 가치관은 그가 속해 있는 집단의 신념, 가치, 규범 등의 영향을 받아 형성된다고 하겠다(강홍렬 외, 2006).

다양한 가족의 출현요인을 가치관 측면에서 접근하면 혼인가치관, 자녀가치관, 부부관계 가치관, 가족부양 가치관, 양성평등화, 여성들의 자아욕구 상승 등으로 요약할 수 있다.

먼저 혼인가치관에서는 결혼가치관, 이혼가치관, 재혼가치관 등이 있는데, 먼저 결혼가치관을 살펴보면 한국인의 가치관이 변화하고 있음을 단적으로 보여 주고 있다.

과거 우리 사회에서는 보편혼의 가치관을 가지고 있었으나, 이제는 결혼이라는 사회제도에 대하여 '반드시 해야 한다.'는 의견이 감소하고 일종의 '선택'으로 생각하는 의견이 점차 증가하고 있다(김정옥, 1995).

또한 이혼과 재혼에 대한 긍정적인 가치관이 확산되고 있어 한국사회에서의 다양한 가족의 출현에 주요 요인으로 작용하고 있음을 엿볼 수 있다. 즉, 이혼에 대한 개방적 태도와 폐쇄적 태도가 비슷한 수준에 있으며, 재혼에 대해서는 부정적인 태도가 다소 감소하고 있는 반면 중립적이거나 긍정적인 태도는 증가하고 있다(김혜선·박희성, 2000).

이와 같은 혼인가치관의 변화는 실제 혼인건수, 이혼건수, 재혼건수에 직접적으로 영향을 주게 되고, 가족형성, 가족의 지속여부, 가족원의 변경, 가족구조의 변화 등을 초래하여 다양한 가족의 출현에 직접적인 영향을 주게 된다.

자녀의 가치는 사회변화에 따라 매우 상이한데, 일반적으로 산업화 이전 사회에서는 가계계승, 노동력의 창출, 노후부양기대 등의 의미에서 자녀는 중요시되지만 산업사회에서는 많은 수의 자녀가 부부의 부양부담을 증가시키고, 부부중심의 가족생활에 장애물로 간주되어 자녀가치는 상대적으로 약화된다.

이와 같이 자녀 가치의 변화는 소가족화뿐만 아니라 무자녀의 DINK(Double Income, No Kids) 또는 SINK(Single Income, No Kids) 가족을 양상하게 된다. 자녀가치의 저하는 남녀의 친밀성의 저하와 상호작용할 경우 자발적 '결혼기피'의 요인이 될 수도 있다(김흥주, 1993).

한국사회에서 경제활동, 자녀양육, 가사분담 등에 관한 성역할관이나 부부 간의 의사결정에 관한 가치관이 새로운 평등주의적 사고로 변화되어 가고 있으며, 이러한 경향은 교육수준이 높을수록 빠른 변화를 보이고 있다. 즉, 자기계발을 위해 한국여성들은 교육에 많은 시간과 비용을 투입하여 왔으며, 취업을 통한 보상과 자아 및 이상을 성취하려는 욕구가 높아지고 있다.

결혼한 여성도 자기 일을 가져야 한다는 것은 경제적 필요 때문에 여성도 가계 소득을 보조해야 한다는 견해가 없는 것은 아니지만 전체적으로 결혼생활이 여성의 사회적 역할 및 자아실현과 병립될 수 있어야 한다는 개인주의적 가치관의 영향이 크기 때문이라는 판단이다.

다른 한편으로는 한 개인에게 소득이 발생된다는 것은 그 자체만으로도 큰 의미를 지니며, 특히 여성들이 경제활동에 참가함으로써 금전획득 능력을 갖게 되는 것은 가사분담에 대한 요구를 증가시키고, 출산부담을 줄이려는 노력으로 이어지게 된다.

여성 자신뿐 아니라 가족에게도 직·간접적인 영향을 끼치게 된다. 즉, 기혼여성의 취업은 가족의 경제적 기능뿐만 아니라 자녀의 출산, 양육, 노인부양, 부부간의 관계와 역할 및 권력의 배분 등 가족생활 전반에 큰 변화를 수반하고 다양한 가족생활양식을 가져온다고 하겠다.

결과적으로 여성이 가족경제의 주도권을 소유한 가족이 증가하고, 여성배우자의 부모와 동거하는 가족이 증가하며, 그리고 노부모와 동거하면서 부양하는 가족형태는 점차 감소하면 반면, 떨어져 사는 형태의 부양은 늘어나 노인부부 가족과 노인독신 가족이 증가하고 있다.

또한 노부부와 동거하더라도 가사 또는 미성년자녀 돌봄은 노부모가 주로 담당하고, 맞벌이 부부는 가사 또는 미성년자녀를 돌봄을 지원하는 역할을 하는 등 가족생활 방식에서의 다양화가 나타나고 있다(홍길회 외, 2016).

(3) 인구학적 요인

다양한 가족 출현의 배경요인으로서 인구학적 요인에서는 초혼연령 상승, 혼인 감소, 소자녀 선호, 평균수명 연장 등을 대표적으로 들 수 있다.

첫째, 여성의 초혼연령 상승은 교육에 대한 열망 및 미혼여성의 취업기회 확대 그리고 자아성취 욕구의 증대 등에 기인하는 것으로 보고되고 있다.

둘째, 초혼연령 상승과 미혼율 증대에 기인되는 혼인건수의 감소가 지속되고 있음도 다양한 가족의 변화를 가속화하는 요인이 되고 있다. 우리나라의 혼인건수는 지속적인 감소추세를 나타낸다. 최근 혼인건수가 다소 증가하고 있지만 재혼이 많기 때문이고 초혼건수의 증가는 매우 미미한 수준에 그치고 있다.

초혼연령의 상승에 더해 혼자 살기를 원하는 독신의 증가로 미혼인구가 계속 증가하고 있으며, 특히 남성보다 결혼에 대한 반대 입장이 강한 여성에게서 매우 현저하다. 이는 자발적인 미혼 독신여성이 증가하게 되고, 비자발적 미혼 독신남성을 발생시키거나 제3세계 국가 여성과의 국제결혼을 증가시키는 요인이다.

셋째, 한국사회에서 소자녀 선호에 대해서는 재론의 여지가 없다. 미혼여성을 포함한 개념인 합계출산율은 세계에서 가장 낮은 수준에 머무르고 있지만, 유배우 부인의 현존자녀 수는 지난 10년 이상의 기간 동안 약 1.7~1.8명의 수준을 유지하고 있다. 이는 장기적으로 새로운 출산이 적게 이루어지게 되고, 결과적으로 가족원 수가 더욱 감소하여 소가족화가 가속화됨을 의미하는 것이다.

넷째, 평균수명의 연장은 노인 가족원이 많아짐을 의미하는 것으로 핵가족화를 감안하면 노인단독 가구가 증가하게 될 것임을 시사한다. 다른 한편으로는 여자의 평균수명이 남자보다 통계적으로 약 6~7세 높다는 것은 남녀의 결혼연령 차이 약 3세를 감안할 경우, 남성이 사망하고 여자 노인 혼자서 사는 기간이 약 9~10년이나 될 것임을 예측할 수 있는 데, 여자노인 독신가구의 급증이 지속될 것이다.

(4) 개인적 및 가족 요인

다양한 가족의 출현배경으로서 개인적 및 가족 요인에는 첫째, 여성의 교육수준 향상, 둘째, 여성 경제활동 참가의 증대, 셋째, 가족생활 수준의 향상, 넷째, 이혼가족 및 재혼가족의 증대, 마지막으로 국제결혼 증가 등을 주요 요인으로 들 수 있다.

특히, 한국사회에서 여성의 교육수준 향상은 여성의 양성평등적 의식 증대, 경제활동 증대, 경제적 독립의 기간 증대 등으로 모든 가족원에게 직접적으로 영향을 주게 된다. 더군다나 기혼여성의 경제활동 참가의 증대는 여성의 독립생활의 가능성을 증대함으로써 다양한 가족 출현에 가장 큰 영향을 주는 요인으로 이해된다.

물론 사무관리직, 전문직에의 기혼여성 취업은 자녀에게 긍정적인 측면의 성역할 모형이 되고 있어 경제적, 정서적, 자녀양육 등의 측면에서 바람직한 것으로 판단되며, 억압적 관계 속에 있는 일부 여성에게는 다양한 가족으로의 이행을 촉진케 하는 기제가 되고 있음도 사실이다(송정아, 1995).

과거와는 달리 한국가족의 생활수준은 매우 향상되었다. 따라서 산업화, 도시화, 가구의 고급화, 주거환경의 개선 등은 높은 생활비를 지출케 하고 있으며, 특히 자녀교육비와 대학 이상의 학력을 요구하는 사회적 분위기와 함께 가족경제의 부담은 매우 높은 상태에 있다. 이는 맞벌이를 하지 않으면 생활수준의 유지가 어렵게 되는 요인으로 작용하여 동거 또는 비동거 맞벌이 가족을 증가시키게 되었다.

우리나라의 혼인건수는 감소하는 추세인 반면 이혼건수는 지속적으로 증가하고 있다. 장기적, 종합적으로 살펴보면, 혼인의 감소와 함께 나타나고 있는 전반적인 이혼의 증가는 우리 사회에서의 혼인형태가 안정적인 가족을 견지하기보다는 과거보다 불안정한 상태에 머무르고 있음을 시사하는 것이다.

실제 우리 사회에서는 혼인감소에도 불구하고, 이혼이 증가함으로써 재혼이 동반 상승하고 있다. 재혼가족의 증가는 가족원 간의 관계성의 다양화를 의미하고, 재혼가족의 적응력 강화를 위한 사회정책의 추진이 다양한 가족으로서의 재혼가족에 대한 기능강화 측면에서 매우 시급하고 중요함을 시사하는 것이다(공미혜, 1995).

외국인과의 혼인은 증가하는 추세다. 외국인과의 결혼은 한국남사와 외국여지와의 관계에서 많이 이루어지고 있는데, 이는 결혼 상대자를 국내에서 찾기 어려운 일부 한국의 남성들이 중국교포, 동남아시아 여성들과 혼인을 하고 있는 데서 기인되는 것으로 판단된다.

농어촌 지역의 남성이 외국여자와 혼인한 것으로 나타났음은 농어촌 지역에서의 다양한 가족의 급증을 짐작케 한다. 상당수의 한국가족들은 외국 출신의 배우자와 함께 국내에서 생활하고 있음을 엿볼 수 있으며, 이는 타 문화에서 성장한 새로운 가족원과의 교류를 경험해야 함을 의미한다.

이와 같은 사회변화의 폭과 속도를 고려해 보면, 오늘날 부모들은 과거와는 다른 형태의 양육방식을 사용하여야만 하며, 바람직한 부모역할을 해내기 위하여 부모교육에 관심을 가지지 않을 수 없게 된다. 부모교육이 하나의 전문적 영역으로 자리 잡으면서, 새롭게 당면하게 되는 과제는 다양한 가족형태 속에서 이상적인 부모의 역할을 어떻게 정의 내리는가 하는 문제이다(홍길회 외, 2016).

4 부모역할의 이해

1) 부모역할의 개념

부모역할이란 자녀를 양육하고 보호하며 지도하는 과정으로, 부모와 자녀 사이의 계속적인 상호작용이자 부모와 자녀를 변화시키는 과정을 말한다. 여기에는 부모는 물론 유아의 여러 측면의 발달에 영향을 주는 형제자매, 또래집단, 친척, 교사 등도 포함된다.

2) 부모역할의 목적

부모역할은 외형적으로 신체적 창조에서부터 양적 성장과 질적 성장을 돕는 책임, 즉 먹이고 보호하면서 한 개인이 새로운 삶을 살 수 있도록 길을 안내하는 부모의 과업이다. 그러므로 부모의 역할은 자녀의 성장 발달에 동인이 됨과 동시에 자녀를 양육하는 역할이라 할 수 있다. 부모역할은 자녀와 부모의 계속적인 상호작용으로서 건강하고 독립심이 강한, 책임감 있는 어른으로 성장할 수 있도록 도와주는 데 그 목적이 있다.

3) 부모역할의 전략

(1) 본보기

부모역할의 궁극적인 목표는 자녀가 하나의 개체로서 독립성, 자율성, 책임감, 자제력이 있는 유능한 성인이 되도록 안내하는 것이다. 그러므로 부모는 유능한 성인으로서의 본보기가 되어야 한다.

(2) 신뢰

부모에게 있어서 내 자녀가 잘 성장할 수 있다는 자녀에 대한 기본적인 신뢰가 중요하다. 부모와 자녀가 서로 소중히 생각하는 정서적인 교류가 있고, 자녀의 능력과 부한한 가능성에 대해 기본적으로 신뢰할 때 자녀는 가족, 친구, 학교, 사회와의 관계에서 모든 문제에 원만히 대처해 나갈 수 있다.

(3) 존중

부모는 그들 자녀를 사려 깊게 존중해 줌으로써 존중받을 수 있다. 자신을 존중할 수 있는 어린이는 다른 사람, 부모를 존중하는 것이 쉬우므로 자기신뢰와 자신의 소중함을 어릴 때부터 인식시키는 것이 중요하다.

(4) 사랑과 훈육

애정은 부모-자녀관계의 가장 근본이며 훈육이 병행할 때 가장 바람직한 영향을 미친다. 훈육은 수정이 아닌 훈련이며 벌이 아닌 지도, 제한 금지가 아닌 학습조건을 준비시켜 주는 것으로서 긍정적인 의미를 가진다.

(5) 대화

부모와 자녀가 가족 내 규칙을 논의하고 관점의 차이를 나누며 서로 반응하고 행동을 계획할 때 더욱 효과적이며 바람직한 생활을 창조할 수 있다. 훈육은 형식적인 교육이기보다는 생활 속에서 이루어져야 하므로 대화는 무엇보다 중요하다.

(6) 솔직성

어른은 모든 것을 참고, 할 수 있고, 행동할 수 있는 존재가 아니라는 것을 자녀에게 나타내는 것으로 인격 대 인격의 만남이라는 입장에서 솔직하게 대해야 한다. 감정과 표현이 다르면 자녀는 부모의 행동을 받아들일 것인지, 아닌지 혼돈하며 이와 같은 일이 반복되면 부모를 신뢰할 수 없게 되고, 어린이 자신의 사고개념까지 모호해져 자신을 신뢰할 수 없게 된다.

(7) 수치심과 원망

수치심과 원망을 잘 절제해야 한다. 자신의 수치나 실수를 부끄러워 해야 하나 남에게 책임을 전가하고 원망하지 않게 해야 한다. 부모가 자녀를 비난하고 조소하는 일도 피해야 하는데 이는 자녀가 신체적 벌보다 부모의 조소와 비난으로 더 오래 상처를 입게 되어 부모-자녀의 마음의 문을 여는 대화가 어렵게 될 수 있기 때문이다.

(8) 시간과 관심

자녀의 양육을 위해 관찰을 통해 유아의 전체 생활을 통찰할 필요가 있다. 또한 아동에게 바람직한 행동을 가르치는 데 시간이 걸리지만 잘못 훈련된 아동을 고치는 데는 더 많은 시간이 걸리므로 자녀의 행동을 가르치는 데 적극적으로 함께 하며 자신의 성장을 위해서도 노력을 아끼지 말아야 한다.

(9) 부모와 요구

부모-자녀의 바람직한 상호관계 속에서만 부모는 자녀의 요구, 희망, 감정을 알 수 있으며 또한 자신의 요구도 알 수 있다. 부모가 뚜렷한 현실적인 요구를 갖고 있을 때 상대방의 요구도 명확히 알 수 있다(홍길회 외, 2016).

4) 사회변화에 따른 부모역할의 변화

현대사회가 엄청난 속도로 변화하면서 오늘날 부모역할 수행에도 많은 변화가 나타났다. 결혼 및 가치관의 변화, 핵가족화와 소가족화, 여성의 취업률 증가와 낮은 혼인율 및 높은 이혼율과 재혼율 등은 부모역할에 변화의 요인으로 작용하였다.

사회와 시대의 변화에 따른 부모역할의 변화에 있어서 긍정적인 부분과 부정적인 부분을 살펴보면 다음과 같다.

(1) 핵가족화·소가족화

현대사회에서 가족의 형태는 계속적으로 변화하여 자녀를 양육함에 있어 아버지의 적극적인 참여를 유발하는 형태로 나타나고 있다. 확대가족 또는 대가족 형태에서는 부모 외에도 역할모델이 존재하고 있지만 핵가족 또는 소가족 형태에서는 부모만이 역할모델이 된다. 이 경우 올바른 부모의 모델을 정립하지 못하면 잘못된 모델에 노출되거나 결손이 생길 수밖에 없다. 그리고 부모가 과거의 권위적 양육방식을 고집하게 되면 자녀가 중심인 수평적 형태인 핵가족 또는 소가족 형태에서 부모–자녀 간에 필연적인 갈등이 생기게 된다.

(2) 여성의 사회참여

어머니가 자녀를 양육함에 있어 가장 많은 시간과 책임을 지고 있지만, 더 이상 어머니에게만 쏠린 자녀양육 방식이 아닌 아버지도 참여하며 다양한 역할을 하는 것이 필요하게 되었다. 또한 부모에게 있어 학업적, 직업적인 성취가 자녀양육보다 더 비중을 많이 차지하게 되면서 자녀양육은 종속적인 개념이 되었다. 따라서 이러한 부모–자녀 간의 형태는 서로의 친밀도와 애정도를 약화시키는 요인으로 작용하기도 한다.

(3) 결혼의 불안정성

가정의 가치보다 구성원 개인의 성취가 보다 중요한 위치를 갖게 됨에 따라 현대사회에서는 결혼으로 완성된 가정은 더 이상 견고하지 않다. 계속해서 증가하고 있는 이혼율로 인해 편부, 편모가정 또는 재혼가정도 점차 늘어나고 있다. 이혼으로 인한 편부, 편모가정에게 있어 역할모델은 한쪽 부모의 결손이 나타나게 되고 재혼가정은 새로운 부모나 형제자매와의 관계에서 나타나는 갈등으로 인해 본인의 친부모와도 긴밀하지 못한 관계를 형성하게 되는 원인이 된다.

(4) 아버지의 양육참여

오늘날 현대가정에서 아버지는 기존의 소극적인 자녀양육 참여에서 벗어나 적극적인 자녀양육 참여로 그 역할이 바뀌고 있다. 사회의 통념도 점차 아버지에 대해 자녀양육에 보다 더 많은 관심을 쏟을 것을 주문하고 있고, 이러한 아버지의 역할모델을 통해 자녀가 사회성, 창의성 등 다양한 능력을 계발하게 된다(홍길회 외, 2016).

5 건강한 가족의 이해

가족은 개인과 사회의 중간에 위치한 매개체로서 아동의 출산과 양육, 그리고 사회화를 통해 건강한 노동력을 재생산하고 사회질서를 유지하며, 가족자원의 적절한 통제를 통해 가족원의 생활을 보장하는 등 다양한 기능을 수행하는 가장 중요한 사회의 기초집단이다.

따라서 가족의 안녕과 복지는 곧 사회와 국가의 안정으로 이어지며, 지속가능한 국가발전과 사회적 정의실현이 가능할 수 있다는 인식이 확산되고 있다(김흥주, 1999).

이러한 가족의 사회에 대한 적극적인 의미를 강조하기 위하여 UN은 1994년

"세계 가정의 해"를 선포하여 가족이 미래의 자원(Family as a source of Future)임을 적극적으로 인식할 것을 주장하였다. 특히 가족 그 자체가 생활 정치의 출발임을 강조하여 가족에서 민주주의가 이루어져야만(building the democracy at the smallest heart of society) 세계의 민주주의가 이루어진다는 인식의 전환을 촉구하였다.

가족은 개인과 사회의 중간에 위치하여 개인에 대하여는 건강한 자아발달 자아 정체감에 영향은 주고 사회에 대하여는 사회 발전과 경제적 발전의 원동력 역할을 하는 중요한 체계이므로 건강한 가족을 이루기 위해 노력할 필요가 있다(유영주, 2004b).

1) 건강한 가족의 개념

'건강한 가족'은 가족의 병리적 측면보다는 건강한 가족의 특성을 파악하는 데 초점을 둠으로써 가족문제를 예방하고 가족생활을 증진하는 가족생활 교육 및 가족향상 분야에서 활용되는 개념이다. 가족의 심리적, 사회적 건강에 대해 학자들마다 개념의 정의에 차이가 있지만 전반적으로 성숙한 가족관계와 원활한 가족과정을 의미한다는 점에서는 공통된 견해를 보이고 있다.

건강한 가족은 가족구성원들이 문제나 위기에 처했을 때 그에 대처할 수 있도록 도움을 주며, 우리의 다음 세대가 행복하고 성공적으로 자라나도록 밑거름이 되어 주는 역할을 한다.

개인의 발달 자아 성취(Self-fulfillment)에 대한 탐구가 중요한 과제로 이루어져 왔으나, 개인의 발달에 있어서 가족의 중요성을 간과했던 것이 미국의 가족문제 발생의 중요한 원인임을 지적하고 있다(Stinnett, 1986). 즉 자아성취 또는 자아실현은 일생의 과정에 있어서 강하고 건강한 가족이 많은 영향을 준다는 것이다(Goldenberg, 1995).

이는 가족의 긍정적인 면을 찾아내는 데 역점을 둔 것으로 건강 가족적 관점(Family Strengths Perspectives)이라 하며, 즉 모든 가족은 강점을 가지고 있으며 도전과 잠재적 성장의 역량을 지니고 있다는 것이다. 가족이 그들의 문제를 보려 한다면 문제만을 보게 되고, 가족의 강점을 보려 한다면 강점을 찾게 될 것이라는 것이다. 이러한 강점은 개발되어질 수 있고 미래의 긍정적 성장과 변화에 기초가 되며, 나아가 인간은 건강한 가족에서 성장할 때 건강한 가족을 이룩하기가 더 용이하다는 것이다.

인종과 민족, 국가를 막론하고 건강한 가족은 응집성(cohension)과 적응성(adaptation)이 균형적이며, 긍정적으로 의사소통(communicarion)을 하고, 가족이 처한 난관을 극복할 수 있는 굳은 신념체계(belief system)를 가지고 있으며, 친족체계(extended family system)나 사회체계(social system)와 유대감을 유지하면서 상위체계와 연계된(onnectedness to suprasystem) 공통점을 가지고 있다(그림 1-1)(정현숙 외, 2003).

응집성이란 가족구성원 간에 서로 친밀감이나 하나라는 느낌과 같은 결속감과 각자의 자율성을 인정해 주는 분리의 정도를 나타내는 것으로 건강한 가족은 결속감과 분리가 균형을 이루고 있다. 예를 들어 가족이 평온한 상태에서는 각자 자신의 주어진 일들을 열심히 수행해 오다가 가족 중 누군가가 질병이 생겼을 경우에 이 어려움을 해결하기 위해서 가족원들이 모두 걱정하고 함께 의논하며 그 해결방안들에 모두 일치하여 각자 맡은 일들을 해 나가면 이 가족은 응집력이 균형 잡혀 있다고 볼 수 있다.

적응성은 가족이 변화와 안정을 조화롭게 이루는 능력이다. 구체적인 내용으로는 리더십, 자녀양육 방식, 가족원 간의 협의, 가족원들의 역할, 가족의 규칙, 가족의 변화와 같은 특성들이 경직되거나 혼란되어 있으면 불균형이며, 조직적이고 융통성이 있으면 균형 잡혀 있다고 볼 수 있다. 즉, 상황에 따라서 가족구성원들이 환경에 잘 대처하고 적응하는 힘이다.

긍정적인 의사소통 능력이란 가족원들끼리 대화를 자주하고, 서로에게 감사와 애정 표현을 많이 하며 경쟁적이기보다는 협조적인 분위기에서 서로의 감정을 공유하고 개방적인 대화를 하는 능력을 말한다.

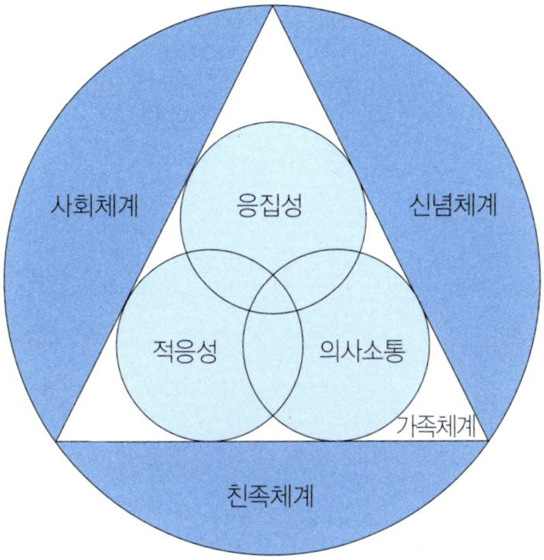

출처: Olson & DeFrain(1999, 2003).

[그림 1-1] 건강한 가족의 개념

건강가족(가족의 힘 Family Strengths)이란 가족 간의 관계의 질이 가족원의 정서적 건강과 가족의 안녕(Well-being)에 영향을 미치는 가족이다. 가족 간의 내적 상호작용에 중점을 두고 외적 구조나 형태에는 직접적 관심을 갖지 않는다.

종합하면 건강가족의 의미를 개인적 차원, 관계적 차원, 체계적 차원으로 대별하고 개인적 차원에서 가족 개개인의 건강한 성장 발달을 도모하고 관계적 차원에서 가족 간의 상호작용(의사소통, 역할관계, 의사결정)이 균형을 유지하며 체계적 차원에서 가족체계를 잘 유지하여 사회, 국가와의 긴밀한 유대관계를 유지하는 가족이라 할 수 있겠다(유영주, 1999).

2) 건강한 가족의 특성

Stinnett와 DeFrain이 지난 30년 동안 미국과 전 세계 27개국에서 수집된 연구를 정리하여 건강한 가족의 요소를 다음과 같이 여섯 가지로 제시하고 있다(Olson & DeFrain, 2003, 홍길회 외, 2016에서 재인용).

(1) 헌신(commitment)

건강한 가족은 서로에게 강력한 헌신을 보여 주며, 시간과 에너지를 가족활동에 투자하기를 좋아하며, 일이나 다른 활동을 위하여 가족 상호작용의 시간을 많이 감소시키지 않으려고 한다.

이것은 가족들이 서로를 구속한다는 의미는 아니며, 헌신하는 가족들도 각자의 목표를 달성할 수 있도록 자유롭게 해 주고 격려한다.

또한 자신의 목표나 일을 어느 정도 포기할 수 있다는 것이다.

(2) 감사와 애정(appreciation and affection)

건강한 가족들은 서로를 진심으로 돌보며, 서로에게 이러한 사실을 알려 주지만 대부분의 사람들이 가족들에게 표현을 잘 못한다. 애정을 표현하고 서로 감사를 주고받는 것은 긍정적인 분위기를 형성하게 하고 더 나아지도록 도와주기 때문에 매우 중요하다.

등을 두드려 주거나 미소를 짓거나 안아 주는 행동은 서로의 관계를 더욱 돈독하게 만들어 준다. 서로에게 잘못을 지적해야 하는 경우 건강한 가족들은 비판받는 가족원이 상처받지 않도록 세심한 주의를 기울인다.

(3) 긍정적인 의사소통(positive communication)

건강한 가족들은 과제 집중적이고, 문제를 규명하여 그것을 해결하는 방법을 논의하기 위해 대화를 하는 경우도 많지만, 단순히 서로 연결되었음을 느끼기 위해서 이야기를 나누고 서로의 말에 귀를 기울일 때도 있다.

가장 중요한 대화는 특별한 이야기거리가 없을 때 나오기도 한다. 즉, 개방적이고 다소 산만한 대화 속에서 중요한 정보나 이슈들이 나타날 수 있다는 것이다.

건강한 가족들이라고 해서 언제나 의견이 일치하는 것은 아니다. 이런 경우 건강한 가족은 직접적이고 솔직하게 대화하며 서로에 대한 비난을 삼간다.

의견 차이를 좁히기 위해 노력하지만 동의나 반대의 표현을 강하게 드러내지 않는다.

(4) 함께 시간 보내기(time together)

행복한 가족을 만드는 요소에 대한 질문에 많은 학생들이 즐거운 시간을 함께 하는 것이라고 응답했다.

즐거운 시간을 함께 보내는 것은 즐거운 추억을 만들고 이런 추억들은 종종 가족으로서 함께 나누는 활동을 중심으로 일어나고, 유쾌한 시간의 공유는 비용이 많이 들지 않는 간단한 활동 중심으로 한다.

건강한 가족들이 함께하는 활동으로는 식사, 나들이, 캠핑 및 야외활동 등이 있다.

(5) 정신적인 안녕(spiritual well-being)

가족 건강성 연구자들에게 가장 논란이 되는 부분이 아마도 종교나 영적 신념의 중요성에 대한 부분일 것이다. 정신적인 안녕은 사람들마다 여러 가지로 정의된다.

어떤 사람들은 신앙이나 희망, 또는 삶에 대한 낙관론이라 말하고, 어떤 사람들은 세상과 하나 되는 느낌이라고 말한다.

또한 서로에 대한 사랑을 신성한 것으로 묘사하기도 하며, 윤리적 가치와 중요한 대의를 위한 헌신이라고 말하는 사람도 있다.

정신적인 안녕은 사람들이 자신과 일상의 사소한 갈등을 초월하고 신성한 그 무엇에 초점을 맞추도록 도와주는 감정이나 힘이며, 개인에게 존재하는 보살핌의 중추로서 사랑과 열정을 나누도록 격려한다.

(6) 스트레스와 위기 대처 능력(ability to cope with stree and crisis)

건강한 가족이라고 해서 불화가 없는 것은 아니다. 그러나 건강하지 않은 가족들처럼 위기 경향적이지 않고, 오히려 스트레스와 위기에 효과적으로 대처하는 능력을 갖고 있다.

건강한 가족은 문제가 일어나기 전에 성공적으로 문제를 예방하지만 간혹 불가

피한 문제가 발생하기도 한다.

건강한 가족들이 위기 대처를 위해 주로 사용하는 방법은 함께 해결하는 것이다. 어린 자녀들까지 다른 가족원의 짐을 덜어 주기 위해 협력을 한다.

가족들 스스로 문제를 해결할 수 없을 때는 외부에 도움을 청한다. 건강한 가족원들은 상담을 받음으로써 더 나은 위기 대처 방법을 배우기 위해 노력하기도 한다.

CHAPTER

02

다양한 가족유형과 부모역할

이 장에서는 현대사회에서 비중이 커지고 있는 다양한 가족들에 대한 이해를 통해 부모교육의 기초를 마련하는 데 도움을 주고자 한다.

1 맞벌이가족

1) 맞벌이 가족의 개념

산업화로 인한 경제활동의 활성화는 여성의 사회참여를 가속화시켰다. 특히 기혼여성의 취업이 늘어나고 있는데 이는 여성의 교육수준 향상과 자아실현 욕구 및 여성취업에 대한 긍정적인 사회적 인식의 변화로 인한 것이다. 또한 최근의 물가상승 및 남편의 실직에 대한 대비, 자녀교육비 부담 등도 여성이 직업을 갖는 이유로 볼 수 있다(Brooks, 2006). 이처럼 맞벌이 가족은 부부가 함께 직업을 가지고 사회활동을 하는 가족형태를 말한다(정계숙 외, 2021). 이러한 맞벌이 가족의 특징을 보면, 부부가 학력이 높고 수입이 많은 편이며 가치관이 비슷한 경향을 지닌다. 또한 부부 간의 직업적 상황에 대한 이해와 존중이 있으며 상대방을 통제하려 하지 않고 직업적 상황을 고려하여 출산을 늦추며, 취업모의 경우 자녀양육 시간의 부족함을 경험하고 자녀를 충분히 돌보지 못한다는 죄의식을 가지기도 한다(홍길회 외, 2016).

전국보육실태조사(2018)에 따르면 영유아를 둔 어머니의 취업률이 지속적으로 증가하고 있는 실정으로, 영유아 가구의 어머니 취업률은 2012년 조사에서는 35.4%였으나, 2015년에는 36.8%, 2018년 44.2%로 증가하고 있다. 따라서 맞벌이 가족 증가 추세에 따른 일-가정 양립지원이 더욱 강화되어야 함을 알 수 있다(보건복지부, 2019).

〈표 2-1〉 자녀 연령별 맞벌이 가구 (단위: 천 가구, %, %p)

	2020년			2021년			증 감		
	유배우	맞벌이	비 중	유배우	맞벌이	비 중	유배우	맞벌이	비 중
전체	4,236	2,164	51.1	4,309	2,299	53.4	73	135	2.3
6세 이하	1,817	813	44.8	1,790	842	47.3	–37	29	2.5
7~12세 이하	1,375	741	5.9	1,460	811	55.5	85	70	1.6
13~17세 이하	1,044	609	58.4	1,069	647	60.5	25	38	2.1

출처: 통계청(2022).

2) 맞벌이 가족의 어려움

맞벌이 가족의 어려움은 일과 가정생활을 동시에 영위해 나가는 가운데 직면하게 되는 직장과 가정 간의 균형잡기이다. 특히 직장생활을 하면서 자녀를 양육하는 부모역할을 해 나가는 것은 가장 어려운 문제라고 할 수 있다. 자녀의 연령이 어린 경우의 맞벌이 가족은 더 큰 어려움을 겪게 된다. 따라서, 맞벌이 가족은 주위의 상황이나 경제적 여건을 고려해서 부모를 대신할 양육자를 찾게 되는데 일반적으로 친정부모, 전문적으로 아이를 돌보는 대리 양육자, 보육시설 등을 이용하게 된다. 근거리에 시댁 또는 친정이 거주하는 맞벌이 가족의 경우 조부모들에게 자녀양육을 부탁하는 경향이 높다.

3) 맞벌이 가족의 부모역할

맞벌이 가족의 부모역할에 대해 살펴보면 다음과 같다.

(1) 부모의 역할분담

2018년 전국보육실태조사 결과에 따르면, 자녀양육 참여정도에 있어서 아버지는 5점 중 3.6점, 어머니는 4.7점으로 아버지는 과거에 비해서 양육참여가 활발해지고 있다고 할지라도 여전히 자녀양육에 대한 참여 정도가 어머니에 비해 상대적으로 낮았고, 부부 간 가사 분담, 자녀양육 분담 비율도 어머니가 전체 10 중 7 이상의 역할을 분담하고 있는 것으로 나타나고 있어서, 부부 간 역할분담에서의 불균형이 여전한 것으로 나타났다. 즉, 아버지의 자녀 양육참여를 지속적으로 확대해야 특히 맞벌이 가족에 있어서의 어려움을 조금이나마 해소할 수 있을 것이다. 아버지의 자녀 양육참여를 확대하기 위해서는 아버지의 인식뿐만 아니라 제도적 지원이 함께 이루어져야 하는데 먼저, 아버지의 자녀 양육참여 확대를 위해서는 직장의 제도적 지원이 필요하다. 일-가정의 균형을 추구하는 정책이 근로환경에서 정착되어야 하며 이를 위한 문화적 변화도 이루어져야 한다. 이에 따라 부모의 자녀 양육참여를 공동으로 증진시킬 수 있는 정책지원으로는 남성의 육아휴직, 유연근무제의 활성화와 같은 제도적 개선이 뒷받침 되어야 할 것이다(보건복지부, 2019).

아울러 맞벌이 가족은 서로 간의 직업적 능력과 성취를 이해하면서 역할분담을 통한 협력을 실천해 나갈 수 있어야 한다. 이처럼 부부가 그들의 정체성을 확고히 지니고 상호안정감을 토대로 협력해 나갈 때 갈등을 조화롭게 해결해 나갈 수 있을 것이다.

(2) 합리적 시간관리

맞벌이 가족은 직장과 가정생활을 동시에 영위해야 하므로 항상 시간을 어떻게 하면 유용하게 활용할 것인가를 고민해야 한다. 부부는 서로 자녀양육에 대한 각자의 시간계획표를 조정해야 하고 부부 간의 공동의 시간을 가질 수 있도록 계획하여야 한다. 자녀 수가 많거나 어린 경우는 더욱 세심한 배려를 하면서 서로에게 공평할 수 있도록 노력해야 한다.

(3) 어머니의 일관성 있는 훈육자로서의 역할

맞벌이 가족의 어머니들은 자녀를 돌보는 시간적 부족으로 인해 자녀에 대한 죄책감을 갖는 경우가 종종 있다. 그렇다고 해서 자녀양육 때문에 하는 수 없이 취업을 포기한 경우는 여성 자신이나 자녀 모두에게 좋지 않은 영향을 미치는 것으로 나타났기에(Hock & eMeis, 1990), 어머니들 자신이 원하는 일을 선택하는 것이 가족 모두에게 바람직하다.

맞벌이 가족의 경우 자녀와 함께 있지 못하는 시간에 대한 미안함으로 인해 자녀의 요구를 지나칠 정도로 수용하거나 물질적인 보상으로 만회하려는 경향이 있는데 이런 경우 자녀에게 물질 만능주의적인 가치관을 주입시킬 수 있으므로 물질적인 보상보다는 칭찬, 격려 등의 방법을 사용하도록 하는 것이 바람직하다. 그리고 자녀와 함께하는 시간이 한정되어 있으므로 적은 시간일지라도 질적으로 우수한 상호작용을 하도록 노력하는 것이 필요하다(홍길회 외, 2016).

2 한부모 가족

1) 한부모 가족의 개념

한부모 가족은 부모 중 어느 한 명과 그들의 자녀로 이루어진 가족을 말한다. 한부모 가족은 자녀 보호를 부모 중 누가 맡느냐에 따라 구분되어 지는데, 어머니와 자녀로 구성된 여성 한부모 가족과 아버지와 자녀로 구성된 남성 한부모 가족으로 나눌 수 있다. 여기에는 미혼모나 미혼부 가족도 포함된다(지옥정 외, 2021).

「한부모 가족지원법」에서는 한부모 가족을 다음과 같이 정의한다.

한부모 가족의 정의

1. "모" 또는 "부"란 다음 각 목의 어느 하나에 해당하는 자로서 아동인 자녀를 양육하는 자를 말한다.
   가. 배우자와 사별 또는 이혼하거나 배우자로부터 유기된 자
   나. 정신이나 신체의 장애로 장기간 노동 능력을 상실한 배우자를 가진 자
   다. 교정시설 · 치료감호시설에 입소한 배우자 또는 병역복무 중인 배우자를 가진 사람

라. 미혼자(사실혼 관계에 있는 자는 제외한다.)

마. 가목부터 라목까지에 규정된 자에 준하는 자로서 여성가족부령으로 정하는 자

1의2. "청소년 한부모"란 24세 이하의 모 또는 부를 말한다.

2. "한부모 가족"이란 모자가족 또는 부자가족을 말한다.

3. "모자가족"이란 모가 세대주(세대주가 아니더라도 세대원을 사실상 부양하는 자를 포함한다.)인 가족을 말한다.

4. "부자가족"이란 부가 세대주(세대주가 아니더라도 세대원을 사실상 부양하는 자를 포함한다.)인 가족을 말한다.

5. "아동"이란 18세 미만의 자를 말한다.

출처: 「한부모 가족지원법」 제4조(정의).

최근에는 「한부모 가족지원법」이 일부 개정(법률 제17540, 2020. 10. 20.)되어 2021년 4월 21일부터 시행되고 있다.

〈표 2-2〉 혼인상태별 인구(15세 이상)(2015, 2020년)

(단위: 천 명, %, %p)

	인구			구성비		
	2015년	2020년	증감	2015년	2020년	증감
배우자 있음	23,899	24,575	676	55.9	55.9	0.0
사별	3,266	3,148	−118	7.6	7.2	−0.4
이혼	2,183	2,545	362	5.1	5.8	0.7

출처: 통계청(2021).

2) 한부모 가족의 현황

지속적인 핵가족 비율의 증가 속에서 아버지와 미혼자녀 또는 어머니와 미혼자녀로 구성된 한부모 가구는 1985년 일반가구의 8.9%에서 2014년 10.5%로 증가추세를 보인 후 2018년에는 7.5%로 감소한 경향을 보이기도 했지만, 우리나라의 한부모 가족 비율은 주요 선진국과 비교해 보더라도 높은 편에 해당한다(통계청, 2017). 한부모 가족의 가구구성을 살펴보면, 모자가구는 51.6%, 부자가구는 21.1%,

모자 및 다른 가구원 구성 가구 13.9%, 부자 및 다른 가구원 구성 가구 13.5%로 모자가구가 가장 많은 것으로 나타났다.

〈표 2-3〉 한부모 가구의 추이(1985~2018년)

연도	총가구 수	한부모 가구 수
1985	9,571	848(8.9)
1995	12,958	960(7.4)
2000	14,312	1,124(7.9)
2005	15,887	1,370(8.6)
2010	17,339	1,594(9.2)
2015	19,561	1,608(8.2)
2018	20,500	1,539(7.5)

주: ( )는 총가구 수 대비 백분율
출처: 통계청(2017).

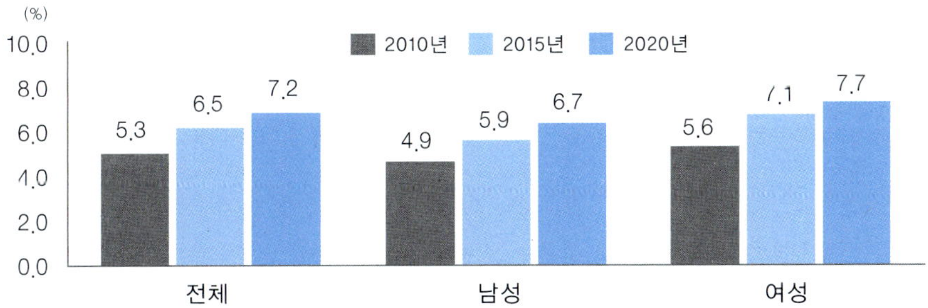

출처: 통계청(2021).

[그림 2-1] 이혼인구 비중(30세 이상)

3) 한부모 가족의 특성

한부모 가족은 부모 가운데 한 쪽 부모의 부재로 인해 생성된 가족인 만큼 양쪽 부모와의 생활과는 다른 가족생활을 경험하게 된다. 한부모 가족이 겪게 되는 어려움에는 심리·정서적 문제, 경제적인 문제, 직업상의 문제, 자녀양육 및 가사

일, 가정기능의 변화, 대인관계, 사회적 편견 등이 있다. 한부모 가족은 초기에는 이혼 또는 사별 등으로 인해 한부모 가족이 됨으로써 심리적 혼란을 느끼며 이에 동반되어 오는 분노, 상실감, 배신감, 좌절감, 및 우울감 등(서영숙·황은숙, 2003)과 함께 과도한 스트레스, 사회적 고립감, 자존감 상실 등과 같은 여러 형태의 심리·정서적 문제를 경험하게 되어 많은 어려움을 야기하게 된다(정계숙 외, 2021).

4) 한부모 가족에서의 부모역할 및 교사역할

부모는 한부모 가족에 된 상황에 대해 가능하다면 솔직하게 이혼의 원인과 달라진 생활환경, 향후 미래상황에 대해 자녀가 이해할 수 있는 수준에서 자녀에게 명확히 알려 주도록 한다. 이는 자녀로 하여금 갈등상황을 이해하고 극복하도록 하며 새로운 환경에 적응하는 데 있어서도 도움이 된다(서영숙·황은숙, 2003).

유아기는 발달특성상 이혼을 자기 탓으로 생각하고 죄책감을 느낄 수도 있는 시기이므로 유아기 아동에게는 버거울 수 있으므로 이혼 전 자녀에게 부모 선택에 관한 질문은 하지 않도록 하며, 부모의 이혼은 자녀의 탓이 아니라는 것을 설명하도록 한다. 이혼 후에는 자녀의 생활환경을 가능한 변화시키지 않도록 하고, 이혼에 따른 변화가 있을 수밖에 없는 환경에 대해서는 최대한 자녀가 안정감을 느끼고 일상적인 생활을 할 수 있도록 배려해야 한다(박영애 외, 2005). 또한, 자녀의 나이가 어린 영유아기 유아의 경우는 유아의 정서안정 및 올바른 성장을 위해서 함께 살지 않는 부모와의 만남을 갖도록 하는 것이 중요하다.

자녀의 나이를 불문하고 한부모 가족의 자녀양육에 있어서 가장 중요한 것은 자녀에게 부모가 자신을 항상 사랑하고 있다는 마음을 느끼도록 확신을 주는 것이다(정계숙 외, 2021).

한부모 가족을 위한 교사의 지도방안은 다음과 같다(진민주, 2004).

① 교사는 한부모 가족을 위한 부모교육을 통해서 비록 이혼을 했더라도 협력적으로 부모역할을 수행할 수 있도록 해야 한다.

② 교사는 한부모 가족 유아를 위해서 유아와 친척, 친지들이 함께할 수 있는 교육활동을 제공해야 한다.
③ 교사는 한부모 가족의 유아를 위해서 사회교육기관에서 실시하는 다양한 유아교육시설 안내, 놀이와 명절문화 소개, 상담기관 참여 등 많은 정보를 제공해야 한다.

다음으로, 한부모 가족 유아의 교육과 생활지도에 있어서 고려해야 할 부분은 다음과 같다(진민주, 2004).

① 교육내용에 있어서 양부모 중심이 아닌 가족 전체를 중심으로 한 활동내용을 고려한다.
② 기존의 계부·계모에 대해 부정적인 영향을 심어 줄 수 있는 동화책보다는 다양한 가족구성을 배경으로 한 창작동화를 소개한다.
③ 다양한 가족구조가 증가하는 사회현상을 반영할 수 있는 참여수업을 모색한다.
④ 현재 양부모 중심으로 구성된 유아 가정생활 조사서를 각 가정의 상황에 맞게 가족구성원을 기입할 수 있는 포괄적 양식으로 수정하는 등과 같은 다양한 접근을 모색한다.

5) 한부모 가족을 위한 지원방안

(1) 심리사회적 적응지원

시대적 흐름과 인식의 변화에 따라 한부모 가족에 대한 인식은 과거에 비해 편견이 적어졌다고는 하지만 아직까지도 우리 사회에서 한부모 가족은 역기능적인 가족체계로 인식되고 있다. 개인적 측면에서도 한부모 가족구성원들은 가족해체에 따른 가족생활에서의 극적 변화로 높은 스트레스를 경험하게 되며 일반가족에 비해 심리적 안녕의 수준이 낮다. 특히 스트레스가 축적된 한부모 가족의 부모는 정서적 불인을 보이기도 한다. 따라서 부정적인 상황에 따른 감정을 추스르고 일상생활로의 복귀를 위한 노력이 필요하다. 이제는 이전의 결혼관계가 끝났으며 이전의 배우자와의 관계를 정리하는 정체감의 재확립이 필요하다.

이혼으로 인한 한부모 가족의 경우 이혼을 선택한 이상 앞으로의 성공적인 삶의 적응을 위해 한부모의 상황을 있는 그대로 수용하는 편안한 마음을 가지도록 노력해야 한다.

한부모 가족에 대한 부정적인 인식의 변화가 필요하고, 아울러 한부모 가족은 부모-자녀의 관계를 비롯하여 한부모 가족이 당면하게 되는 여러 가지 문제상황들에 적극적으로 대처해 나가며 적응해야 한다. 이들의 심리사회적 적응지원을 위해서 사회적인 지지망을 만들어 주는 것이 필요하다. 한부모 가족은 사별, 이혼으로 인해 친구, 친척이나 지인과의 관계가 불편해지거나 소원해지는 경향이 있고 원가족과도 경제적 이유로 관계가 멀어지게 되기도 하기 때문이다. 따라서 한부모 가족의 적응을 위해서는 친구나 지인과의 관계 유지뿐만 아니라 다른 한부모 가족구성원들로 구성된 자조모임을 통해 사회적 관계를 맺고 도움을 주고받도록 도움을 주는 것은 매우 유용하다(문혁준 외, 2020).

(2) 사회 및 제도적 차원

한부모 가족의 적응을 돕기 위해서는 한부모 가족에 대한 사회적인 인식의 변화가 가장 시급하다. 이들에 대한 부정적인 사회적 편견을 벗어나 배려하고 이해해 주려는 인식의 변화가 요구된다. 또한 한부모 가족 지원을 위한 제도 마련도 필요한데 현재 한부모 가족지원 정책은 긴급지원, 소득, 주거, 자립, 의료, 정서 등의 다양한 측면에서 지원을 하고 있는 상황이다. 전체 한부모 가족의 46.0%가 기초생활보장 또는 저소득 한부모로서 정부의 지원을 받고 있지만 한부모 가족의 생활안정과 자립을 위한 지원과 자녀양육 지원에 대한 요구도는 여전히 높은 편이다(여성가족부, 2019b).

3 재혼가족

1) 재혼가족의 개념

재혼가족이란 자녀의 유무에 관계없이 한쪽 배우자가 재혼인 경우 형성되는 가족으로 부부 가운데 어느 쪽이든 이전 결혼에서 얻은 자녀가 최소한 한 명 이상 있는 가족을 재혼가족(Step family)이라 한다. 재혼의 비율은 꾸준히 증가하고 있는 추세이며 통계상의 수치로 반영되지 않은 사실혼의 관계에 있는 재혼가족이 적지 않음을 감안할 때 더 많을 것으로 추정된다(홍길회 외, 2016).

2) 재혼가족의 현황

2018년 혼인통계(통계청, 2019b)에 의하면 2012년 이후 혼인건수는 연속적으로 감소하고 있으며 조혼인율(인구 1천 명당 혼인건수)은 5.0건으로 1970년 통계가 작성된 이후 최저수준으로 나타났다. 전체 혼인건수에서 남녀 모두 초혼(77.6%), 남녀 모두 재혼(11.9%)이 차지하는 비율은 높게 나타났다. 1990년에 비해 남자초혼+여자초혼은 감소하였지만, 나머지 혼인형태인 남자재혼+여자초혼, 남자초혼+여자재혼, 남자재혼+여자재혼은 모두 증가하였으며, 특히 남녀 모두 재혼의 증가가 뚜렷하게 나타났다. 2018년 여자의 재혼건수 중 이혼에 의한 재혼이 차지하는 비율은 93.8%로 증가하여 사별에 의한 재혼이 감소하는 경향과는 대조를 보이고 있다. 따라서 재혼가족을 위한 지원은 이혼 후 재혼가족에 보다 초점을 맞추어서 이루어져야 함을 알 수 있다(문혁준 외, 2020).

한편 우리사회에서 재혼율이 증가하는 배경에는 다음의 사항을 고려해 볼 수 있다(유영주 외, 2004a).

첫째, 결혼의 의미와 가치변화가 중요한 부분을 차지한다. 결혼은 한 사회의 역사와 산물로서 결혼에 대한 의미와 가치기준이 사회마다 차이가 있다. 우리나라의 경우는 결혼은 가문과 가문의 결합이나, 종족보존의 수단, 혈연중심의 가족유지의 의미가 강하였으나 이제 더 이상 결혼이 이런 의미를 강조하는 제도가 아니다. 결혼은 개인의 행복 추구나 자신의 정서적인 측면을 충족할 수 있는 하나의 제도로서 받아들이고 있다. 이러한 결혼 가치의 변화는 남성중심의 가부장제의 변화, 성 의식이나 문화의 변화, 여성의 사회·경제적인 지위변화, 개인주의 사고의 증가 등의 의식이 그 기저에 깔려 있다고 보인다.

둘째, 경제적 여건의 변화이다. 외로움 해소 다음으로 재혼자들은 경제적인 이유로 재혼을 선택한다. 재혼을 위한 경제적 동기는 남성들보다 여성들이 더 크며, 이러한 추세는 가부장제 사회 이후 여성들이 겪어 온 특성이기도 하다. 여성들의 자본 수입은 이혼 후 줄어들고 재혼 후 늘어나는 경향이 있다(홍길회 외, 2016).

3) 재혼가족의 특성

재혼은 초혼에 비해 남녀 간의 사랑과 같은 감정적인 동기보다는 경제적 안정, 자녀양육의 문제에 있어서의 공동 해결, 외로움과 부정적인 사회적 시선으로부터의 탈피 등과 같은 현실적인 이유로 인해 이루어진다. 그런데 이러한 현실적인 이유들은 이에 대한 과도한 기대로 연결되기 쉽다. 예를 들어, 이혼으로 인한 상처를 재혼을 통해 보상받으려는 심리, 배우자가 현재의 경제적 어려움과 외로움으로부터 자신을 구제해 줄 것이라는 희망, 자녀양육에 있어 배우자가 많은 도움이 되어 줄 것이라는 기대감 등과 같이 현실적으로 충족되기에 어려운 기대를 가지게 된다(Ganong & Coleman, 1994). 이러한 잘못된 기대는 재혼생활의 초기 단계에서 재혼 부부에게 심한 혼란과 갈등, 죄책감을 겪도록 하는 요인이 되고 있다. 따라서 재혼 부부 모두 현실적인 인식을 바탕으로 적당한 수준의 기대를 갖도록 자신들의 기대치를 조정하는 것이 바람직하다. 한편, 재혼 부부 모두가 각자의 자녀를 데리고 혼인을 한 경우에는 자녀들이 저마다 부모가 2명씩 되고 형제 수도 많아지게 된다. 서로가 이질적인 문화와 환경 속에서 성장한 자녀들이 한 가족이 되어 살아야 하기 때문에 더 많은 갈등과 스트레스 상황에 직면하게 되고, 이러한 이유들이 원인이 되어 재혼가족 간에 갈등이 심화되는 단계로 가게 되어, 결국 또다시 재혼가족의 해체라는 결과를 맞이하게 되기도 한다(정계숙 외, 2021).

4) 재혼가족의 문제점

재혼가족이 경험하는 어려움을 구체적으로 살펴보면 다음과 같다(김유정, 2012; Visher & Visher, 1988, 문혁준 외, 2020에서 재인용).

- 재혼에 대한 비현실적인 기대: 재혼가족에 대한 잘못된 신화로 인해 재혼생활에 대한 비현실적인 기대를 하게 되면 더 큰 실망과 좌절 그리고 갈등을 경험하게 된다.
- 가족구성원에 대한 충성심 갈등(loyalty conflict): 충성심 갈등은 한 사람에 대해 애정을 느끼면서 다른 사람에게도 애정을 느낄 때 경험하는 심리적 갈등을 의미한다. 예를 들어 전혼자녀를 양육하는 부모는 자신의 친자녀와 새 배우자에 대한 감정 사이에서, 계자녀와 동거하는 계부모는 자신의 친자녀와 계자녀에 대한 감정 사이 등에서 갈등을 느낄 수 있다. 이러한 갈등은 재혼가족의 적응과 통합에 부정적으로 작용하게 된다.
- 가족 내 경계 모호성과 역할의 혼란: '경계의 모호성'은 가족의 경계 안과 밖에 있는 사람이 누구인지가 모호하다는 것으로, 가족체계 내에서 각자 수행해야 하는 역할 인식을 불확실하게 한다. 그러므로 재혼 부부는 새 가족체계에서 관계를 맺고 자신의 역할을 재정의하는 데 어려움을 겪고 가족 스트레스와 역기능을 경험한다.
- 재혼가족의 자원 분배에 대한 갈등: 재혼으로 인해 가족구조와 복잡성이 변화한 만큼 경제적 자원(예: 돈)과 정서적 자원(예: 애정)의 배분이 적절하게 되어야 한다. 시간과 경제적 자원의 분배문제는 재혼 부부 간, 재혼 부부와 이전 배우자 간 갈등을 일으키는 주요 원인으로 지적되고 있다.

• 재혼에 대한 사회의 부정적 인식과 편견: 재혼 부부는 재혼가족에 대한 사회의 부정적 인식으로 인해, 또래, 타인, 사회로부터 냉대를 받기도 한다. 이들을 위한 사회적 지원체계가 부족한 것 역시 사회의 부정적인 인식과 관계가 있다.

5) 부모역할과 지원방안

(1) 부모역할의 지침

초혼가족과는 달리 혈연적 유대도 없고 서로 다른 생활경험을 가진 계부모 가족에서 자녀와 원만한 관계를 형성하는 것은 재혼가족이 해결해야 할 중요한 문제이다. 계부모 가족의 부모역할에서 고려해야 할 점으로는 다음과 같다(홍길회 외, 2016).

첫째, 계부모의 양육태도는 적응에 매우 큰 영향을 미친다. Hetherington(1992)은 계부모의 가장 성공적인 책략으로 초기에 계자녀와 따뜻한 관계를 형성하고, 친부모의 훈육방식을 지지하고, 갑자기 통제적 훈육자의 역할을 수행하는 것을 자제하는 것이라고 보았다.

둘째, 자녀양육에 대한 개입수준의 조절문제이다. 재혼가족은 초혼가족과는 근본적으로 성격이 다름에도 불구하고 대부분의 계부모가 갖는 생각의 오류 중 하나는 자신들이 마치 초혼가족과 같다고 생각하며 초혼가족처럼 보이려고 가장하거나 이들 가족의 기준을 무리하게 자신들의 가족에 적용시키기 위해 애쓰는 것이다. 자신이 친부모를 대신하겠다는 슈퍼 계부모역할은 현실적으로 불가능할 뿐만 아니라 적응에도 도움 되지 않는다. 사전에 호감 받을 것으로 예상되는 인상을 유지하고 그렇지 못한 인상을 주지 않도록 개입의 수준을 조절하도록 노력하고, 또한 계모가 자녀양육의 역할을 완전히 포기하고 친아버지가 양육을 책임지게 하는 것도 하나의 방법이다. 이는 계모가 양육능력이나 양육의사가 없음을 의미하는 것이 아니라 이러한 방법을 사용함으로써 부모역할의 부정적인 기대에서 벗어나 긍정적인 부모-자녀관계를 이루어 낼 수 있는 방법 중 하나임을 뜻한다(이선애 외, 2015).

셋째, 시간적 여유를 가지도록 한다. 부모-자녀관계는 서서히 형성되는 것이며, 빠른 시일 내에 친밀한 관계로 발전되지 않는다. 새로운 가족이 쉽게 하나의 조화로운 가족으로 바로 뭉쳐지리라는 비현실적인 기대에서 벗어나야 한다. 재혼가족이 하나의 가족으로 기능하기에는 오랜 시간이 필요하며, 적응의 정도나 적응에 필요한 시간은 과거의 경험에 따라 다르다.

넷째, 이전 결혼에서의 부모-자녀관계를 인정해 주도록 한다. 계자녀의 기억 속에 함께 살지 않는 친부모와의 기억이 남아 있음을 인정해 주고, 자녀로 하여금 비친권자인 부모와 지속적인 관계를 유지하도록 하는 것은 적응에 도움이 된다.

(2) 사회적 지원

재혼가족의 적응을 위해 사회적 지원 하에 재혼가족을 위한 부모교육 프로그램을 개발 및 실행하고 편견이나 부정적 인식이 없도록 사회적 인식의 변화를 위한 지속적인 노력이 수반되어야 한다. 이를 위한 법과 제도적 지지도 함께 수반되어야 할 것이다.

4 조손가족

1) 조손가족의 개념

조손가족은 부모세대 없이 조부모와 미성년 손자녀로 구성되는 가족형태로 조부모 가족이라고도 한다. 2008년 「한부모 가족지원법」 개정으로 조손가족에 대한 법적 근거가 마련되었다.

「한부모 가족지원법」 제5조2(지원대상의 범위에 대한 특례)는 공적 지원을 목적으로 조손가족을 법적으로 정의 내리고 보호대상에 포함하였다.

「한부모 가족지원법」에 따르면 조손가족은 "부모의 유기 등의 이유로 65세 이상의 조부모가 18세 미만의 아동을 양육하는 가정"이다. 조손가족은 가족기능을 유지하고 건강한 생활을 영위할 수 있도록 한부모 가족 지원사업을 통해 지원받고 있다.

참고 2021년 한부모 · 조손가족 복지 서비스 안내 中 '양육 · 돌봄' 서비스 예

* 저소득 한부모 가족 아동양육비 등 지원

ㅇ지원대상 (복지급여 지원) 소득인정액이 기준중위소득 52% 이하이면서 만 18세 미만의 자녀를 양육하는 한부모 가족 및 조손가족(한부모 가족증명서 발급) 소득인정액이 기준중위소득 60% 이하이면서 만 18세 미만(취학 시 만 22세 미만)의 자녀를 양육하는 한부모 가족 및 조손가족

※ 소득인정액이란 월소득+재산(주택, 토지, 예 · 적금, 자동차 등)을 소득으로 환산한 금액

ㅇ지원기준 2021년 한부모 가족 아동양육비 복지급여 소득인정액 기준(중위소득 52%)

*한부모 가족증명서 발급대상: 기준중위소득 60% 이하 (단위 : 원/월)

구분	2인	3인	4인	5인
중위소득 52%	1,605,801	2,071,654	2,535,671	2,993,834
중위소득 60%	1,852,847	2,390,370	2,925,774	3,454,424

ㅇ지원내용 한부모 가족 복지급여 지원내용

– 한부모 가족 아동양육비 : 만 18세 미만 아동 1인당 월 20만 원

* 추가 아동양육비 : 저소득 조손가족 및 만 25세 이상 미혼 한부모 가족의 만 5세 이하 아동에게는 월 5만 원 추가지원

– 아동교육 지원비 : 중학생 및 고등학생 아동 1인당 학용품비 연 8.3만 원

– 생계비 : 한부모 가족복지시설 입소가구에 생활보조금 월 5만 원

ㅇ신청문의 주민센터 / 한부모상담전화 (☎1644–6621)

복지로 누리집 (www.bokjiro.go.kr)에

〈저소득 한부모 가족 아동양육비 지원 확대 ('21.5.1.~)〉

① 한부모 가족 아동양육비

- 만 18세 미만 아동 1인당 월 20만 원
- 생계급여를 지원받는 만 18세 미만 아동 1인당 월 10만 원

② 추가 아동양육비

- 조손가족 및 만 35세 이상 미혼 한부모 가족의 만 5세 이하 아동 1인당 월 5만 원
- 만 25세 이상 34세 이하 청년 한부모 가족의 만 5세 이하 아동 1인당 월 10만 원
- 만 25세 이상 34세 이하 청년 한부모 가족의 만 6세 이상 18세 미만 아동 1인당 월 5만 원

* 가족 역량강화 지원

ㅇ지원대상 소득인정액이 기준 중위소득 100% 이하 (손)자녀를 양육하는 한부모 · 조손 가족, 긴급위기가족 등

ㅇ지원내용 사례관리, 자녀대상 학습 · 정서지원, 생활 · 도움 서비스 등 제공 및 긴급위기 지원이 필요한 경우 긴급가족돌봄, 긴급심리 · 정서지원 및 서비스 연계 제공

ㅇ신청문의 건강가정지원센터 고객센터 (☎1577-9337, www.familynet.or.kr)
여성가족부 누리집 (www.mogef.go.kr)

* 지역아동센터 지원

ㅇ지원대상 중위소득 100% 이하의 한부모 · 조손가정 등으로 지역사회 내 방과후 돌봄 서비스를 필요로 하는 만 18세 미만의 아동

ㅇ지원내용 아동보호(안전교육, 급식), 교육기능(일상생활 지도, 학습능력 제고), 정서적 지원(상담, 가족지원), 문화 서비스(체험활동, 공연), 지역 연계(인적 · 기관 연계) 프로그램 운영

ㅇ신청문의 보건복지상담센터 (☎129)

출처: 여성가족부 · 복권위원회(2021).

2) 조손가족의 현황

최근 조손가족 역시 증가추세에 있는데, 2005년 인구주택총조사 시 조사한 동거자 통계를 집계한 결과에 따르면, 우리나라 조손가구는 전체 가구의 0.36%에 불과하다. 하지만, 1995년 35,194가구, 2000년 45,224가구, 2005년 58,101가구로 10년 동안 65.1%가 증가했으며, 이러한 증가추세는 계속 이어지고 있다.

조손가족은 부모를 대신하여 조부모 혹은 조모나 조부가 손자녀의 실질적인 양육을 책임지는 가족형태로서 조부모의 손자녀 돌봄에 대한 부담과 함께 경제적 부양, 조부모의 질병이라는 삼중고에 시달리고 있어서 여러 문제점을 지니고 있는 가족형태이다(여성가족부, 2007, 2010).

3) 조손가족의 문제점

(1) 조부모 건강에 대한 부담

조손가족 조부모들의 배우자 유무를 확인해 본 결과, 과반수 이상인 57.9%가 현재 배우자가 있는 것으로 나타났으나 조부모 연령은 60대 53.7%, 70대 38.6%였으며 80대 이상인 경우도 4.6%로 나타나고 있다. 조부모 가구주 부부의 건강상태를 살펴보고자 인구주택 총조사를 재분석한 결과 조손가족 조부모의 약 3명 가운데 1명은 장애가 있고 약 5명 중 1명은 활동에 제약이 있는 것으로 나타났다. 조손가족 조부모들이 스스로 '육체적·정신적 장애가 하나라도 있다'고 응답한 비율은 29%에 달하며 이러한 사실은 곧 조손가구 조부모의 건강문제가 시급함은 물론 이들의 치료기간 동안 손자녀 돌봄과 가사를 대신해 줄 수 있는 지원 서비스가 필요함을 의미한다(김혜영 외, 2011).

(2) 손자녀의 양육과 교육문제

손자녀 가족의 역할이나 양육실태를 비추어 볼 때 조손가정의 어려움은 손자녀의 양육문제이다. 손자녀양육에서 우선적인 문제는 손자녀의 연령이 어린 경우 조부모가 갖는 정신적인 부담과 양육지도의 변화에 따른 경험 부재를 들 수 있다. 기본적인 자녀교육이나 양육에 대한 경험을 갖고 있으나 사회현상이나 구조의 변화를 민감하게 흡수하지 못한 조부모는 변화한 시대에 따른 교육 및 양육에 대해 두려움과 당혹감을 갖게 되는 것이다. 교육지도에 있어서도 교육기관과의 상담을 통해 손자녀의 현재 교육상황을 분석하고 추후 교육방향을 제시해야 하는 과정을 조부모가 해결하기에는 어려움이 따른다.

(3) 손자녀에 대한 정서적 지원의 어려움

손자녀의 성장과 더불어 조손가족의 조부모들은 학년이 오를수록 학업이나 교육관계에 대한 정서적 지원과 사춘기를 맞는 손자녀를 이해하기에는 어려움이 있다. 조부모의 입장에서는 이러한 성장과정에 대한 교육의 부재로 현재의 교육관이나 손자녀의 정서를 공감하고 수용하는 기술이 부족할 수 있으며 서로에 대한 이해 부족을 느낄 수 있다. 특히, 사춘기에 접어드는 손자녀를 둔 조부모들은 자신의 자녀를 키울 때 경험하지 못한 컴퓨터나 각종 정보매체 이용에 대한 이해부족으로 인해 손자녀와의 불편한 관계를 만들 수 있으므로 손자녀의 정보기기 사용에 대한 이해가 필요하다(홍길회 외, 2016).

4) 조부모역할과 지원방안

조손가족은 한부모 가족보다도 소득수준이 낮으며, 소득구조에서도 큰 차이가 있다. 더욱이 이들 가족의 조부모들은 열악한 건강상태에 처해 있으며 손자녀들 역시 건강하지 않은 학습환경에 처해 있다는 점에서 보다 적극적이고 통합적인 지원정책이 요구되어진다.

현재 조손가족을 대상으로 한 별도의 지원체계는 부족한 실정이며 조손가족은 소득 및 가구구성 형태에 따라 지원받을 수 있는 저소득층 지원정책과 「한부모가족지원법」, 「건강가정기본법」 등에 근거하여 지원받거나, 조손가족의 구성원인 노인, 아동을 대상으로 한 복지정책을 통해 지원을 받을 수 있다. 현행 조손가족

지원정책은 주로 저소득 조손가족에 대한 경제적 지원에 초점을 두며, 조손가족을 위한 양육지원 서비스, 의료지원 서비스, 생활지원 서비스 등은 단편적이고 제한적인 서비스 제공에 불과하여 이에 대한 보완적인 지원이 필요하다.

조손가족의 특수성을 고려한 체계적이고 통합적인 지원방안의 주요 내용은 다음과 같다.

첫째, 이들의 경제적 어려움을 해결하기 위하여 조손가구를 위한 연금수급권 특례조항 마련, 기초노령연금의 적용범위 확대, 국민기초생활보장 적용기준 완화 및 지원액의 현실화 등 조손가족을 위한 소득보장정책의 강화가 필요하다.

둘째, 조부모의 양육부담 완화 및 손자녀의 학업능력 향상을 위한 생활지원 서비스(예: 일상생활 지원사업, 급식 서비스 등)의 확대와 양육 관련 기술교육 실시 및 영유아돌보미사업, 학습활동지원사업 등의 확대가 필요하다.

셋째, 조손가족의 건강 증진을 위한 보건의료 서비스를 확대해야 한다.

넷째, 가족관계 증진 프로그램, 조손세대 통합 프로그램, 자조집단 활성화 등 정서적 지원사업의 확대를 통해 조손가족의 역량강화 방안이 마련되어야 한다.

다섯째, 조손가족에 대한 법률적, 제도적 지원을 확고하게 할 수 있도록 관련 법제도의 제·개정이 요구된다.

여섯째, 조손가족에게 지역사회 자원에 관한 정보 및 이용절차를 제공하여 지원체계에 대한 접근성을 향상시킬 필요가 있다.

일곱째, 구체적인 법 개정이나 관련 법안 마련을 통해 조손가족 지원의 근거와 체계를 명확하게 제시할 필요가 있다. 예를 들어, 「한부모 가족지원법」 개정을 통하여 양육비 지원액을 현실에 맞게 조정하고, 조손가족에 대한 의료비 지원 확대, 조손가족 통합지원을 위한 거점기관 운영방안 등이 마련되어야 한다(김혜영 외, 2011).

5 다문화 가족

1) 다문화 가족의 개념 및 현황

한국사회는 이제 다인종, 다민족, 다문화사회로 바뀌어 가고 있다. 전체 혼인 건수의 약 8.0% 이상이 국제결혼이며, 이 중 절반 이상(63.6%)이 여성 외국인이다(통계청, 2015). 2014년에 다문화 학생이 전체 초·중·고 학생의 1%를 넘어섰으며(교육과학기술부, 2015), 2020년 이후에는 20세 이하 인구 5명 중 1명, 신생아의 1/3이 다문화 가족 자녀가 될 것으로 추정되고 있다(장영희 외, 2007). 다문화 가족이란 서로 다른 문화적 배경을 가진 사람들이 결혼하고 자녀를 낳아 이루어진 가정을 말한다. 결혼이민자 가정, 이주 근로자 가정, 새터민 가족 등이 해당된다(이원영·김정미, 2011).

〈표 2-4〉 다문화 혼인유형별 규모 및 비중(2018~2020년) (단위: 건, %)

	2018		2019		2020		전년대비	
		비중		비중		비중	증감	증감률
다문화	23,773	100.0	24,721	100.0	16,177	100.0	−8,544	−34.6
외국인 아내	15,933	67.0	17,136	69.3	10,737	66.4	−6,399	−37.3
외국인 남편	4,377	18.4	4,260	17.2	3,024	18.7	−1,236	−29.0
귀화자	3,463	14.6	3,325	13.5	2,416	14.9	−909	−27.3

출처: 통계청(2021).

출처: 통계청(2021).

[그림 2-2] 출신 국적별 혼인비중(2020년)

2) 다문화 가족의 어려움

다문화 가족이 직면한 문제는 다음과 같다(이순형 외, 2010).

첫째, 우리 사회는 전통적으로 단일민족의식이 강하기 때문에 서로 다른 문화와 가치를 지닌 이방인과의 융화가 쉽지만은 않다. 피부색이 다르고 우리말을 잘하지 못하며, 발음이 정확하지 않다는 등의 이유로 사회적 편견과 차별을 받는 것은 대표적인 폐쇄적 태도라 할 수 있다(이영주, 2008). 이러한 폐쇄적 태도는 다문화 가족의 아동이 우리 사회의 구성원으로 성장하는 데 어려움을 겪게 한다.

둘째, 문화적 차이와 언어 소통의 문제로 발생하는 부부 간 갈등이 잦다. 국제결혼의 특성상 다문화 가족은 문화적 차이에서 오는 인식 차이 문제를 가지고 있다. 가족 내에 존재하는 이중문화로 인해 상호 간 갈등을 경험하게 되고 언어적 장벽으로 인한 의사소통의 문제로 인해 갈등을 해결하지 못한 채 더욱 악화시키는 경향이 있다. 중요한 것은 부부 간에 나타나는 갈등이 아동에게도 영향을 미친다는 점이다. 아동은 부모의 아중문화로부터 발생하는 갈등과 혼동 외에 부부 간 갈등으로 인해 더욱 힘든 상항에 놓이게 된다.

셋째, 대부분의 다문화 가족은 경제적으로 빈곤하다. 다문화 가족의 52.9%가 최저생계비 이하의 수입을 가지고 있으며 기초생활수급 가구에 해당하는 다문화 가족은 13.7%에 불과할 만큼 다문화 가족의 빈곤문제는 심각하다. 다문화 가족의 빈곤문제는 다문화 가족의 아동이 경제적 어려움 속에서 생활함을 의미하는 것으로, 성장과 발달에 필요한 경제적 지원을 충분히 받지 못하고 있음을 시사하는 것이다.

이처럼 다문화 가족의 아동은 사회적 차원, 가정적 차원에서 좀 더 불리한 환경에서 생활한다고 볼 수 있다. 불리한 환경적 문제로 다문화 가족의 아동은 학교생활에서의 학습부진, 따돌림 및 정체적 혼란과 같은 어려움을 겪게 된다(교육인적자원부, 2006). 의사소통의 불편함이나 문화배경과 가치관의 이질성 등으로 어머니들 역시 어려움에 직면해 있다. 따라서 다문화 가족의 아동을 보다 잘 양육하기 위해서는 한국어교육과 문화이해뿐 아니라 부모교육에도 많은 관심을 기울여야 한다.

3) 다문화 가족을 위한 지원방안

유아교육기관에서 다문화 가족에게 제공할 수 있는 구체적인 부모역할 지원방법은 다음과 같다(이원영 · 김정미, 2011).

- 영아기부터 질 높은 영유아교육(보육)을 경험하도록 돕기: 다문화 가족의 자녀는 가급적 어린 연령부터 언어습득의 기회를 충분히 주도록 한다. 이중언이로서 부모의 모국어와 한국어의 질 높은 교육경험을 하도록 한다.
- 지역사회의 복지 서비스와 연계하여 지원하기: 유아교육기관에서 생활정보를 제공할 때, 지역사회에서 제공하는 다양한 지원방법을 연계하여 소개해준다면 보다 효과적으로 다문화 가족의 부모와 소통할 수 있다. 예를 들어, 알림장과 가정통신문의 내용을 통역하여 제공하기, 부모면담 시 통역 가능한 자원봉사 지원받기, 다양한 경로의 다문화 가족 지원 서비스를 연계하여 지원하기 등이 있다.
- 다문화 가족에 대한 반편견 교육하기: 기관 차원의 다문화 가족에 대한 반편견 교육프로그램을 부모와 아이를 대상으로 계획하고 실행한다. 양육공동체의 일원으로 다문화 가족을 수용하고, 이들이 우리 사회에서 건강하게 성장하고, 행복하게 지낼 수 있도록 지원해야 한다.

새로운 시대의 부/모/교/육

CHAPTER 03

부모역할과 부모-자녀관계

1 부모됨과 부모동기

사회의 많은 다른 관계들이 인위적으로 성립되어지는데 반해, 부모와 자녀 관계는 생물학적, 심리적으로 자연스럽게 이루어지는 관계이다. 대부분 부모들은 교육이나 훈련 없이 부모-자녀관계가 성립되어지며, 준비 없이 부모가 되어 역할을 수행하느라 스트레스를 받게 된다. 이러한 상황에서 바람직한 부모-자녀관계는 기대하기 어렵다. 바람직한 부모-자녀관계의 성립을 위해서는 부모역할에 대한 교육과 훈련이 필수적이며, 실제적인 부모역할에 대한 교육을 위해서는 부모와 자녀의 관계에 대한 이해가 우선 되어져야 한다.

특히 처음으로 부모가 되고 자녀가 된 부모-자녀관계에서 서로가 더불어 성장하는 인생발달을 염두에 두고, 자녀의 발달에 한 걸음 앞서 부모기를 통한 부모의 인생발달을 알아보아야 한다. 결코 단순하지 않은 부모와 자녀관계에 대한 이해를 증진시키고, 상호 양방이 더불어 성숙되고, 부모와 자녀관계에서 인격이 존재하는 발달을 모색하여야 한다. 그러기 위해서는 부모 자신이 개인적인 발달을 충족시켜 나아가면서, 동시에 자녀 자신의 기대에 부응하여야 한다. 어린이가 마땅히 제공받아야 할 일생의 안내를 친절하고 적극적으로 제시함으로써 안내자로, 계승 발전시키는 자로, 부모와 자녀가 함께 발달할 수 있어야 한다(홍길회 외, 2016).

1) 부모기의 개념과 의미

'부모기'에 대한 정의가 필요하다는 의견을 가진 사람들은 부모가 교육받지 않고 자연히 부모의 역할을 한다는 것은 있을 수 없다고 생각한다. 자신의 부모가 행하는 것을 보고 은연중에 부모의 역할 모델링을 통하여 부모로서의 소양이나 기술을 배우는 것이므로 부모역할을 하는 시기가 바로 부모기인 것이다.

현대사회에서의 부모는 하나의 직업, 직종으로서 전문적 준비와 자격이 필요하다는 개념으로 확대되었다. '부모기'는 부모로서의 역량을 나타낼 수 있는 시기로 다음과 같이 설명할 수 있다.

첫째, 고전적 개념으로 생물학적으로 아이를 생산하는 시기이다.

둘째, 아이를 낳으면 부모로 인정하는 것으로서 법률적으로 아버지, 어머니의 위치를 갖는 시기이다.

셋째, 거의 모든 사람이 부모의 역할을 하는 시기이므로 인생의 전반적 시기가 부모기라고 할 수 있다.

이러한 '부모기'는 다음의 네 가지 의미를 함축하고 있다.

첫째, 폭넓은 인격이 완성되는 시기

둘째, 가치체계가 형성되는 시기

셋째, 신체, 사회, 정서, 언어, 인지적인 면에서 성숙한 시기

넷째, 개인의 흥미, 자질, 능력 등에 있어서 부모역할을 수행할 시기

2) 부모가 되는 동기

모든 사회의 특성 중 하나는 성인이 되면 대부분 부모가 되기를 원하며, 대부분의 부부는 부모가 되기를 바란다. 부모가 되는 동기는 〈표 3-1〉과 같이 네 가지로 나누어 볼 수 있다.

〈표 3-1〉 부모가 되는 동기 유형

동기유형	특성
숙명적 이유	• 운명에 순종한다는 사고 • 종교적 신념에 따르는 사고 • 자녀를 통해 가계를 잇는다는 사고
이타주의적 이유	• 자녀에 대한 관심과 애정을 위한 비이기적 소원 • 부모가 되고자 하는 기본적 욕구
자기도취적 이유	• 자녀를 가짐으로써 심리적 안정을 얻을 수 있다는 사고 • 자녀를 가짐으로써 성인 대열에 속했다는 안정 유지 욕구
도구적 이유	• 자녀를 통해 대리보상을 충족하고자 하는 욕구 • 부모에게 만족감을 주기 위한 사고 • 부부 간의 불화를 방지할 수 있다는 인식

출처: 문혁준 외(2012).

2 부모의 역할 특성 및 발달

1) 부모역할의 특성

부모와 자녀관계는 다른 인간관계와는 전혀 다른 특징을 갖는다. 부모-자녀관계는 직계혈연관계이고 아주 깊은 정적유대로 결속되어 있기 때문에 사회의 다른 인간관계에서 볼 수 없는 독특한 면이 있다. 부모-자녀 관계의 이러한 독특성 때문에 부모가 수행하는 역할도 성인들이 일반적으로 사회에서 경험하게 되는 어떤 역할과도 동일하지 않은 독특한 면이 있다.

첫째, 부모역할은 희생적으로 수행된다. 부모의 자식에 대한 사랑은 본능적이며 무조건적이기 때문에 부모는 자식의 출생에서부터 결혼에 이르기까지 혹은 그 후까지 부모의 목숨이 남아 있는 한 아무런 조건이 없이 신체적인 고통을 감수함은 물론 물질적, 정신적으로 부모가 지닌 모든 것을 자식에게 기꺼이 희생한다.

둘째, 남자보다 여자가 부모역할의 수행에 대한 문화적 압력을 크게 받는다. 여성의 '어머니' 역할과 남성의 '아버지' 역할을 비교해 보면 어머니의 역할에 대한 사회적 기대가 더 크고, 더 많은 가치가 부여되며 역할 수행에 대한 규범이 더 엄격하다.

셋째, 부모역할은 연습을 할 수 없다. 부모역할은 인간인 자녀를 대상으로 수행되는 것으로 그 결과는 수정되거나 아무 일도 없었던 것처럼 지워질 수 없다는 것과 부모역할의 모든 순간은 자녀의 삶 속에 새겨진다는 것을 부모는 명심해야 하며, 따라서 부모역할은 어떤 역할보다도 신중해야 하며 잘못 행하지 않도록 사전 준비가 철저해야 한다.

넷째, 부모역할은 자녀의 발달단계에 따라 변화를 요구한다. 부모에 대한 자녀의 요구는 발달단계에 따라 다르다. 갓 태어난 아기, 영아기, 유아기, 학동기, 청소년기를 거치면서 부모에 대한 자녀의 요구는 달라지고, 부모 또한 자녀의 변화하는 요구와 행동에 맞추어 그들의 행동을 변화시켜야 한다.

다섯째, 부모역할은 항상 자발적으로 이루어지는 것은 아니다. 때로는 피임에 실패하거나 원하지 않는 아기를 가지게 되어 부모역할을 하게 되는 경우도 적지 않다.

여섯째, 부모역할은 도중에 포기할 수 없다. 자녀에 대한 부모의 사랑이 아무리 본능적이고 무조건적이라 하여도, 부모역할을 수행하는 것이 부모에게 늘 기쁘고 만족스러운 일은 아니다. 오히려 그 과정은 고통스러울 때가 더 많아도 중도에 포기할 수 없는 것이다. 그러므로 부모역할은 가능한 한 도중에 지치지 않고 자신이 만족할 수 있도록 또 성공적으로 수행할 수 있도록 부모 자신이 노력하고 지혜롭게 행해야 한다.

한편 과거에 부모역할이 출산과 양육으로 특징지어지던 인식이 사회가 발전하면서 사회, 문화적인 요구와 함께 점차 변화되어 가고 있다.

아무리 시대가 변하고 문화적으로 다양하게 변하더라도 일반적으로 부모에게 요구되는 역할을 몇 가지로 요약해 볼 수 있다.

첫째, 부모는 출산 및 양육의 책임자이다. 부모는 자녀를 낳아서 키우든, 입양하여 키우든 양육의 주된 담당자이다. 자녀의 권리를 지켜주는 일이나 자녀가 생활하는 가운데 겪게 되는 결정해야 하는 일들에서 일차적인 책임자로서의 역할을 해야 한다.

둘째, 부모는 자녀의 신체적, 심리적 보호 및 적절한 훈육의 책임자이다. 부모는 자녀에게 어떤 경우에도 보호자의 역할을 수행해야 하며, 적절한 훈육으로 도덕적·정신적 훈련자가 되어야 한다. 부모의 부적절한 부모역할 수행은 자녀들의 신체적·심리적 발달 이상을 가져오게 된다.

셋째, 부모는 자녀를 교육하는 교육자의 역할을 해야 한다. 교육자로서의 부모역할은 예나 지금이나 변함이 없다. 학교가 감당하지 못하는 인격교육을 부모가 책임져야 한다. 세상을 살아가는 데 지켜야 할 규칙이나 예의범절, 생활을 위한 기본적인 기술 등을 부모가 적절하게 가르치지 못하여 자녀의 인격이 제대로 구축되지 못했을 때 사회의 비난은 물론 좋지 않은 영향을 줄 수 있게 된다.

넷째, 부모는 자녀에게 동일시 모델의 역할을 수행한다. 부모가 동성의 자녀에게는 동일시의 모델이 되고 이성의 자녀에게는 이성을 보는 기준이 된다. 자녀는 성장함에 따라 자신에게 적절한 동일시 모델을 재선택하게 되지만, 부모를 통해 도덕적, 정신적 훈련이 이루어져 양심체계가 형성된다는 점에서 중요한 동일시 모델이 되는 것이다.

다섯째, 부모는 자녀의 상담자 및 친구의 역할을 하게 된다. 특히 아동기에 부모는 아동생활의 갈등을 상담하는 상담자와 친구가 되어 주어야 한다. 부모의 가치기준, 편견, 기대를 지각하여 학습하게 되는 것은 정서적으로 가까워져서 의논 대상자, 조언자, 격려자의 역할을 할 때이다.

이와 같이 부모의 역할은 부모 자신이 그들의 부모에게서 받아 온 양육방식, 부모 자신의 성격, 그들이 사는 사회문화, 부모 자신의 가치관, 자녀관 등의 복합적인 관계에서 취해진 양육방식으로 나타난다. 더구나 한 번 잘못 양육되면 수정되기가 어렵다는 인간발달의 특성상 부모역할은 더욱 중요한 것이다(홍길회 외, 2016).

2) Galinsky의 부모기의 발달단계

부모가 된다는 것은 성인으로서 할 수 있는 다른 일들과는 다르다. 거기에는 연습이 없고 갑작스런 전이가 있으며 따라서 지속적인 변화와 기술이 요구된다. 우리 사회 대부분의 직업은 명백한 가능성을 보여 주지만 부모가 된다는 것은 그렇지가 않다. 대부분의 직업은 확실한 대가가 주어지나 부모역할에 대한 대가는 희미하고 오랜 시간이 지난 후에야 나타나는 경향이 있다. 부모라는 직업 자체는 사회에서 그 중요성을 낮게 평가하지만 그럼에도 불구하고 부모가 된다는 것은 심오한 기쁨과 만족을 가져다 준다.

일찍이 Galinsky(1987)는 부모가 된다는 것은 한 인간을 철저히 보살피면서 그의 성장을 지켜보고, 새로운 견지에서 자기 자신을 바라보며 인생에 대한 이해를 도모하는 등의 기쁨을 가져다 준다고 보았으며, 태아에서 18세까지의 자녀를 둔 부모 228명을 면접 조사하여, 다음과 같이 6단계의 부모기를 거쳐 나간다고 설명하고 있다(김세희 외 역, 1992, 홍길회 외, 2016에서 재인용).

(1) 1단계: 이미지 형성단계(The Image-Making Stage)

임신 시기에 해당하는 단계이다. 이 시기에 부모는 이전의 부부관계에서 이제 예비엄마, 예비아빠로서 출산과 부모기에 대한 이미지를 스스로 형성한다. 또한 신체적, 물질적 준비를 하고 어떤 부모가 될 것인지 부부가 함께 의논한다. 우리나라의 경우 태교를 하는 과정에서 느낄 수 있는 부모됨의 과정으로 여겨진다.

(2) 2단계: 양육하는 단계(The Nurturing Stage)

자녀 출생 후 만 2세까지에 해당된다. 첫 단계에서 세운 부모의 이미지와 현실을 일치시키는 작업과 부모가 된 현실을 인정하고 자녀를 돌보는 과정을 통해 자녀와 적응하는 단계이다. 자녀에게는 애착과 기본적 신뢰감이 형성되는 시기이므로 사랑, 관심, 놀이, 접촉, 적절한 자극을 통해 아동의 욕구를 충족시켜 줌으로써 건강한 성격발달의 토대를 형성할 수 있도록 해 주어야 한다.

(3) 3단계: 권위를 형성하는 단계(The Authority Stage)

자녀의 연령이 만 2세부터 초등학교 입학 전까지의 단계이다. 이 시기의 아동은 부모와의 관계에서 벗어나 점차 또래 또는 다른 성인과 사회적 관계를 형성하여 점차 상호작용의 범위를 넓혀 나가게 된다. 부모는 이전처럼 자녀에게 단순한 생리적 욕구나 애정적 욕구만을 만족시켜 주는 역할에서 벗어나 아동의 사회화 과정을 도와주어야 한다. 부모로서 권위의 범위와 자녀에게 허용되는 행동의 한계를 설정하고 이에 자녀가 따르게 하는 것 또한 중요한 부모의 과제가 된다.

이 시기는 자신의 성에 대한 성역할 개념을 습득하는 시기로서 아동으로 하여금 자신의 성에 적절한 행동을 습득할 수 있도록 도와주어 성정체감 획득, 양성적인 성역할을 습득하도록 도와주는 것도 필요하다.

(4) 4단계: 설명하는 시기(The Interpretive Stage)

아동기라고 칭하는 이 시기는 6세부터 12세까지로 학령기에 해당하는 단계이다. 아동이 초등학교에 입학하게 되면서 주변 세계의 여러 문제에 폭넓은 관심과 깊은 탐구활동이 시작된다. 따라서 이 시기 부모는 주로 정보제공자, 자녀의 다양한 의문이나 요구에 대한 해설자, 세상과 사물에 대한 이치를 설명해 주는 설명자로서의 역할을 해야 한다.

자녀들에게 부모 자신의 역할을 이해시키는 것도 필요하며, 새롭게 생기는 자녀와의 여러 갈등을 효과적으로 처리할 수 있는 기술이 요구된다. 예를 들어 훈육의 문제나 가치관 교육 등이 포함될 수 있다. 또한 가족의 역할과 권위를 검토함으로써 부부의 경계와 자녀의 경계를 재조정하는 일도 필요하다. 예를 들어 가족회의를 통해 그런 과정을 거치게 된다.

(5) 5단계: 상호의존 단계(The Interdependent Stage)

자녀가 청소년기가 되는 단계이다. 이 시기는 자녀의 자아정체감이 형성되고, 아울러 뚜렷한 신념, 논리, 가치가 형성되는 시기이다. 부모는 이제 이전과 다른 부모-자녀관계관을 정립해야 하며, 자녀와의 의사소통 방식도 기존의 방식이 아닌 보다 민주적이고 새로운 방식으로 개선할 필요가 있다.

또한 사춘기의 제2차 성징이 나타나는 시기이므로 자녀가 성적 욕구를 지닌 존재임을 인정하여 자녀의 변화를 받아들이고, 자녀의 합리성과 논리성을 객관적으로 수용하고 지지하는 자세가 필요하다.

(6) 6단계: 떠나보내는 단계(The Departure Stage)

자녀가 집을 떠나는 시기로 주로 자녀가 결혼을 하는 시기로 본다. 즉 이 단계는 자녀가 부모의 직접적인 돌봄이나 보호로부터 벗어나 혼자만의 자율적 생활을 시작하는 시기로 부모의 곁을 떠나는 시기이다.

이 단계에서 부모의 과업은 부모기의 모든 경험을 평가하고 자녀의 떠남에 대해 준비하게 된다. 부모들은 일어나는 상황에 대해서나 떠남에 대한 자신의 이미지에 적응해 나가야 하고, 성인이 된 자녀의 부모로서 자신을 재정의하며, 한 자녀의 부모로서 전반적인 성취와 실패를 평가하게 된다. 즉, 결혼의 선배로서 결혼한 자녀가 새로운 가정생활에서 직면하는 여러 가지 어려움에 현명하게 대처할 수 있도록 상담과 조언을 해 주는 것이다.

고등학교 졸업 이후이든 결혼 이후이든 간에 부모는 자녀를 심리적으로 떠나보낼 마음의 준비를 해야 한다. 정서적 연결이 있는 상태에서 자녀의 삶을 인정하고 수용하는 자세가 필요하다.

3) 어머니와 아버지의 역할

(1) 어머니와 아버지의 역할

아기가 태어나서 처음으로 접하는 사람은 어머니이며 어머니를 통해 사회화의 기초가 형성되며 모든 욕구 충족이 가능하다. 아기의 욕구가 적절히 민감하게 충족됨으로써 아기와 어머니와의 애착이 형성되고 어머니와의 피부접촉으로 아기는 안정감을 얻는다.

어머니의 역할은 다음과 같이 정리해 볼 수 있다.

첫째, 어머니는 자녀의 인성 형성에 중요한 영향을 미치며, 인성의 형태를 결정한다. 인간 애정의 기초는 출생 후 최초로 접촉하는 어머니의 젖가슴에서부터 싹트고 어머니와 자녀관계에서 모성애를 느끼며, 이것은 인성발달의 기초가 되고 시발이 되는 신뢰감 형성에 큰 역할을 한다. 어머니의 품안에서 느낀 모성애·신뢰감·안정감은 아동의 정서발달에 적극적 영향을 미친다.

둘째, 어머니는 자녀의 사회화 과정에 있어서 최초로, 그리고 가장 장기간의 대행자 역할을 담당한다. 어머니는 인생의 교사이다. 아동이 이 세상에 태어나서 최초로 접촉하는 사람은 어머니이며, 인생의 가장 중요한 시기인 영유아기를 어머니와 함께 생활하므로 어머니의 행동, 생활태도는 아동들에게 표본이 되며 아동이 이생을 살아가야 하는 기본적 틀을 형성해 주는 교사 중의 교사이다.

셋째, 어머니는 자녀에 대하여 표현적·정서적 역할을 담당한다. 어머니의 자녀에 대한 사랑은 본능적이리만큼 강력하기 때문에 자녀와의 감정적 교류에 있어서 자녀에게 흡수력이 강하다. 전통적 어머니에 비해 민주적·발전적인 어머니는 어머니와 자녀 간의 심리적 관계, 자녀의 인성발달, 친구와의 관계, 그들이 성장한 후 성인으로서 역할을 다할 수 있는 준비 등에 중점을 두고 있다.

넷째, 어머니는 자녀의 건강과 위생 담당자의 역할을 한다. 아무리 사회의 보건기구와 의료시설이 잘 되어 있다 하더라도 어머니의 애정이 담긴 간호와 양호는 자녀들의 성장에 절대적으로 중요한 것이다.

다섯째, 어머니는 교량적 역할을 한다. 어머니는 아버지와 자녀 사이, 사회와 가정 사이의 교량적 역할을 한다. 어머니는 가정에서 조정자·행정자의 위치에서 아버지와 자녀와의 관계를 원만히 또는 두텁게 해 주고, 사회생활을 할 수 있는 기초훈련을 시킨 후 사회로 내보내며, 사회생활에서 얻은 좋은 경험을 격려하고 칭찬해 주며, 잘못 받아들여 온 경험은 올바로 시정하도록 지도해 주는 역할을 한다.

여섯째, 어머니는 종교적 차원에 이르는 도덕적 교육 담당자이며, 자녀의 이성적 발달이나 사회화 과정에서도 교육적 역할을 담당한다. 즉 종교적 차원에서 또는 자녀의 자아발달이나 양심의 발달과정에서 올바른 생활태도, 신념, 가치관을 무의식적으로 자녀 간의 대화 가운데 도입함으로써 은연중에 이들을 흡수하도록 한다.

한편 전통적으로 아버지들은 자녀양육에 참여하지 않은 것으로 간주되었기 때문에 어떤 문화인류학자는 아버지는 생물학적으로 필요한 존재일 뿐 사회적으로는 우연적인 존재에 지나지 않는다고 하였으며, Frued는 아버지는 아이에게 젖먹이기, 갈증과 같은 기본적인 생리적 욕구를 충족시켜 주지 않으므로 어머니보다 덜 중요하다고 생각하였다(조옥라, 1986).

그러나 가족의 형태가 핵가족으로 변화되고, 부부의 권력구조가 변화하면서 아버지의 역할 및 아버지가 자녀양육에 미치는 영향에 대한 관심이 고조되고 있다. 우리나라는 사회가 근대화되어 가는 과정에서 서구 사회와 동일하지는 않지만 외형적으로 유사한 변화를 겪고 있으며 자녀양육의 책임을 부모가 떠맡게 됨으로써 자녀양육에서의 아버지의 참여가 불가피하게 되었다(홍길회 외, 2016).

4) 현대사회 아버지와 어머니 역할변화

부모의 역할은 아버지의 역할과 어머니의 역할 중 어머니의 역할 위주로 강조되어 왔지만 현대사회에서는 자녀양육에 있어서 아버지의 역할과 어머니의 역할이 똑같이 비중 있게 다루어지고 있다.

(1) 아버지의 역할변화

과거의 아버지는 가부장적인 모습을 지니고 있었다. 아버지는 자녀에게 가장 좋은 것이 무엇인지 알고 있다고 생각했기에 자녀의 의견을 구하거나 선택을 존중하기보다는 본인의 결정을 따를 것을 강요하였다. 평소에 자녀양육과 교육은 어머니가 주로 담당하다가 중요한 결정을 내릴 사항이 있으면 아버지가 결정권자로서의 역할을 하여 자녀에게 영향력을 행사하였다.

이에 반하여 현대의 아버지는 자녀를 한 인간으로 존중하며 자녀 의견 존중은 물론 자녀와 함께 자신도 성장하는 것을 추구한다. 즉, 자녀양육에서 아버지가 지니는 의미가 커지고 있으며, 어머니와 함께 양육을 담당하는 시대가 왔다.

현대사회에서 아내는 남편이 사회적으로 성공하기 바라는 동시에 가정에서 자상하고 친절한 아버지의 역할을 수행하기 바란다. 일과 아버지역할 사이에서 많은 갈등을 경험하는 아버지는 자녀로부터 오는 기쁨을 맛볼 기회가 적었기 때문에 아버지로서의 양육효능감이 낮게 나타났다. 아버지가 자녀를 양육하면서 많은 스트레스를 받을수록 자녀양육에 대한 자신감에 부정적인 영향을 가져왔다(이슬기 외, 2007). 아버지는 사회생활을 하면서 감당해야 하는 일과 아버지로서 해야 하는 일 사이의 균형을 맞추는 것이 중요한데, 둘 사이에서 스트레스를 경험하는 경우 자녀를 양육하는 즐거움을 누리기보다 부담감과 책임감으로 인하여 아버지로서 자신의 능력을 낮게 평가하게 된다.

아버지의 역할로서는 '정서적 지지자', '훈육자', '양육 보조자'의 세 가지 범주로 나눌 수 있다. 과거 아버지의 역할은 수동적이고 권위적이며, 어머니의 역할을 상호보완하는 존재로 여겨 왔으나 1990년대 들어 아버지의 재발견이 진행되어 왔다.

아버지가 젊을수록 자녀와 대화가 많고 표현을 잘하며 교육수준이 높을수록 자녀와 대화가 많고 양육에 대한 공동책임을 느끼고 자녀에게 애정을 잘 표현하며 자녀를 더 잘 이해하는 것으로 나타나고 있다(윤서영, 1999). 현대의 아버지는 놀이친구가 되어 주는 역할, 자녀의 능력개발을 돕는 역할, 훈육 역할, 성격 형성자의 역할, 정서적 안정감을 갖게 하는 역할, 가정 융화의 역할 등을 수행한다(오영희 외, 2000).

현대사회의 새로운 아버지 역할에 대해 혼란스러워하는 아버지들이 있는 반면 아버지 스스로 가정 내에서 자신의 위치를 새롭게 인식하려는 노력들이 시작되고 있으며, 가정의 행복 또한 사회에서의 성취에 영향을 주기 때문에 사회에서의 성공만큼이나 가정의 행복이 중요하다는 인식이 확산되고 있으며 이러한 양상은 젊은 세대에서 더 빨리 나타나고 있다(이원영 외, 2011).

최근 가장 이상적인 아버지상으로 '친구 같은 아버지', '사랑과 애정을 표현하는 아버지'를 꼽은 아버지의 역할을 분류한 연구와(손소영, 2013) '다정다감한 아버지',

'안내자로서의 아버지', '본보기가 되는 아버지', '민주적인 아버지', '경제적으로 유능한 아버지'를 영유아기 자녀를 둔 다섯 가지 아버지상으로 범주화한 연구에서와 같이 아버지들 스스로 자녀와 함께 공유하고 놀아 주고 사랑을 교감하는 '친구 같은' 아버지로 '아버지의 역할'이 새롭게 인식되고 있다.

이는 아버지의 역할이 전통적이고 엄격한 아버지에서 다양한 아버지의 역할로 새롭게 변화되고 있음을 나타내고 있다(박선정, 2015).

아버지의 역할을 정리해 보면 다음과 같다(홍길회 외, 2016).

첫째, 아버지는 자녀의 성역할 발달에 도움을 줄 수 있다. 자신이 안정적인 남성성을 갖고 있다고 생각하는 아버지와의 유대감은 남아의 남성성 발달에 매우 중요한 요인으로 작용한다. 아버지는 어머니에 비해 자녀의 성별에 따라 다른 유형의 행동을 보이며, 특히 딸의 여성성을 격려하는 데 중요한 역할을 한다. 또한 아버지는 남성적이고 유능한 아버지와의 상호작용은 딸에게 다른 남성과의 관계에까지 일반화시킬 수 있는 기본적인 경험을 제공할 수 있다.

둘째, 아버지는 자녀의 사회성 발달을 도울 수 있다. 아버지는 레슬링이나 술래잡기 등과 같이 보다 육체적이며 자극적인 방법으로 놀이에 참여하는 반면, 어머니는 덜 자극적이고 언어중심적이며, 장난감을 가지고 놀거나 까꿍놀이와 같은 전통적인 놀이를 주로 한다. 어머니는 완충적인 역할을 하는 데 비해 아버지는 자극을 지속적으로 제공하며 이러한 상호작용은 생후 2~3년경에 접어들면 두드러진다. 아버지의 이러한 태도는 자녀들에게 기쁨과 공포를 동시에 경험하면서 부정적이건 긍정적이건 반응을 하게하고, 그들의 감정을 표현하는 방식을 배우게 한다. 아동은 아버지가 자신을 대하는 방법에 영향을 받아 의사소통 기술을 발전시켜 나간다.

셋째, 아버지는 자녀의 인지발달에 도움을 줄 수 있다. 남아의 경우 아버지와의 친밀한 관계는 자녀의 분석적 인지능력을 발달시키고, 권위주의적인 아버지의 태도는 학습능력을 감소시키는 경향을 보인다. 아버지를 관찰하고 모방할 기회가 많을수록 전반적인 학습능력과 문제해결 능력을 발달시키는 데 도움이 된다. 어머니가 어머니의 목소리와 특유한 모성애를 통해 자녀의 인지발달에 기여하는 바와는 달리 아버지는 자녀의 놀이상대로서 물리적인 기술을 통하여 인지발달에 기여한다.

넷째, 애착관계를 형성한다. 아버지와 자녀 간의 애착관계는 어머니와 마찬가지로 놀아 주거나 쓰다듬어 주는 등의 신체적 접촉과 사회적 자극을 통해 애착이 형성된다. 오래 전 Schaefer와 Peggy Emerson도 6개월에서 18개월의 스코틀랜드 유아를 대상으로 한 '유아기의 사회적 애착의 발달'이라는 보고서에서 유아는 어머니 못지않게 아버지와 떨어지는 것을 싫어한다고 보고한 적이 있다(김정신, 1999).

다섯째, 성취동기에 영향을 미친다. 성취동기의 측면에서 가장 큰 영향을 끼치는 사람이 아버지이며, 특히, 학업, 직업, 경제적 생활 등에 있어서는 지대한 영향을 준다. 특히 자녀들에게 직업관과 직업선택의 보조자 역할을 하며, 자녀들의 포부와 자기성취 동기를 부여하는 데 결정적인 역할을 수행한다(최경순,1992).

여섯째, 유아의 정서조절 능력과 또래유능성에 영향을 준다. 연구를 통해 아버지의 양육참여도와 정서조절 능력은 전체적으로 유의미한 정적 상관관계가 나타났으며 아버지의 양육참여도는 정서조절 능력을 의미 있게 예측하는 변인이 됨을 보였다. 또한, 아버지의 양육참여도는 또래유능성을 의미 있게 예측하는 변인으로 나타났다. 이러한 결과는 아버지의 양육참여도가 정서조절 능력과 또래유능성에 중요한 예측 변인임을 시사한다(최미숙, 2014).

5) 부성경험의 발달

첫 자녀를 기준으로 자녀의 발달단계에 따라 아내의 임신기, 영아기, 유아기, 초등학교 시기, 중·고등학교 시기, 대학생 연령에서 결혼 전 성인기 자녀를 둔 시기, 손자녀를 둔 시기로 구분하여 각각의 시기에 해당하는 한국 아버지 전체 98명을 대상으로 남성의 아버지로서의 경험세계를 살펴본 연구(황정해, 2004)에 의하면, 자녀의 성장 발달에 따른 아버지의 심리적 변화와 발달과정은 다음과 같다.

① 임신기에서 첫 자녀출산 전까지

임신기 자녀를 둔 남성의 부성경험은 '아버지로서의 준비기'로 명명된다. 이 시기에는 아내의 임신소식을 접하고 기쁨과 걱정이 교차하는 양가적인 감정을 경험한다. 아내의 임신으로 생명의 경이로움을 느끼고, 아내의 임신기간 동안 아버지로서 나름의 행동을 하게 된다. 자신의 부모를 떠올리고 과거와 현재의 부모와의 모습을 평가해 보면서 아버지로서 자신의 이미지를 만들어 간다. 아내와의 관계에서는 서로 간의 유대감을 강하게 형성하며 본격적인 성인사회로의 진입을 하게 된다. 아내의 임신을 계기로 본인 스스로 어른으로 인식하게 되고, 자신이 아버지가 된다는 것에 대해 자부심을 갖게 된다.

② 0세에서 3세 이하 자녀를 둔 아버지

이 시기 남성의 부성경험은 '아버지로서의 적응기'로 명명된다. 이 시기에는 부양의식이 더 강해지고 점차 아버지로서 적응해 나간다. 아버지로 적응해 나가는 과정에서 불행감을 보이거나 부적응을 보이지는 않고 자연스럽게 받아들이며, 특히 경제적인 측면에서 소비패턴이 변화하고 검소해진다. 아이와의 상호작용을 통해 '나'라는 의식보다 '아버지'로서 자신의 인식이 강해지고 자녀와의 유대감 형성은 점진적인 발달을 보이며 가족에 대한 의미가 강해진다.

③ 3세에서 취학 전 자녀를 둔 아버지

이 시기 남성의 부성경험은 '아버지로서의 모델 형성기'로 명명된다. 이 시기에는 가족에게 권위를 가지고 싶어 하고 좋은 아버지로서 인정받고 싶어 한다. 자녀가 남성 자신의 삶의 중심이 되어 가며, 자녀가 유아교육기관에 가게 되면 남성 자신의 인생을 다시 점검해 보는 계기를 갖게 된다. 부부관계는 부모로서의 연대감이 더 강해지며, 아버지 자신의 대인관계도 원만해진다.

④ 초등학생 자녀를 둔 아버지

이 시기 남성의 부성경험은 '아버지로서의 모델 정착기'로 명명된다. 이 시기 자녀와의 관계는 실제 자녀와 함께하는 시간은 부족하지만 자녀들과 시간을 가지려고 노력하는 모습을 보인다. 자녀와의 유대감은 친밀하며 관계에서 만족감을 보이고 안정된 관계를 형성하고 있다. 부부관계는 양육가치관의 불일치로 인한 마찰은 있지만 아이를 함께 키워 나간다는 점에서 아내와의 신뢰감이 더 깊어지고 서로 더 잘 이해할 수 있는 관계가 된다.

자녀에 대한 마음은 자녀가 잘 성장하여 학교라는 공식적인 제도로 들어가는 것에 대한 대견함을 느끼며, 자녀의 사회적응에 대한 염려를 하며 자신은 아버지로서의 사명감과 책임감이 강해지며 자신의 삶을 되돌아보는 계기를 갖게 된다. 또한 자신의 아동기를 회상하게 되며 자신의 아동기 경험을 토대로 자녀를 양육해 나가면서 부정적이었던 자신의 유년기 시절을 치유하며 자녀를 양육해 가는 과정에서 자신의 가치관을 재정립해 간다.

⑤ 중·고등학생 자녀를 둔 아버지

이 시기 남성의 부성경험은 '도전의 아버지기'로 명명된다. 이 시기에는 자녀와의 관계에서 어려움을 많이 경험한다. 자녀들은 자기들만의 시간을 가지려 하고 아버지들은 자녀들과 함께할 '자리'를 잃어가게 된다. 특히 딸의 경우는 아들보다 심리적인 거리감을 더 느끼며, 자녀와의 세대 차이를 느끼게 된다. 자녀는 이상화된 아버지상이 깨어지고 아버지의 경제적인 능력 면을 비교하게 됨으로써 아버지들은 심리적으로 어려움을 겪고, 자녀교육 문제에 대한 스트레스를 경험하며 자녀가 성장할수록 부모로서의 어려움이 더 많다고 느끼게 된다. 그러나 그럴수록 아버지의 역할이 더 중요하다는 것을 인식하며, 자녀의 성장으로 인해 아버지 자신의 행동을 조심하려는 태도를 갖게 된다. 또한 부모로서의 책임감이 더 무거워지며, 자녀의 미래를 걱정하고, 자녀 성장 자체에 대한 기쁨과 대견함을 느낀다. 또한 아버지는 자신의 청소년기를 회상하고 자신의 아버지를 이해하고 수용하게 된다.

⑥ 대학생에서 결혼 전 성인기 자녀를 둔 아버지

이 시기 남성의 부성경험은 '자녀의 독립을 수용해야 하는 아버지기'로 명명된다. 이 시기에는 의존적이었던 자녀가 독립하려는 태도를 많이 보이고 아버지는 이를 대견해 하며 뿌듯함을 느끼지만 자기 주장력이 약해지는 것에 대해 소외감을 느끼기도 한다. 아버지 자신은 자녀에게 인생의 상담자, 인생의 좋은 본보기가 되고자 하는 생각이 강해진다. 자녀와의 관계에서 어려움을 느끼는 것은 자녀와 자신과의 가치관의 차이나 문화적인 차이를 경험할 때이며, 자녀를 성인으로 인식해 가는 과정을 경험하고 아무 탈 없이 자녀를 성장시키는 토대가 되어 준 자신의 일에 대해 자부심을 느낀다. 아내와의 관계는 자녀를 함께 키워 온 것에 대한 감사함과 자녀의 독립을 계기고 부부 간은 서로 친밀감이 증가한다.

⑦ 자녀를 출가시켜 손자녀를 둔 아버지

이 시기 남성의 부성경험은 '할아버지로서의 정체감이 강한 아버지기'로 명명된다. 이 시기 손자녀는 자신이 아버지로서의 의무감 없이 돌볼 수 있는 대상이 되어 자신에게 즐거움을 주는 존재로 생각한다. 자녀의 결혼을 통해 자녀에 대한 대견함을 느끼고 자신은 뿌듯함, 서운함, 자신의 나이 듦에 대한 쓸쓸함을 느낀다. 딸의 경우는 아들보다 서운함이 더하지만 본인이 만족스러운 사위를 맞이하게 되는 경우 즐거운 마음으로 결혼시키며, 아들의 경우는 며느리가 들이오는 것에 대한 부담감을 느끼고 자신의 행동에 조심하려는 태도를 보인다. 자녀가 출산을 하게 되면, 남성은 아버지로서의 책임감이 줄어든 것에 대한 홀가분함을 느끼며, 아들에 대한 반응은 자신처럼 아버지로서 살아갈 삶에 대한 측은함을 느끼고, 딸에 대한 반응은 다른 집에 가서 할 일을 다 했다고 생각한다. 그리고 가정에서 아버지가 존재감을 느낄 때는 자녀들에게 베풀 수 있을 때이며, 자녀에게 애정을 느낄 때, 자녀가 자신을 필요로 하고 의지하고 자신의 의견을 묻고 수용할 때, 자녀의 성장과정에서 중요한 사건들, 예를 들면 학교 입학, 결혼 등의 전이과정에서 자신이 아버지로서 역할을 담당할 때이나. 그리고 자신의 삶에서 아버지로서의 자신을 생각할 때 가장 의미 있게 여기는 것은 아내나 자식을 위해 안정된 직장을 가지고 자신의 야망이나 꿈의 실현보다는 생계유지를 우선적으로 생각하는 일이었다. 노년기에 접어든 남성이 아버지로서의 자신을 뒤돌아볼 때 자식에게 주기만 하는 것은 아니었다고 생각하고 아이들을 키우면서 성장해 가는 모습과 작은 위안들 속에 행복해 하는 순간들이 많았다고 인식하고 있었다. 또한 자녀들이 성장하여 자신의 삶을 영위해 감으로써 자신과 함께하는 시간의 부족 등에 대해서 서운함을 느끼지만 당연한 것으로 받아들이고 있었다(홍길회 외, 2016).

부성경험의 발달 만큼 어머니의 역할에서도 많은 변화가 일어나고 있다. 현대사회에서의 어머니의 역할은 과거에 비해 한층 확장되었는데 이에 대해 정리해보면 다음과 같다.

먼저, 가정 관리자로서의 역할이 확장되어, 가계를 계획하고 물품을 구입하는데 있어서 오늘날의 어머니는 예전에 기대되었던 것보다 더 많은 일을 하게 되었다.

또한 지역사회에서의 역할도 확장되었는데, 어머니들은 지역사회나 친척, 커뮤니케이션에 있어서 중심역할을 하고 있다. 자녀가 다니는 학교를 방문하는 일, 친척 간의 대소사에 참여하는 일, 사찰이나 교회 등 종교기관의 일도 어머니들이 담당하고 있다.

뿐만 아니라 가족부양자로서의 역할도 확장되었다. 직업을 가진 어머니들이 점점 증가하고 있음에도 불구하고 그들은 여전히 가정주부로서의 호칭을 지닌다. 여성이 결혼을 하여 자녀를 키우면서 전문적인 직업을 가진다는 것은 이상적으로 보이나 실제에 있어서 그 일을 다 해내자면 소위 슈퍼우먼이 되어야 가능한 것이다.

무엇보다 달라진 것은 아내로서의 의사결정권이 확장되었다는 점이다. 여성이 직업을 가지고 가정의 한 수입원이 되는 경우가 증가하자 동시에 가정 안에서의 권한도 증대되는 것으로 보인다.

최근 우리 사회에서는 도시화 및 핵가족화로 인해 친족이나 이웃으로부터 받았던 양육지원 네트워크가 과거에 비해 약화되고 취업모가 증가함에 따라 양육과 관련된 정책의 방향이 양육기능의 사회화 및 공보육화로 빠르게 변화하고 있다. 그 결과 영유아의 타인 양육 비율이 급속도로 증가하게 되었다. 그러나 자녀를 보육기관에 맡길 경우 자녀에게 부정적인 영향을 준다는 인식이 아직까지도 높기 때문에(권현애, 2007), 자녀를 직접 돌보지 못할 경우 자녀에게 미안함과 죄책감을 느낄 수 있다.

또한 취업모의 경우 가정에서 생활하는 시간 동안 자녀에게 질적으로 충분한 돌봄을 제공하지 못하거나 소홀히 대한다고 생각하게 되면 자녀양육에 대한 죄책감을 느끼게 된다(성정원, 2011).

취업모가 아니더라도 우리 사회의 높은 교육열과 경쟁열은 자녀 교육비용의 증가와 맞물려, 많은 어머니들로 하여금 충분한 양육환경을 제공하지 못하는 것에서 오는 불안감과 죄책감을 느끼게 할 수 있다. 이러한 어머니의 양육죄책감은 양육행동에 영향을 미치며, 죄책감을 많이 느낄수록 부정적인 양육행동을 보일 수 있다. 이러한 경우 양육행동에 영향을 주는 요인에 대한 선행연구들은 사회적 지지가 어머니의 양육행동과 밀접한 관계가 있는 요인임을 보여 주고 있다(Belsky, 1984).

Belsky(1984)는 주변의 도움을 많이 받는 어머니일수록 긍정적인 양육행동을 보이며, 덜 지배적이라고 하였다. 즉, 사회적 지지를 많이 받는 부모들은 자녀에게 칭찬을 많이 해 주며 강제적 통제를 덜 사용하였다(Jenning, 1991). 특히 다른 사람의 도움과는 다르게 아버지의 지원은 어머니의 적응과 부모의 행동에 영향을 미친다(Belsky, 1996; 양정화, 2003). 즉, 아버지의 양육도움은 어머니의 거부, 통제 및 반응적인 양육태도 등 대부분의 양육태도를 예측하게 하는 중요 변인이며(박성연, 2003), 아버지의 지원을 많이 받는 어머니일수록 어머니와 자녀 간 상호작용에 긍정적이었다(문혁준, 2001). 또한 아버지의 지지가 높은 어머니는 지지가 낮은 어머니보다 온정과 격려를 많이 사용하여 자녀를 양육한다고 하였다(김송이, 2007). 이러한 측면에서 아버지의 양육지원은 어머니의 양육행동에 중요한 지지요인이 된다고 볼 수 있다(홍길회 외, 2016).

3 부모의 양육태도와 부모-자녀관계

1) 바람직한 부모의 특성

흔히 바람직한 부모의 특성을 논의할 때 '좋은 부모'(good parent), '훌륭한 부모'(excellent parent)라는 개념을 쓰기도 하지만 바람직한 부모의 특징은 오히려 '효율적인 부모'(effective parent)의 개념에서 찾아야 한다.

효율적인 부모의 특성을 살펴보면 다음과 같다.

(1) 일관성 있는 부모

바람직한 부모의 가장 중요한 특성 중의 하나는 부모가 자녀를 양육할 때 상황과 장소 그리고 시간과 관련없이 자녀교육의 원칙을 세운 대로 실천해 나가는 일관성을 유지하는 데 있다. 흔히, 부모들은 어떤 상황에 따라서는 자녀의 행동을 묵과하거나 방관하기도 하고, 어떤 상황에서는 엄격하게 하는 경우도 있다. 이러한 부모는 자녀들에게 혼동을 주고 어느 행동이 바람직한 행동인지를 알 수 없도록 만드는 결과를 초래한다. 따라서 자녀에게 일관성 있는 태도를 보이는 것이 중요하다.

(2) 이해하고 수용하는 부모

부모는 자녀를 이해하고 수용하려는 노력을 하여야 한다. 부모는 자녀의 입장이 되어 자녀의 주관적인 세계를 이해하여야 한다. 즉, 자녀가 지니고 있는 생각과 느낌의 틀을 이용하여 자녀의 생각과 감정을 이해하는 것이다.

부모가 자녀의 감정에 공감하고 있음을 나타낸다면 자녀는 그 자신이 이해받고 있다는 느낌을 갖게 되며 부모를 보다 신뢰하게 되어 자신의 깊은 속마음을 드러낸다. 이러한 과정이 진행됨에 따라 자녀와의 대화가 순조롭게 이루어진다.

부모는 자녀를 한 인간으로 존중하며 그의 감정, 사고, 행동을 평가하거나 판단하지 않고 있는 그대로 받아들여야 한다. 이것을 무조건적 존중이라 하는데, 자녀가 어떤 문제를 지니고 있건 어떤 과오를 범했던 간에 그 존재 자체는 소중하게 여기는 것을 말한다.

부모가 이러한 태도를 마음과 행동으로 보여 줄 때 자녀는 자신이 존중받고 있다는 느낌을 갖게 되어 자신의 경험과 감정 및 사고를 자유롭게 표현할 수 있게 된다. 이러한 과정은 부모 자녀 간에 심층적 의사소통의 관계가 이루어질 뿐만 아니라 자녀는 부모와 의논해서 얻어진 보다 성숙된 결정에 따라 자율적으로 행동할 수 있게 된다.

부모들의 자녀들에 대한 허용적인 태도는 자녀의 독립심을 신장시킬 수 있고 자기통제의 기법을 스스로 개발시킬 수 있는 기회를 제공한다. 또한 자기존중감과 함께 부모와의 관계에서도 이해하고 수용하는 자세를 갖게 된다. 수용하는 부모는 자녀에게 건전한 성격을 육성할 기회를 부여한다.

(3) 행동의 모범이 되는 부모

우리는 주변에서 흔히 부모가 자녀들을 훈육하고 가르치면서도 자신의 행동이나 태도는 아무렇게나 하는 광경을 볼 수 있다. 그러나 바람직한 부모의 특징은 부모 자신이 스스로 모범을 보이고 자녀에게 가장 바람직한 본보기가 되어 주는 부모이다. 모범적인 행동을 하는 부모는 자녀만을 훈육하는 태도를 지니지 않고, 솔선수범하여 행동하는 부모이다. 자녀는 말보다 행동을 통해 먼저 배운다. 그러므로 부모가 모범적인 행동을 할 때 자녀는 자연스럽게 부모의 행동을 모방하거나 따르게 되며 모범적인 행동을 보이는 부모에 대해서는 존경심을 갖게 된다.

(4) 민주적인 부모

민주적인 태도를 가진 부모는 자녀에게 허용적이고 격려하며 자녀의 잠재능력을 개발할 수 있는 데 반해 독재적인 부모들의 경우나 지나치게 엄격한 부모의 경우는 자녀교육의 성장 발달을 저해하는 경우가 많다.

민주적인 태도를 가진 부모는 자녀의 의사를 존중하는 태도를 지니며, 해야 할 것과 해서는 안 될 것을 엄격하게 구분하는 부모라 할 수 있다. 부모는 자녀의 자율권을 인정하면서도 부모와의 약속이나 가정 내의 규칙은 지키도록 당부해야 한다. 그리고 이를 어겼을 때에는 적절한 대가도 치르도록 해야 한다. 또한 부모는 의사결정 과정에서 자녀와 대화를 통해 행동한다. 민주적 부모가 민주적인 자녀를 키울 수 있다.

(5) 애정이 있는 부모

애정이 있는 부모란 자녀들을 지나치게 익애하거나, 지나치게 거부하거나 학대하는 부모가 아니라 사랑하는 태도를 유지하는 부모이다. 사랑을 실행하고 전달하여, 사랑을 느끼도록 하는 부모이다. 부모-자녀 간에 서로 사랑을 확인할 수 있을 때야 비로소 부모의 영향력은 효과를 발휘하게 된다. 따라서 부모와 자녀가 서로 상대방으로부터 사랑을 받도록 함께 노력을 해야 한다. 부모에게 사랑을 느끼지 못하고 자란 자녀들의 경우는 거부하는 행동과 함께 공격적인 성향이 있으나, 이러한 노력이 뒷받침된 자녀는 나와 남을 사랑하고 건전한 자신의 인성을 형성할 수 있다.

(6) 효율적인 부모

효율적인 부모는 상황과 행동의 특성, 자녀의 욕구 등을 충분히 이해하여 상황적 부모의 역할을 수행하는 부모이다.

상황적 부모란 무조건적으로 상황에 영합하는 부모가 아니라 상황에 따라 충분히 효과적으로 대처하는 부모이다. 부모는 자녀가 진실로 필요한 것이 무엇인가를 세심히 살피고 어떤 상황에 처해 있고 어떤 도움을 요청하는가를 민감하게 파악하여 이를 채워 주어야 한다. 자녀의 욕구에 대한 부모의 감수성은 자녀가 부모를 자신의 든든한 울타리로 여기고 편안한 마음으로 자신의 성장을 위해 노력하는 발판을 제공한다(홍길회 외, 2016).

2) 양육태도와 유형

부모의 양육태도는 부모가 자녀를 양육함에 있어서 일반적이고 보편적으로 나타내는 태도이다. 이러한 부모의 양육태도는 부모-자녀관계의 질을 결정해 주고, 자녀의 지적·정서적·사회적 측면의 발달에 영향을 미친다. 또한 부모의 양육태도는 가정의 사회·경제적 지위, 부모와 자녀의 성, 부모의 결혼 만족도, 부모의 인성 및 연령, 자녀 수, 지역 차 등에 따라 달라진다(이정순, 2003).

양육태도의 대표적 학자인 Baumrind(1971)는 애정과 통제라는 차원으로 부모의 양육태도를 네 가지로 나누었다. 애정 차원은 부모가 자녀에게 애정을 표현하고 지원을 제공하며 자녀의 반응에 민감하게 반응하고 관심을 갖는 정도를 의미한다. 이에 반해, 통제 차원은 부모의 지시에 따라 자녀가 행동하도록 자녀의 행동을 감독하고 조종하는 것을 의미한다. 이를 토대로 애정과 통제 차원이 둘 다 높은 경우는 권위가 있는 부모, 통제 차원은 높지만 애정 차원이 낮은 경우는 권위적 부모, 애정 차원은 높은데 통제 차원이 낮은 경우는 허용적 부모, 애정과 통제 차원이 다 낮은 경우는 무관심한 부모로 분류하였다.

이를 구체적으로 살펴보면 다음과 같다(홍길회 외, 2016).

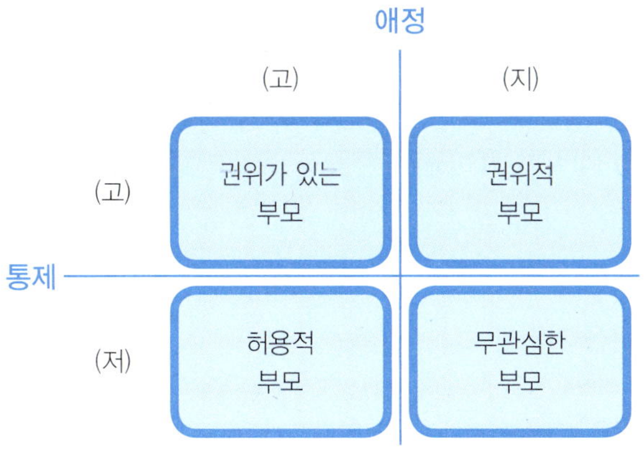

[그림 3-1] 부모 양육태도 유형

(1) 권위가 있는 부모

권위가 있는 양육태도(Authoritative Style)는 자녀에게 온정적일 뿐만 아니라, 자녀의 요구에 대한 수용도가 높고 민감하게 반응하며 적정한 수준에서 통제를 하는 가장 바람직한 양육방식이다. 이러한 부모 밑에서 성장한 자녀들은 책임감과 자신감이 있으며 높은 자존감을 형성하여 사회적·도덕적으로 성숙된 모습을 보이고 학업성취도에 있어서도 우수하다는 특징을 가진다.

(2) 권위적 부모

권위적 양육태도(Authoritarian Style)는 자녀의 요구에 대해 비교적 덜 수용적이며 참여 정도 또한 낮고 자녀의 자율성을 거의 인정하지 않으며 명령적이고 위협적으로 지시하는 경향이 있다. 이러한 부모 밑에서 성장한 자녀들은 자율성을 상실하여 다른 사람에게 의존적이지만 반항적·공격적 성향을 보이기 쉬우며 행복감을 갖기 못하고 항상 불안감을 느끼게 된다. 또한 낮은 수준의 자존감과 자기 신뢰감을 형성하여 학업성취도가 대체로 저조한 경우가 많다는 특징을 가진다.

(3) 허용적 부모

허용적 양육태도(Permissive Style)는 대체로 온정적이고 수용적이지만 부모가 자녀의 요구에 대해 지나치게 관대하거나, 자녀의 발달수준과 상관없이 모든 결정을 자녀가 하도록 허락하는 등 적절한 통제 및 제지가 거의 이루어지지 않는다. 이러한 부모 밑에서 성장한 자녀들은 충동적이거나 반항적이고 과도한 요구를 하는 경우가 많으며 참을성이 없고 학교생활에도 부적응을 많이 나타낸다. 또한 규율을 무시하고 제멋대로 행동하며 자기중심적이고 공격적이며 독립심이 부족한 경향이 있다는 특징을 가진다.

(4) 무관심한 부모

무관심한 양육태도(Uninvolved Style)는 자녀양육에 대한 참여 의지도 희박하고 애정 및 자녀의 요구에 대한 수용 정도도 낮으며 부모는 정서적으로 자녀와 분리되어 있거나 우울증에 빠져 있는 경우가 많다. 이러한 부모 밑에서 성장한 자녀들은 애착관계, 인지발달, 놀이, 사회성 계발 등 거의 모든 발달 영역에 부정적 영향을 받으며 학업수행 능력이 떨어지고 공격적·적대적·자기중심적 경향을 보인다. 특히 청소년기에 이르러서는 일탈행동을 보이는 특징을 가진다.

〈표 3-2〉 부모 양육태도의 유형별 특성

양육태도	허용과 참여	통제	자율성의 인정
권위가 있는 부모	자녀의 요구에 대해 민감하게 반응하고 관심이 있으며 참을성을 갖고 자녀와 관계를 형성함	자녀에게 합리적 요구를 하고 부모의 지시에 대해 설명하며 일관된 입장과 태도를 유지함	자녀 스스로 결정하도록 기회를 제공하고 자녀의 생각, 감정 욕구를 표현하도록 지지하며 의견이 불일치하는 경우에는 함께 의사결정을 함
권위적 부모	자녀에 대해 냉담한 태도를 보이고 거부적으로 행동하며 빈번하게 자녀를 비난함	체벌과 권력을 이용해 자녀에게 강압적으로 요구하고 자녀의 자율성을 인정하지 않으며 사랑을 회피함	자녀를 대신하여 부모가 모두 결정하고 드물게 자녀 입장에서 의견을 고려함
허용적 부모	자녀에게 따뜻하게 반응하지만, 지나치게 관대하고 자녀와 건성으로 관계를 형성함	자녀에게 요구 자체가 거의 없음	발달 단계상 자녀가 충분히 준비되지 않은 상태에서 많은 것을 결정하도록 함
무관심한 부모	자녀와 정식적으로 분리, 고립된 관계를 유지함	자녀에게 요구 자체가 거의 없음	자녀의 의사결정이나 입장에 대해 무관심함

출처: 권민균 외(2012).

우리나라의 경우는 엄부자모(嚴父慈母)가 전통적으로 내려오는 부모 양육방식으로 일반적으로 엄격하면서도 자애로운 부모가 가장 바람직한 양육방식으로 여겨지는 반면, 엄격하지도 자애롭지도 못한 부모는 가장 바람직하지 않은 양육방식으로 알려져 왔다.

3) 양육 행동 및 유형에 영향을 주는 요인

부모의 양육행동은 개인적이면서 동시에 관습적으로 이루어지며, 여러 다양한 요인들이 부모역할을 수행하는 데 있어서 영향을 미치고 있다(그림 3-2).

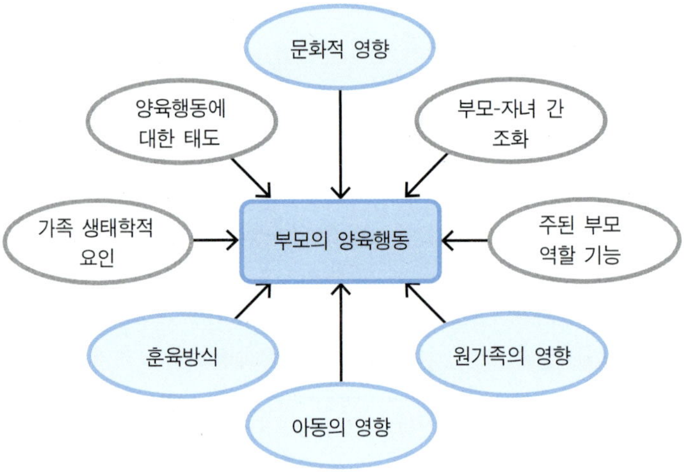

출처: 박성연 외(2003).

[그림 3-2] 부모의 양육행동 영향 요인

이외에도 부모의 양육행동에 영향을 미치는 요인으로는 부모의 인성 및 연령, 자녀의 수, 사회 경제적 지위, 지역 및 문화의 차이 등이 있다. 이 중 몇 가지 관련 연구결과를 살펴보면 수입 정도에 따라 저소득층 부모는 중산층 부모보다 자녀에게 더 복종적이며 권위적인 양육방식을 구사하고 합리적인 설명을 제시하지 않으며 덜 온정적이고 비애정적인 양육방식으로 자녀를 기른다. 또한 자녀의 독립심이나 호기심, 창의적 사고방식을 중요하게 생각하지 않는다(McLoyd, 1990).

아울러, 미국 어머니들은 한국 어머니들에 비해 정서적 성숙, 복종, 사회적 기술, 자기 의견을 확실하게 표현하기에 관련된 행동들이 빨리 발달하기를 기대하는 반면 한국 어머니들은 순종을 강조하고 독립심을 격려하며 조기훈련을 강조한다

(김희진, 1995). 이에 반해 일본의 부모들은 남을 잘 배려할 수 있는 아동이 되기를 우선으로 기대하며 친구와 사이좋게 잘 지내기를 원한다는 경향이 있다.

Belsky(1984)는 부모의 발달 역사 및 성격 특성, 아동의 성격 특성, 사회적 지원과 부모의 관계망, 부부관계, 부모의 직업 등이 부모의 양육행동에 영향을 준다고 설명하였다. 이를 부모 자신의 특성, 아동 자신의 특성, 맥락적 특성 등 세 가지로 나누어 살펴보면 다음과 같다.

(1) 부모 자신의 특성

부모 자신의 성격 특성이나 자녀양육에 대한 신념과 태도, 근원가족에서의 경험과 같은 부모요인들은 부모의 양육행동에 영향을 준다. Belsky와 동료들(1995)에 의하면 부모의 성격이 우울한 경우는 자녀에게 민감한 반응을 덜 보이고, 덜 웃고, 덜 말하고 피부접촉을 덜하는 것으로 나타난다. 그리고 성격이 외향적인 경우는 자녀에게 보다 반응적이며 민감한 것으로 보고되고 있다. 또한 부모의 신념이나 태도 등은 부모의 양육행동에 많은 영향을 미치게 된다. 부모의 신념은 부모가 된다는 것이 무엇을 의미하는가에 관련된 것으로 이는 부모의 양육행동을 주도하는 힘으로 기능한다. 또한 부모 자신의 원가족에서의 발달적 경험도 양육행동에 영향을 주게 된다. 예를 들어 그들 자신의 부모와 안정된 관계를 형성하였던 성인은 그들의 자녀와도 안정된 애착을 형성하고 양육하는 경향이 있는데 즉, 이들은 자녀와의 상호작용에서 정서적 지지나 도움을 제공해 주고 발달상의 문제를 이해하고 그들 자녀의 개별성을 수용한다

(2) 아동 자신의 특성

자녀의 성별과 기질, 그리고 연령은 부모의 양육행동에 영향을 주게 된다. 기질(Temperament)이란 환경의 자극에 반응하는 개인적 경향을 의미하며 성격형성의 기초로 간주된다. 즉 기질은 출생 시부터 보이는 비교적 안정적인 행동양식으로서 부모로부터 특별한 행동을 이끌어 내는 역할을 한다. 예를 들어 어떤 아기는 순하고 차분하고 수유와 취침이 규칙적으로 이루어지는 반면, 어떤 아기는 잘 자

지 않고 자주 보채고 운다. 아동의 기질이 순한 경우 부모가 자녀에게 애정을 표현하고 자녀의 욕구를 존중해 주는 방식으로 반응할 가능성이 높지만, 아동의 기질이 까다로운 경우는 부모가 자녀에게 규칙과 기대를 따르도록 제한하고 강압적인 태도를 취하는 경향이 있다(임양미, 1994). 아동의 기질은 부모의 양육행동에 영향을 미치지만 보다 중요한 것은 아동의 기질과 부모가 얼마나 조화를 이루느냐 하는 것이다.

(3) 맥락적 특성

부모의 생활에 다양한 스트레스와 지지를 제공하는 상황적인 요소인 부부관계와 사회적 지지망, 그리고 일과 관련된 요소들은 부모의 양육행동에 영향을 주게 된다.

부부관계는 부모 역할을 하는 데 가장 중요한 지지원으로 정서적, 도구적 지원을 제공한다. 결혼생활이 불행한 부모들은 부정적인 부모역할을 수행하게 되어 자녀에게 덜 애정적이고 덜 지지적인 태도를 보인다. 즉 결혼생활에서의 스트레스와 갈등은 부모–자녀관계에 영향을 미치게 된다.

부모역할을 위한 부부관계가 1차적 지원망이라면 친구나 친인척 및 이웃은 그 다음으로 중요한 지원망이 된다. 사회적 지원은 부모의 자신감과 자존감을 높여주고, 언어적·정서적 반응을 증가시키며, 부모의 통제나 벌을 감소시키고 자녀에게 민감하게 반응하게 된다. 그리고 직장에서의 일에 대한 요구와 업무의 융통성 및 시간적 제약 등은 부모역할에 많은 영향을 미치며, 부모의 직업에 대한 태도 등은 부모들의 자아개념과 관련이 있으므로 부모역할과 책임을 어떻게 받아들이는가에 영향을 주게 된다(정현숙 외, 2005).

4) 부모-자녀관계 갈등

현대가족에서 점점 심각하게 대두되는 문제는 부모–자녀 간의 갈등이다. 현대사회는 급속한 변화를 겪고 있는데, 이 변화의 속도에 의해 부모와 자녀 간의 세대 차이는 점점 극대화되고, 부모-자녀 간의 갈등은 더욱 심화되는 것이다. 또한 부모-자녀 간의 갈등을 강화시키는 요인으로 인권존중을 강조하는 평등사상을 들 수 있다. 현대사회의 일반적 사조와 가치관은 부모-자녀 간의 본질적 특성인 불평등성에 위배되는 것이다. 가족생활에서 자녀들은 그들이 성인이 되기까지 부모에게 의존하지 않을 수 없으며, 의존상태에서는 평등이나 독립성을 내세울 수는 없는 것이다(함인희, 2001).

이렇게 볼 때 부모-자녀 간의 갈등으로는 부모와 자녀의 세대 차이로 인한 갈등과 부모의 권위로 인한 갈등이 있을 수 있으며 이에 대해 살펴보면 다음과 같다(홍길회 외, 2016).

(1) 세대 차이로 인한 갈등

부모-자녀 간에는 피할 수 없는 연령 차이가 있다. 이러한 연령의 차이는 생리적 차이만이 아니라, 변화의 속도가 빠른 현대사회에서는 상당한 사회 문화적 차이도 의미하는 것이다. 즉, 부모들의 아동기와 청소년기의 사회 문화적 배경은 그들의 자녀들이 사회화 과정을 겪고 있는 시대적 환경과 많은 격차가 있는 것이다. 이러한 시대적 차이는 부모-자녀 간의 생활태도의 차이를 낳게 한다.

또한 부모-자녀 간에는 무시할 수 없는 생리적 차이가 있다. 성인기 또는 장년기에 속한 부모와 아동기 또는 청소년기에 속한 자녀와의 생리적 차이는 보편적이고 자연적인 현상이다. 자녀들은 그들의 생리적 성장이 상승적이므로 신체적 힘과 의욕을 최대한으로 발휘하려고 하지만 부모들은 퇴보적 발달단계에 있으므로 안전이 필요하게 되는 시기이다. 따라서 이들 사이에는 생리적 기능에서 오는 차이로 인하여 생활에 대한 의욕과 활동능력에 차이가 있는 것이다.

부모세대의 생리적·심리적 및 사회적 여건은 그들로 하여금 현상 유지에 급급하게 한다. 그들의 생활 원칙과 태도는 개인적 차이는 있으나, 어느 것이 더 진리이며 더 논리적이냐에 따라 지탱하기보다는 어느 것이 더 많은 사람에게 적용되며, 또한 더 실제적이냐에 따라 정해진다.

이에 반하여, 자녀세대는 그들이 지니고 있는 이상적 원칙과 전망에 따라 새로운 가능성을 향하여 현실의 구속을 벗어나 전진하려는 경향이 있다. 그들은 이상과 현실 사이의 차이를 중요시하지 않으며, 이상의 실현성을 따지기보다는 이상을 일관적으로 관철하려 한다. 그들은 원칙에 따르는 논리적 일관성을 오히려 중요시한다. 그러므로 현실에 적응하려는 기성세대를 관대하게 받아들이지 못하며 경멸하며, 나아가 연장자의 인격과 권위를 존경하는 태도가 약화된다. 이러한 생활태도의 세대적 차이가 부모-자녀 간에 심각한 갈등을 가져올 수 있다(서병숙, 1994).

(2) 부모의 권위로 인한 갈등

부모의 권위는 자녀들에게 대하여 포괄적이며 무제한적인 것이다. 자녀들이 부모의 보호에 전적으로 의존할 때는 부모의 권위를 내면화시켜 그 절대성을 인정하기 때문에 갈등을 거의 느끼지 않는다. 또한 부모의 권위는 자녀에 대한 사랑이라는 정서적 기반이 있으므로 상호 간에 자연스럽게 허용된다. 그런데 부모의 권위의 기능은 자녀들의 성장단계에 따라 점차적으로 약화된다. 즉, 자녀의 유아기에는 보호가 필요하므로 전체적 기능이 요구되나 청소년기에는 자립적 행동의 범위가 넓어지므로 점차로 부모의 권위에서 벗어나려 한다.

그러나 부모는 사회로부터 자녀에 대한 책임을 부여받았으므로 그들의 권위를 완전히 버릴 수는 없다. 그뿐만 아니라 부모들은 자녀들이 그들의 혈육이며, 모든 노력을 기울여 양육시키는 가운데 그들에 대한 강한 애정을 갖게 된다. 이러한 정이 부모의 자녀에 대한 소유욕으로 나타나며, 성장한 후에도 무절제한 권위의 행사를 당연하게 생각하는 경향이 있다.

이러한 부모의 권위에 역행적이며 자녀들에게 갈등을 일으키는 요인이 되는 조건들은 다음과 같다.

첫째, 자녀세대는 사회의 변화에 따른 새로운 가치관과 사회적 규범을 빨리 수용하지만, 부모세대는 전통적인 것에 집착한다. 그러므로 두 세대 사이에는 행동이나 판단의 기준이 달라지며, 그들 사이에 공통적인 규범이 감소된다. 이러한 세대 간의 상이한 가치관과 규범은 부모들로 하여금 자녀에 대한 그들의 교훈과 통제에 자신을 잃게 하며, 자녀에 대한 태도가 불안해지고 일관성을 잃기 쉽다. 또한 자녀들은 부모의 절대적 권위에 회의를 품으며, 그들의 자유와 독립성을 행사할 수 있는 권리를 주장하려 한다. 이러한 태도와 경향은 부모의 권위를 전적으로 용납하지 않게 되며, 결국 부모의 권위는 위협을 당하므로 부모-자녀 간의 갈등이 발생하게 된다.

둘째, 현대사회에서는 교육이 전문적 기관에 의하여 실시됨으로써 부모의 권위가 많이 상실되고 있다. 전근대적 사회에서는 생활의 기술과 지식이 부모나 다른 연장자들에 의하여 일상생활에서 주로 전달되었다. 그러나 교육기관이 전문화됨으로써 자녀들은 일찍부터 학교나 학원에 다니며 부모에게서 배우지 못하는 지식을 배우게 된다. 자녀들은 부모 이외의 새로운 권위자에게 관심을 돌리게 되며, 부모의 권위는 약화되고, 부모-자녀 간에는 학문과 지식에 있어서 차이가 점점 많아진다.

셋째, 자녀의 성장이 부모의 권위와 지배의 재조정을 요구한다. 즉, 자녀들이 부모의 전적인 보호와 권위를 필요로 하는 유아기와 아동기를 벗어나서 자립적 행동의 범위를 점차로 확대함에 따라 부모는 자신들의 권위를 행사하는 것을 서서히 절제하고 조정해야 한다. 그러나 이 한계가 어떤 일반적 기준에 의하여 일률적으로 결정될 수 없는 것이며, 개인적 형편과 구체적 상황에 따라 적용되어야 할 성질의 것이므로 그 과정에서 많은 문제와 갈등에 부딪히게 된다.

넷째, 현대 핵가족에서는 가족의 결속망이 소수에게 한정되며 감정적 관계가 부모-자녀에게 집중되어 그 정도가 매우 강하다. 확대가족에서와 같이 감정의 표현을 많은 대상에게로 확산시킬 수 없기 때문이다. 반면, 자녀들은 여러 동료집단 및 학교집단에 참여하여 대외적 접촉을 많이 가짐으로써 그들의 관심의 범위는 확대되며 인간관계가 가족 이외의 사람들로 확장되어 간다. 여기에서 부모-자녀 간의 동일화와 융합의 요구와 부모의 지배와 간섭을 점점 벗어나려는 요구 사이의 갈등이 발생하고, 이 때문에 부모와 자녀 간에는 상호이해가 어려울 때가 많아지게 되고 갈등이 발생하게 된다(김항중, 1992).

5) 부모-자녀 갈등의 해결방안

(1) 부모의 양육태도

부모-자녀 간의 갈등을 해결하는 데 가장 바람직한 양육태도는 적절한 통제와 적절한 허용으로 자녀의 자율성 발달을 점차적으로 도와주어 성인이 되었을 때 사회적 책임감이 강하고 독립적으로 성장할 수 있게 권위가 있는 양육태도가 바람직한 모습이라고 할 수 있겠다(김명희, 1996).

이외에도 부모의 양육태도는 사랑, 자율성, 권위성 등 여러 양육행동 요소를 모두 고려하여 분류할 때 매우 다양한 형태가 나타날 수 있다. 예를 들어, 허용적 태도의 경우도 관심과 사랑이 지나치면 익애적 태도가 형성되고, 그 반대일 경우 방임적 태도가 형성될 수 있다. 따라서 양육태도의 다양한 질적인 특성이 조화를 이루고 지나침이 없도록 유도해 나가는 것이 가장 바람직한 양육태도라고 할 수 있다.

(2) 자녀와의 친근감 형성

부모-자녀 간의 갈등을 해결하기 위해서는 가정에서 자녀가 부모의 애정을 받고 있다고 느끼고, 안정감과 신뢰감을 느끼며, 부모에게 쉽게 대화할 수 있는 분위기를 조성하기 위해 부모가 할 수 있는 일들을 생각해 보는 것이 중요하다.

우선, 자녀와 친해지려면 우선 자녀들과 함께 있는 시간이 필요하다. 자녀와 함께 보낼 수 있는 시간을 만들기 위해서 부모가 할 수 있는 일거리를 일부러 남겨 두었다가 방과 후나 주말에 할 수 있도록 한다.

다음에는 자녀가 무엇을 생각하고, 느끼고, 무엇을 좋아하며, 무슨 활동을 하고 있고, 무엇이 되고 싶어 하는가를 부모가 구체적으로 얼마나 알고 있는지가 중요한데, 서로를 알기 위해서는 서로가 알려는 노력과 알리려는 적극적인 노력이 필수적이다.

또한 자녀의 고민이 어떤 것인지를 알도록 노력하고 그 고민을 자녀의 입장에서 함께 고민하고 이해하도록 노력할 뿐만 아니라 해결책도 함께 찾도록 한다. 많은 경우에 자녀의 고민을 부모가 함께 들어주는 것만으로도 자녀에게는 이미 큰 도움이 된다.

그 밖에 특별한 날에 가족 전체가 자기 가족만의 특유한 행사를 가짐으로써 자녀로 하여금 자기의 가정에 대해 애정과 소속감을 느끼게 하여 안정감을 줄 수 있다. 자녀들과 함께 부모가 즐길 수 있는 운동이나 놀이를 익혀서 함께 시간을 갖도록 하며, 때로는 가족의 구성과 취향에 맞게 변형하거나 계발하여 온 식구가 즐길 수 있도록 한다(서미경, 2000).

(3) 자녀와의 바람직한 대화

가정은 사랑에 의해 형성되는 가장 기초적인 인간집단이다. 그러나 전통적인 가정에서 성장한 부모와 사회변화에 따른 새로운 가치관과 사회규범을 습득하는 자녀들의 세대 간에는 행동이나 판단의 기준이 달라 자연히 갈등이 생기게 된다. 더욱이 부모세대와 자녀세대 간의 갈등은 급변하는 현대에 들어와 가족 상호 간의 의사소통의 부족으로 인해 심화되고 있으며, 이러한 의사소통의 부족은 가정생활의 불안과 갈등을 누적시키며 가정의 기능을 제대로 수행하지 못하게 하고 있다.

의사소통은 가족들에게 자신의 정보나 의도를 알림으로써, 어떤 문제에 대한 오해나 갈등을 해소시켜 주고, 가족원 특히, 부모-자녀 간의 단결을 도모해 준다. 이처럼 부모-자녀 간의 의사소통은 부모와 자녀 간의 갈등을 해소해 주며, 더 나아가 부모의 의사소통 방법은 자녀들의 의사소통의 개발과 학업성취 능력, 사회적 인지능력 발달에 매우 큰 영향을 미친다.

부모와 자녀 간의 대화방향을 제시하면 다음과 같다(허봉렬, 1996).

첫째, 일상적 갈등을 피한다.

아이들이 일으키는 성가신 행동들을 목록으로 만들어서 관심 있게 보고, 그 밖에 사소한 문제들에는 신경을 덜 쓰는 방법을 택하고 부모가 융통성을 발휘하여 사소한 충돌을 피하거나 감소시켜 나가야 한다.

"너", "만일" 그리고 "왜"와 같은 말은 가능한 사용하지 않도록 한다. 가령, "너"

하고 시작하는 말은 적대적인 반응을 유발하기 쉽고, 아이의 행동보다는 아이 자신을 지적하게 된다. 또한 "만일"은 위협적인 감정을 내포하는 말이며, "왜"는 대체로 비난을 연상하기 쉽기 때문이다. 또한 아이들이 선택할 수 있는 기회를 많이 주는 것은 일상적 갈등을 줄일 수 있는 방법이다. 그러나 부모는 아이의 선택을 가장하여 위협적이 되어서는 안 된다. 아이가 선택할 기회를 많이 가질수록, 그 아이는 유능한 의사결정자가 될 수 있는 훈련을 받는 셈이다.

둘째, 자녀의 감정을 이해한다.

자녀가 기분이 좋지 않거나 불평할 때 자녀의 감정을 인정하고 이해해 주는 것이 필요하다. 그러나 이렇게 이해하는 것은 자연스럽게 되는 것이 아니라 부모가 시간을 들여 연습을 하여야만 얻어진다. 자녀의 불편이나 분노를 없애 주기 위해서는 그러한 감정을 부정하거나 반박하기보다 오히려 자녀의 감정에 공감해 주는 것이 필요하다. 그러나 자녀가 선생님, 이웃, 친구, 형제 등 타인들에 대해 불평을 할 때, 어느 한쪽을 편들지 않는 것은 매우 중요하다. 자녀를 이해한다는 것은 자녀의 감정에 공감한다는 의미이지, 결코 자녀의 잘못된 행동을 수용한다는 것은 아니다. 또한 자녀의 감정을 무조건 인정할 것이 아니라 때로는 단호한 행동을 취하기도 해야 한다.

셋째, 자녀의 이야기에 대하여 경청한다.

사람은 자신의 있는 그대로를 상대방이 진심으로 받아들이고 있다는 사실을 느끼게 되면 자신의 능력을 한껏 발휘할 수 있게 된다. 따라서 부모도 자녀를 있는 그대로 받아들인다면 자녀들은 성장하고 발전하며, 스스로 문제를 해결할 수 있게 된다. 그러나 대부분의 부모들은 자녀를 그대로 받아들인다면 오히려 현재의 그 자리에 머무르게 되므로 발전이 없을 것이라는 생각을 갖고 있다.

비록 부모가 자녀를 수용한다 할지라도, 자녀가 그것을 느끼지 못한다면 아무런 영향을 미치지 못한다. 그러므로 부모는 자녀가 부모의 수용을 느낄 수 있도록 수용하는 방법을 배워야만 한다. 부모가 자녀의 이야기를 조용히 들어주는 것만도 수용적인 방법으로 볼 수 있다. 즉 강력한 비언어적 메시지로서 진심으로 수용하고 있음을 보여 주고 자녀가 하는 이야기를 비판 없이 듣는 것이다.

적극적으로 자녀의 말을 경청하는 것은 수동적으로 경청하는 경우보다 더 많은 효과적인 대화를 나눌 수 있는 방법이다. 자녀가 부모에게 이야기를 할 때는 무엇인가 요구하고자 하는 것이 있는데, 때로는 자녀 스스로도 무엇을 요구하고 있는가를 정확히 알지 못하는 경우가 있다. 이때 적극적인 부모는 자녀의 말을 들어주면서, 자녀가 요구하는 것이 무엇인가를 대신 표현해 주는 등 적극적인 행동을 보여 주는 것이다.

넷째, 자녀 때문에 부모가 화가 났을 때는 자신의 화가 자녀에게 해를 끼치지 않도록 해야 한다. 부모가 화가 났다는 사실을 보여 줄 필요가 있지만, 아이들에게 상처를 주지 않기 위하여서는 어떻게 화를 표현하는가 하는 표현방법이 매우 중요하다. 부모는 자신의 화를 간단하게 표현한다. 화가 났을 때는 말을 짧게 할수록 효과적이다. 자녀를 나무라기보다는 자신의 감정을 표현한다. "너"라는 말 대신에 "나"의 감정이 어떠한가를 자녀에게 보여 주도록 노력한다.

다섯째, 자녀의 자아존중감을 키워 준다.

많은 부모들은 자녀의 잘못된 행동을 지적하여 줌으로써 보다 나은 방향으로 변화시킬 수 있다고 생각하지만, 자녀들은 비난이나 비평을 들으면 방어적이 되고 적대감과 반항심을 갖게 된다. 아이들은 전부 다르다. 비록 자신의 자녀라 할지라도 개성이 있고, 타고난 기질이 있으므로 이에 따른 독특한 행동양식을 발전시켜 나가게 되므로 이러한 과정을 부모가 잘 이해하면서 대화를 나누어야 한다. 동일한 방식으로 여러 자녀를 대하거나, 다른 아이들과의 비교는 자신의 자녀를 이해하는 데 가장 위험한 걸림돌이다.

긍정적인 측면을 지적해 줄 때 자녀는 더욱 부모에게 협력하고, 잘해 보려는 동기를 부여받게 되며, 자신감도 갖게 된다. 즉 칭찬은 바람직한 행동을 하는 데 있어서 비평보다는 훨씬 더 효과적이다. 잘한 일에 대하여 칭찬하면, 아이들은 그 일을 또다시 하도록 격려를 받는 것이다.

여섯째, 자녀의 자율성을 길러 준다.

부모는 자녀를 통제하고 교육시키는 것이 자신의 의무라고 생각한다. 그리하여 자녀들을 위하여 많은 것을 해 준다. 그러나 부모가 아이들을 위해서 해 주면 해 줄수록 아이들 스스로 하는 일은 적어지고, 자신이 결정할 일에 대하여 자신감을 잃어버리고 부모에게 의존하게 된다. 많은 부모들은 자녀들에게 가장 좋은 것이 무엇인지를 알고 있다고 생각한다. 그러나 부모들이 결정을 내리면, 아이들은 스스로 선택을 할 기회를 잃어버리게 된다. 아이는 부모의 간섭이나 중재보다는 자신의 선택대로 행동함으로써 더 많은 것을 배울 수 있으며, 책임감과 자율성을 가질 수 있다.

(4) 부모-자녀 간의 의사소통

의사소통은 개인과 개인 사이에 상징적 매개물을 사용하여 정보와 의사를 교환하고 서로의 행동에 영향을 미치는 과정으로 부모-자녀 간 긍정적 의사소통은 서로를 이해하고 지원하는 반면, 부정적 의사소통은 애착이나 적용능력을 감소시킨다. 가족 내의 구성원들은 서로 다른 힘과 권위를 갖기 때문에 의사소통 방식에서 차이를 보이며 부모-자녀 간의 의사소통 유형을 통해 가족구성원 간의 상호작용을 파악할 수 있다.

Galvin과 Brommel(1991)은 가족구성원들 사이에 의사소통 유형을 사슬형, Y형, 바퀴형, 완전통로형으로 구분하였다(옥선화 외, 2006).

① 사슬형 관계망

사슬형 관계망은 의사전달 방향이 고리를 통하여 앞으로 움직이거나 권위자로부터 아래로 향하는 위계를 가지는 형태로 메시지가 한 사람으로부터 다른 사람에게 전해지고 그 사람이 다시 다른 사람에게 메시지를 전하는 방식이다. 즉, 아버지가 중요한 가족문제에 관한 의사전달의 흐름을 통제하는 유형이다.

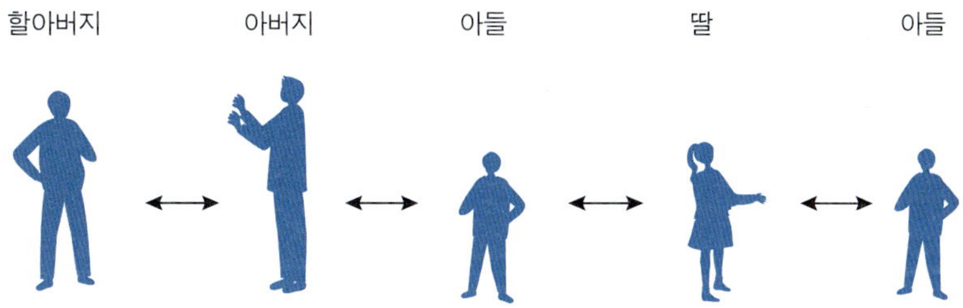

[그림 3-3] 사슬형 관계망

② Y형 관계망

Y형 관계망은 한 사람을 통하여 한 사람 이상의 가족구성원들에게 의사전달이 이루어지는 경우이다. 예를 들면 계부모-자녀관계를 가족에서 친부모가 의식적으로나 무의식적으로 Y형의 관계망을 조직하여 계부모를 자녀로부터 분리시킬 수 있다.

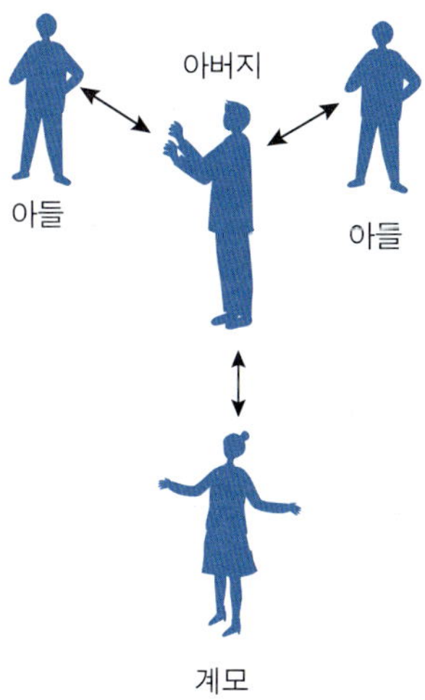

[그림 3-4] Y형 관계망

③ 바퀴형 관계망

바퀴형 관계망에서 가족구성원들은 어느 한 가족구성원에 의존해서 정보를 전해 받는다. 의사전달자는 내용을 여과시킬 수 있고 긍정적 또는 부정적으로 내용을 왜곡시킬 수도 있다.

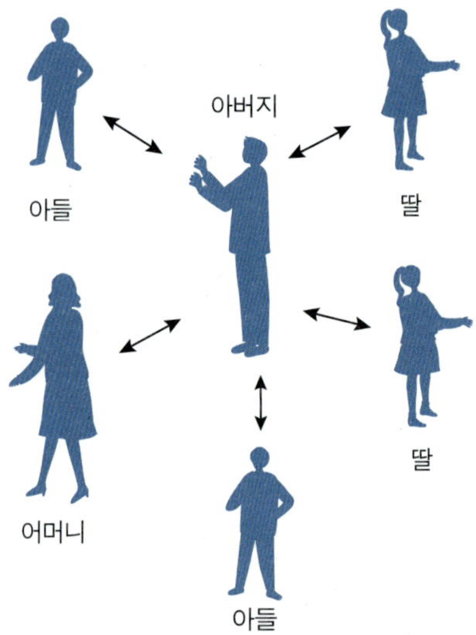

[그림 3-5] 바퀴형 관계망

④ 완전통로형 관계망

완전통로형 관계망에서는 모든 구성원들 사이에 쌍방적인 의사소통의 교환이 일어난다. 이 관계망은 피드백을 최대로 사용할 수 있게 되기 때문에 효과적인 의사소통이 이루어지나 모두가 자신의 관점을 피력함으로써 무질서하고 혼란스러워질 수도 있다.

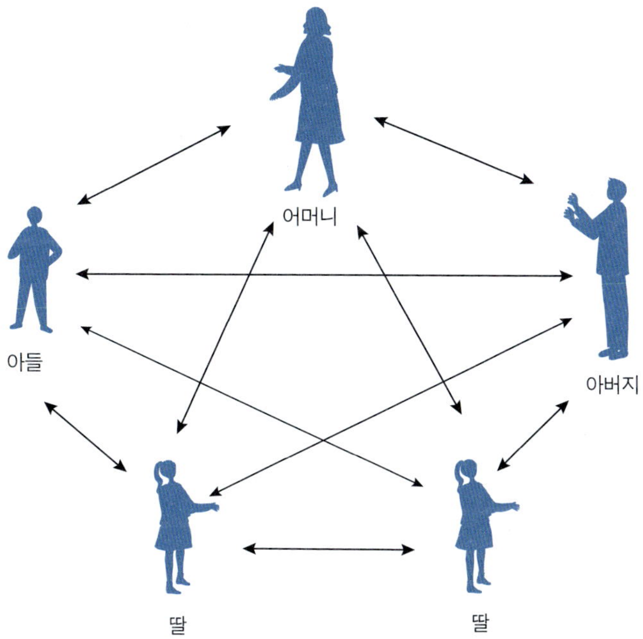

[그림 3-6] 완전통로형 관계망

새로운 시대의 부/모/교/육

CHAPTER

04

발달단계와 부모역할

자녀의 발달단계에 따라 부모의 역할도 함께 변화한다. 이 장에서는 자녀의 발달단계별 발달특성과 이에 따른 부모역할에 대해 살펴보고자 한다. 아동은 태어나서 성장에 나감에 있어서 타고난 유전적 요인과 아동을 둘러 싼 환경적 요인의 영향을 받으며 자라나게 된다. 이 가운데 부모의 영향력은 환경적 요인 가운데 가장 큰 영향을 미치는 요인으로 부모는 아동에게 생명을 부여하고 아동과 최초의 사회적 관계를 맺고 성장에 필요한 의식주 제공 및 사회적 환경에 적응할 수 있도록 교육을 제공하는 등 성장해 나가는 아동에게 있어서 가장 필요하고 중요한 존재이다. 이처럼 중요한 부모와 자녀 간의 효율적인 상호작용이 이루어지고 올바른 관계형성이 이루어지기 위해서는 아동의 발달단계별 특성을 이해하고 이에 따른 부모역할을 제대로 해 나가야 할 것이다.

먼저 임신부터 태내기, 태아기, 신생아기, 영아기, 유아기, 아동기 발달의 과정에 대해 알아보도록 한다.

1 태내기와 부모역할

1) 임신

(1) 수정

생명의 시작은 수정의 순간부터 이루어진다. 남성의 정자가 여성의 난자와 결합하는 아주 짧은 순간부터 생명은 시작된다. 정자가 난자의 세포막을 뚫고 들어가서 정자의 핵과 난자의 핵이 결합하여 하나의 새로운 세포체를 형성하게 되는 과정을 수정이라고 하고 이로 인해 새로 생긴 단일세포를 수정란이라 한다.

수정란이 자궁에 도달하여 자궁 내막에 착상되면 임신이 시작된 것이다. 자궁에 착상한 수정란은 자궁 내벽으로부터 영양을 공급받으면서 약 9개월 동안 자란

후 태어난다.

임신기간은 마지막 월경 시작일로부터 280일, 수정된 날로부터는 266일 동안 이다.

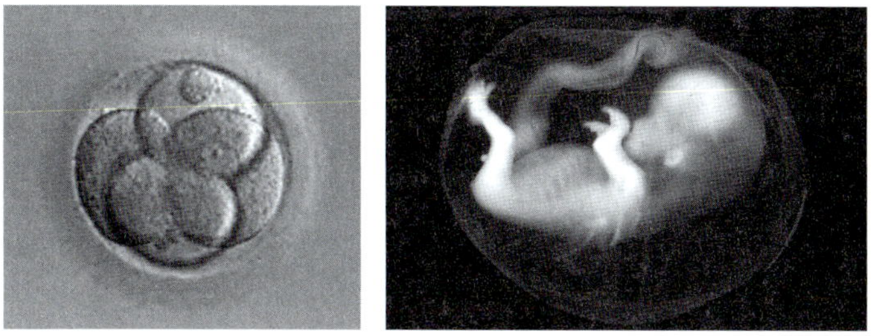

[그림 4-1] 수정란과 배아

(2) 유전적 기초

수정 후 인간의 성장과 발달은 세포분열에 의해 진행된다. 인체에는 두 종류의 세포가 있는데 하나는 체세포로서 유사분열에 의해 재생산되며 골격, 신경, 근육, 소화기관을 형성한다. 다른 하나는 난자와 정자를 만드는 생식세포로서 감수분열에 의해 재생산된다.

생식세포는 체세포의 절반에 해당되는 23개의 염색체만을 가지고 있다. 생식세포가 형성될 때 46개에서 23개로 염색체의 수가 줄어들므로 이를 감수분열이라고 한다. 23쌍의 염색체 중에 22쌍은 상염색체(autosomes)이고 23번째 쌍이 성염색체(sex chromosomes)이다. 여성의 성염색체는 XX이고 남성의 성염색체는 XY이다. 난자는 23번째 염색체에 X를 가지고 있고 정자는 X나 Y중 하나를 가지고 있다. 만약 X를 가지고 있는 정자가 난자에 수정되면 23번째 쌍은 XX가 되어 여자가 되고, Y를 가지고 있는 정자가 난자에 수정되면 23번째 쌍은 XY가 되어 남자가 된다.

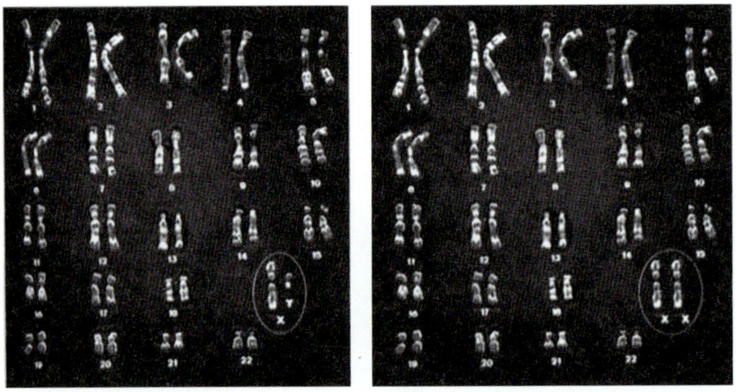

남성 염색체(XY)　　여성 염색체(XX)

[그림 4-2] 인간의 염색체

2) 태아발달 단계

태아발달은 배종기, 배아기, 태아기의 세 단계로 구분되어진다. 태내기는 수정부터 출산까지의 기간으로 약 280일 정도이며 인간의 전 생애에서 가장 빠르고 극적인 발달과정을 겪는 시기이다(문혁준 외, 2016).

(1) 배종기

정자와 난자가 결합한 수정란이 자궁벽에 착상하는 2주까지의 기간을 배종기 혹은 발아기라고 한다. 이 시기는 인간의 생애에서 사망률이 가장 높은 시기이지만 신체는 이에 대해 전혀 지각하지 못한다. 수정란은 자궁을 향해 계속 움직이면서 세포분열을 시작한다. 수정된 난자는 분열을 계속하면서 난관 내부의 섬모운동과 난관의 수축작용으로 나팔관 아래로 내려가 약 3~4일 후에는 자궁에 도착한다. 수정된 난자는 그 형태가 미분화 배아세포라고 불리는 액체로 가득 찬 공 모양으로 바뀌며, 그때부터 자궁 내에서 하루나 이틀 동안 자유롭게 떠다닌다. 그 후에 자궁벽에 착상하는데 착상까지 약 10~14일 정도 걸린다. 착상이란 수정된 배아가 자궁 내벽에 붙어 태아가 모체로부터 산소 및 영양분을 받을 수 있는 상태를 말한다.

(2) 배아기

수정란이 자궁벽에 착상한 후로부터 8주까지를 배아기라고 말한다. 이 시기는 매우 급속한 분화와 변화를 겪는다. 배아기 동안 수정란은 외배엽, 중배엽, 내배엽의 세 개 층으로 분리된다. 외배엽은 피부, 손톱, 발톱, 감각세포, 신경계로, 중배엽은 근육, 골격, 순환기관, 배설기관으로, 내배엽은 소화기관, 호흡기관 등으로 발달한다. 이 시기에 심장, 뇌, 간, 폐 그리고 난소와 고환을 포함한 주요한 모든 신체구조가 형성된다. 눈, 코, 귀, 치아 싹 그리고 턱이 형성되고 팔과 다리가 나타난다. 이 시기 말에는 눈, 코, 입술 등의 얼굴 모양과 함께 사람의 모습을 대체로 갖춘다. 8주 말 배아의 크기는 14~20mm이고 무게는 3kg보다 적게 나간다.

(3) 태아기

태내발달의 마지막 기간은 태아기이며 8주 이후부터 출산할 때까지의 시기이다. 이 시기에는 새로운 기관의 형성보다는 성장이 가속화된다. 여러 신체조직이 급격히 발달하고 기능하기 시작한다. 태아기에 이르러서는 촉각적 자극에 대해 반응하며 운동기능은 분화되고 복잡해진다. 12주경에는 인간의 형체를 띄고 팔과 다리의 움직임이 나타나고 태아의 성별도 구분이 가능하다. 16주 경에는 엄마가 태동을 느낄 수 있으며 20주에는 태아의 움직임이 활발하게 나타난다. 28수 경에는 미숙아로 태어나더라도 인큐베이터에서 양육이 가능할 만큼 충분히 성장하게 된다(정옥분, 2002a).

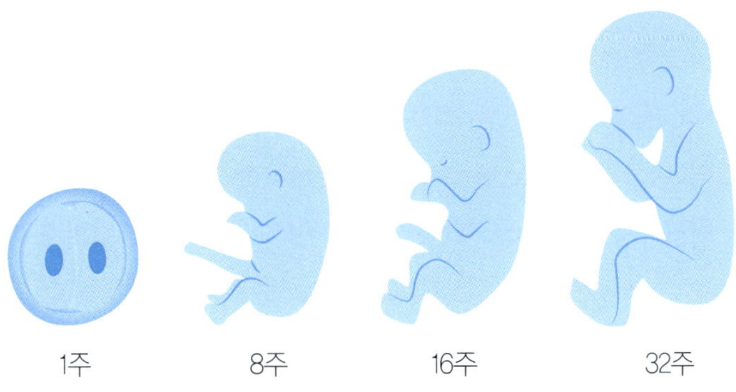

[그림 4-3] 태아의 발달과정

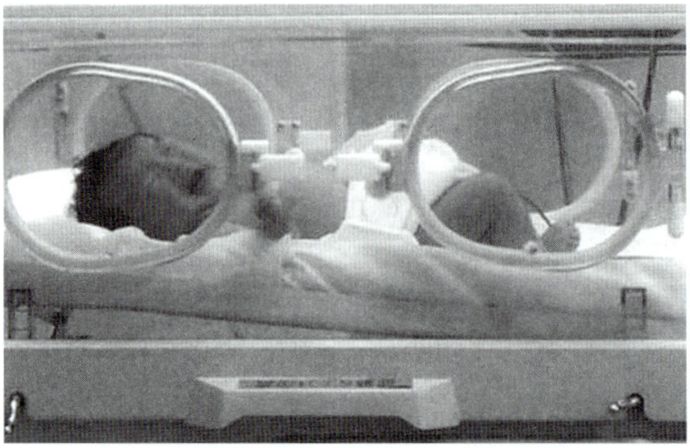

[그림 4-4] 인큐베이터 영아

2 신생아기와 부모역할

출생 후 첫 한 달 동안의 기간은 신생아기에 해당한다. 이제는 태내환경과는 다른 새로운 외부환경에 적응해 나가야 하는 시기라는 점에서 신생아기는 중요한 의미를 갖는다.

1) 신생아의 특징

신생아의 신체 및 생리적 특징을 중심으로 살펴보면, 신생아의 피부는 붉은색을 띠며 쭈글쭈글하고 몸 전체가 끈적끈적한 태지와 솜털로 덮여 있다. 머리는 몸에 비해 상당히 큰 편이다. 일반적으로 생각하는 사랑스러운 아기의 이상적인 이미지와는 많이 다르지만 아기의 둥근 얼굴, 볼록하고 발그레한 볼, 넓은 이마는 사랑스러운 이미지를 느끼도록 해 준다. 신생아의 평균 키는 남아가 51.12cm, 여아는 49.35cm이다. 평균 체중은 3.41kg, 3.29kg이다. 출생 당시의 신체 크기는 아기의 성별, 엄마의 영양상태 및 건강상태, 부모의 체격 등과 관련이 있다. 출생 시

남아가 여아보다 키가 더 크고 체중은 더 많이 나가는 반면, 여아가 남아보다 신체 지방은 약간 더 있다.

출생 때 신생아는 크림과 같은 끈적끈적한 태지로 싸여 있는데 이것은 엄마의 자궁 안에 있을 때 양수로부터 태아의 피부를 보호하고, 출산과정에서는 윤활유 역할을 하여 태아가 자궁에서 쉽게 빠져 나오도록 돕는다. 태어난 후에는 세균 감염을 막아 주는 보호막 구실을 하며 며칠 내로 마른다. 신생아의 온몸은 솜털로 덮여 있으며 며칠이 지나면 빠진다.

첫돌 무렵에는 출생 시 체중의 약 3배인 10kg, 두 돌이 되면 12kg까지 급속한 성장을 보인다. 두뇌발달도 급속히 진행된다.

또한 신생아는 출생 시부터 호흡, 순환, 체온조절과 같은 기본적인 생리적 기능이 잘 발달되어져 있다(정옥분, 2002a).

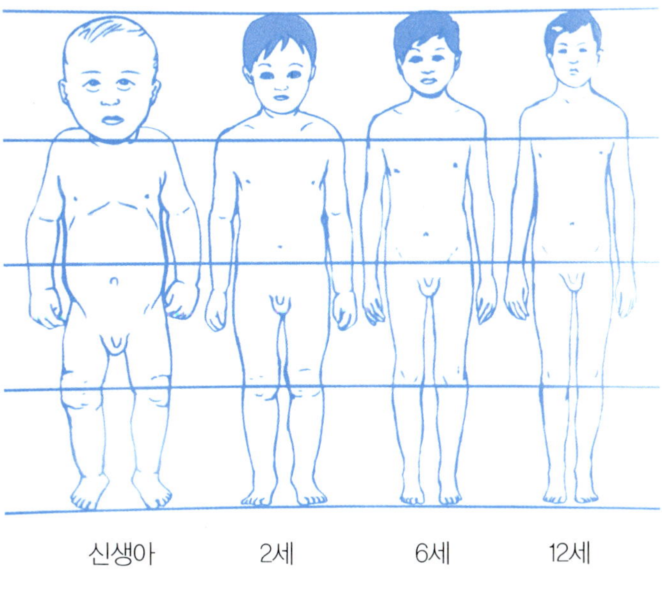

출처: Kail(2008). p. 90.

[그림 4-5] 아동의 신체변화

2) 신생아의 발달을 위한 부모역할

신생아는 대부분 수면상태에 있기 때문에 될 수 있는 대로 안정적인 상태로 두는 것이 좋다. 감기 등의 전염을 막고 병에 걸리지 않도록 하기 위해서 얼굴을 가까이 대거나 부비는 행동은 주의하도록 한다. 신생아는 체온조절 능력이 부족하므로 각별한 주의가 필요한데, 이를 위해 실내온도를 자주 점검하고 옷이나 담요를 덮어 체온을 유지시키도록 한다. 아기의 몸에 불필요한 부담을 주지 않도록 부드럽게 다루고 담요나 옷 등으로 너무 꽉 죄거나 과도하게 흔들지 말아야 한다. 그리고 아기를 엎드려 재우면 질식사의 위험성을 높이는 요인이 되므로 주의하여 돌연사의 위험을 방지하도록 한다.

신생아는 매일 자다가 일어나는 패턴을 반복하는데 2~3시간 꼴로 운다. 신생아들이 우는 이유는 다 다르며 이유에 따라 울음소리도 다르다. 울음은 신생아가 다른 사람들과 의사소통하려는 첫 시도이자 수단이므로 아기가 무엇을 원하는지를 울음소리를 통해 민감하게 파악하여 신속한 반응을 해 주어 아이로 하여금 신뢰감과 안정감을 느끼도록 해 주어야 한다. 관심과 돌봄 속에서 아이와의 긴밀한 관계를 형성하게 되면 아기의 울음소리와 움직임을 통해 아기가 어떤 요구를 하고 있는지 구별할 수 있다.

부모와의 애정어린 부드러운 스킨십은 아기의 발달을 촉진하고 긍정적인 반응성을 높인다. 편안하고 따뜻한 보살핌과 자극을 주는 부모와의 상호작용은 신생아로 하여금 세상에 순조롭게 적응할 수 있도록 해 준다(문혁준 외, 2016).

3 영아기와 부모역할

1) 신체발달

(1) 영아기 신체 성장

영아기 신체성장은 놀라울 정도로 빠르다. 신장, 체중 외에도 골격과 근육, 중추신경계 등의 신체내부적 발달도 급속도로 이루어진다. 평균적으로 출생하여 첫돌이 되면 영아의 신장은 출생 시의 50% 정도인 25cm 이상 성장하고, 체중은 출생 시의 3배 이상을 넘어 대략적으로 10.42kg 정도가 된다. 정상 분만한 신생아인 경우 출생 시 신장은 평균 50.8cm, 체중은 3.4kg인데, 2세 무렵에는 약 87.7cm 정도로 성인 평균 신장의 절반 정도 크기로 성장한다(문혁준 외, 2016).

신체비율에 있어서는 일반적으로 만 1세까지는 머리가 몸에 비해 상대적으로 크지만 몸통이 다른 부분에 비해 가장 빠르게 성장하고, 만 2세부터는 팔과 다리가 다른 부분에 비해 빠르게 성장한다. 출생 직후 신생아인 경우 머리가 전체 신장의 1/4 크기이지만, 만 2세 무렵이 되면 신체의 다른 부분이 성장해서 신장의 1/5이 되고, 이후 성인이 될 때까지 전체 몸에서 머리가 차지하는 비율이 줄어든다. 골격에 있어서는 매우 유연하고 부드러우며 근육조직도 영아기에는 작고 약하다(정옥분, 2002a).

출처: 정옥분(2002a). p. 252.

[그림 4-6] 영아기 운동기능의 발달시기와 순서

(2) 운동기능의 발달

운동기능에는 팔, 다리, 몸통과 같은 대근육을 사용하는 대근육 운동과 손의 움직임과 같이 몸의 소근육을 사용하는 소근육 운동이 있다(정옥분·정순화, 2016).

① 대근육 운동

영아기의 가장 주목할 만한 대근육 운동기능은 고개도 못 가눌 정도로 전적으로 의존적이던 상태에서 뒤집기, 기기, 서기, 걷기, 달리기 등을 할 수 있는 기동성 있는 인물로 영아를 바꿔 놓는 것이다. 출생 시 신생아는 고개도 못 가누지만 생후 1개월이면 엎드린 자세에서 고개를 들 수 있다. 2개월경에는 가슴을 들 수 있으며, 3~4개월경에는 뒤집기를 할 수 있다. 7개월경에는 혼자 앉을 수 있고, 12~14개월경에는 혼자 설 수 있다. 12개월경에는 붙잡고 걸을 수 있으며, 15개월경에는 혼자 걸을 수 있다. 18개월경에는 계단을 오를 수 있고 자전거 타기를 할 수 있다. 18~24개월경에는 달리기, 뒤로 걷기, 공차기, 공 던지기, 뜀뛰기 등을 할 수 있다.

② 소근육 운동

소근육 운동기능은 근원발달의 원칙에 의해 팔과 손 그리고 손가락의 순으로 발달한다. 출생 시의 신생아에게는 잡기반사 능력이 있지만, 그것을 통제하는 능력은 없다. 마찬가지로 신생아도 매달려 있는 물체를 보면서 손과 발을 움직여 보지만 그 물체를 잡지는 못한다. 6개월이 되어야 매달려 있는 물체를 팔을 뻗어 잡을 수 있다(Bower, 1979). 8~9개월경에는 자기 앞으로 던져준 물체를 잡으려고 해보지만 놓치고, 첫돌이 지나서야 제대로 잡을 수 있다(von Hofsten, 1983). 실이나 동전 같은 작은 물체를 집기 위해 처음에 영아는 손 전체, 특히 손바닥을 사용한다. 그러다가 10개월이 지나면서 엄지와 집게손가락을 사용해서 작은 물체를 집을 수 있게 된다.

2) 인지발달

영아기는 Piaget의 인지발달단계 가운데 감각운동기에 해당하는 시기로 이 시기는 감각기관을 통해 주변 환경의 정보를 지각하고, 선택적으로 획득한 정보를 조직하며, 환경적 자극에 반응하는 도식을 형성하면서 인지발달을 이루게 된다.

감각운동기는 여섯 개의 하위단계로 구분될 수 있으며 그 내용은 다음과 같다(이숙 외, 2004: 62-63, 박용석, 2021에서 재인용).

- 반사기(0~1개월): 신생아가 학습되지 않은 선천적 반사로 그 주위 환경에 적응하려는 시기이다. 반사운동을 통해 여러 도식을 만들어 가는 시기로 반사운동기라고 한다. 동화가 환경적응에 대부분을 차지하지만, 가끔 조절도 일어난다.
- 이차순환기(4~8개월): 이차 순환반응은 주변 물체를 인식한 의도적이고 목적을 지닌 행위라고 할 수 있지만, 목표를 갖고 미리 행동을 계획하는 단계는 아니다. 순환반응은 유아 자신의 신체뿐 아니라 주위에 존재하는 물체에까지 확대된다.
- 이차 반응의 협응기(8~12개월): 영아는 의도적으로 기존의 도식을 목표성취를 위해 협응시킬 수 있다.
- 삼차 순환반응기(12~18개월): 삼차 순환반응은 단순한 목적을 지닌 반복이 아니라 새로운 행동이 어떤 결과를 가져올 것인가를 알아보기 위해 다양하게 시도해 보는 것이다. 즉, 외부세계를 이해하기 위해 시행착오적 학습을 시도하는 형태로 나타난다.
- 사고의 시작(18~24개월): 영아는 문제를 해결하기 위해 실재의 물체뿐 아니라 상징이나 이미지를 인식적으로 조합하고 조정하기도 한다. 따라서, 머릿속으로 어떻게 할 것인지를 생각한 후에 행동을 하게 된다.

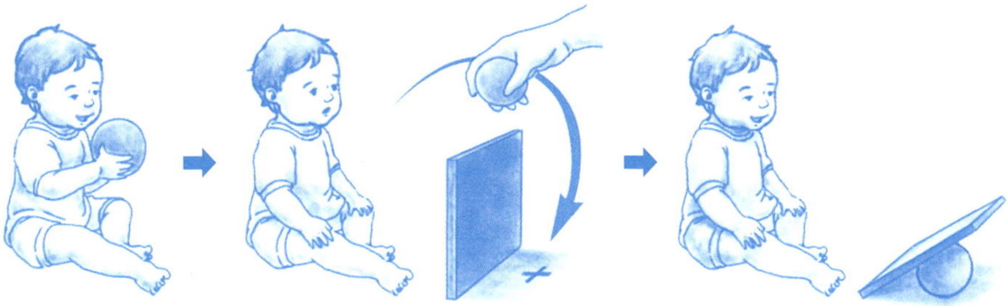

[그림 4-7] 대상 영속성

〈표 4-1〉 영아기 인지발달 이정표

연령	인지능력
출생~1개월	• 흥미 있는 장면과 소리에 접근하기 위해 젖꼭지를 빠는 것과 같이 제한된 운동기술을 사용하여 탐색한다.
1~4개월	• 대상 영속성, 대상 고체성과 중력을 포함한 많은 물리적 속성을 인지한다. • 짧은 지연(1일) 후에도 성인의 얼굴표정에 대한 지연 모방을 한다. • 개념적으로 유사한 자극을 분류한다.
4~8개월	• 물리적 지식과 기본적인 수학 지식이 향상된다. • 유사한 기능과 행동에 의해 개념적으로 유사한 많은 대상과 사건을 분류한다.
8~12개월	• 천으로 가린 뒤에 숨겨진 대상을 찾을 수 있다. • 이전의 문제를 유추하여 간단한 문제를 해결하는 능력이 생긴다.
12~18개월	• 여러 장소에서 숨겨진 대상을 찾는 능력이 있다. • 대상을 숨겨 둔 장소를 떠난 후에도 대상은 그 장소에 계속 존재한다는 것을 인지한다 • 오랜 시간(적어도 여러 달)이 지나고 상황이 변해도 성인의 새로운 행동에 대해 지연 모방을 한다. • 대상을 한 개의 유목으로 분류한다.
18개월~2세	• 보이지 않는 동안 옮겨진 대상을 찾는 능력이 있다. • 성인이 만들어 내는 행동에 대해 지연 모방을 하며, 이것은 다른 사람의 의도나 관점을 추론하는 능력을 가리킨다. • 가장놀이에서 일상의 행동을 지연 모방한다. • 대상을 두 개의 유목으로 분류한다.

출처: Berk(2015). p. 176.

3) 언어발달

단어나 문장을 습득하는 시기에는 개인차가 있지만, 대부분의 아동은 언어획득 시에 동일한 발달단계를 거친다(정옥분·정순화, 2016).

① 울음

언어발달의 첫 단계는 울음이다. 울음은 아기가 자신의 욕구를 표현할 수 있는 유일한 의사소통 수단이다.

② 옹알이

2~3개월경에 나타나는 옹알이는 언어와 유사한 최초의 말소리다. 이는 신체적 성숙으로 인해 나타나는 근육활동의 결과이며, 농아도 처음에는 옹알이를 한다. 일반적으로 옹알이는 만족스러운 상태에서 가장 많이 나타난다. 옹알이는 어머니나 주변 사람들로부터 반응을 얻게 되면 점차 그 소리가 빈번해지고 다양해진다. 옹알이는 이러한 주변 인물로부터의 강화를 통해 모국어를 습득하는 중요한 기제로 작용한다.

③ 한 단어 문장

생후 1년경이 되면 영아는 분명하게 이해할 수 있는 단어를 사용할 수 있으며, 그 단어가 자신의 생각을 표현하는 수단이 된다. 하나의 단어가 전체 문장을 대신하므로, 영아는 그들의 부모가 이해하는 것을 돕기 위해 얼굴표정이나 몸짓을 함께 사용한다.

④ 두 단어 문장

24개월경에 영아는 문장을 만들기 위해 두 개 이상의 단어를 연결시킬 수 있다. 두 단어 문장은 한 단어 문장에 비해 보다 정교하고 명료하다. 초기의 결합형태는 주로 명사와 동사의 결합으로 이루어지며 자기중심적인 특성을 갖는다.

4) 사회성 발달

영아는 부모와의 상호작용을 통해 신뢰감과 애착을 형성해 나가고, 미소, 울음, 또래에 대한 반응 등과 같은 사회적 표현을 하게 된다.

영아기 사회성 발달 가운데 대표적인 자아인식의 발달과 애착의 발달에 대해 살펴보겠다.

(1) 자아인식의 발달

자아인식의 발달은 영아가 자신과 환경을 구분할 수 있게 되면서 먼저 자신의 신체적 존재를 인식하고, 타인과의 애착형성 과정에서 다른 사람의 존재를 인식하게 되면서 서서히 발달하게 된다. 영아의 자아인식의 수준을 측정하기 위한 방법으로는 엄마가 아기의 얼굴을 닦을 때 영아 모르게 영아의 코에 빨간 점을 칠하는 것이다. 1세 유아의 대부분은 거울 속 빨간 점에 관심을 가지고 거울에 있는 빨간 점을 만진다. 15개월 유아의 경우는 거울 속의 빨간 점을 보고 나서는 손을 올려 자신의 코를 만진다. 2세가 되면 대부분의 유아가 이와 같은 행동을 나타낸다. 이러한 거울 과제는 유아의 자아출현을 나타내는 것이다(Lewis, 1997).

[그림 4-8] 자아인식

(2) 애착의 발달

애착은 영아와 주 양육자 사이에 형성되는 정서적으로 친밀한 애정적인 유대관계이다. 영아의 사회성 발달에 있어서 가장 특징적인 행동이라고 할 수 있다.

생후 6개월이 되면 대부분의 영아들은 특정인과 애착관계를 형성하기 시작하며, 주로 양육자인 어머니 또는 아버지와의 애착형성의 표시로 나타나는 영아의 행동특징은 다음과 같다.

첫째, 영아는 애착대상과의 접촉을 유지하려고 노력한다. 둘째, 애착대상이 없을 때 슬픔을 나타낸다. 셋째, 영아는 애착대상과 함께 있으면 안락과 편안함을 느끼는 반면 다른 사람과 함께 있으면 불안과 초조한 반응을 보인다. 애착은 영아가 도움을 청할 때 주 양육자가 신속하고 민감하게 반응을 보임으로써 형성되며, 그렇지 않을 경우에는 애착형성의 기간도 지연되고 강도도 약하다. 또한 영아기에 애착관계를 경험하지 못하게 되면 자신과 타인에 대한 신뢰감 형성이 이루어지지 않아서 영아의 인성 및 사회성 발달에 부정적인 영향을 미치게 된다(박용석, 2021).

5) 영아기의 부모역할

영아기의 부모역할은 다음과 같이 정리할 수 있다(정옥분·정순화, 2016: 180-185; 최혜순, 2011: 100-102; 이숙 외, 2004, 박용석, 2021에서 재인용).

(1) 적극적인 보육자·보호자로서의 역할

출생 후 1년간은 다른 사람의 보살핌 없이는 생존이 불가능하기 때문에 영아기의 부모역할 중 가장 중요한 것은 보육자·보호자로서의 역할이다. 영아는 아직 독립적으로 자신의 욕구를 만족시킬 수 없기 때문에 부모는 영아의 생존과 건강을 위해 언제나 영아에게 세심한 관심을 쏟으면서 많은 시간을 보내게 된다.

특히 생후 1년간은 제1의 성장 급등기라는 점에 비추어 충분한 영양공급이 필수적이다. 충분한 영양이 공급되지 못했을 때 영아는 에너지 소비를 줄이고 환경 내의 자극으로부터 움츠러듦으로써 에너지의 균형을 유지하려 한다. 이러한 위축은 정보를 받아들이는 능력을 제한하게 되고 정상적인 발달에 필요한 지식이나 기술의 습득을 저해하게 된다.

영아가 이동능력을 갖게 되면서 활발하게 움직이게 되면 부모는 영아를 돌보고 보호하기가 더욱 힘들게 느껴질 수 있지만, 이 시기 부모의 주된 역할은 자녀가 다치거나 아프지 않도록 보호하고, 보육하는 역할이다.

(2) 기본적 신뢰감 형성과 안정적 애착형성

Erikson은 영아기가 기본적 신뢰감 대 불신감의 형성기라고 하였다. 영아기에 부모가 일관성 있고 민감하게 영아의 욕구를 충족시켜 주면 영아는 부모에 대해 안정된 애착과 기본적 신뢰감을 형성하게 되고, 이러한 부모에 대한 신뢰는 세상에 대한 신뢰로 확장되어 모든 인간관계의 중요한 토대가 된다. 반대로 부모가 일관성 없고 만감하지 못하게 영아를 돌보는 경우에는 부모를 비롯한 타인에 대해 불신감을 발달시키게 되어 이는 이후의 부모–자녀관계, 나아가 인간관계 형성에 부정적으로 작용하게 된다.

아울러 영아의 안정적 애착형성을 위해 부모는 자녀의 욕구에 민감하고 적절하게 반응하면서 영아와의 풍부한 신체접촉을 갖도록 한다.

(3) 다양한 감각적 경험을 제공

Piaget는 영아기를 감각운동기라고 보고, 영아기에 풍부한 감각적 경험이 필요함을 강조하였다. 영아는 주위의 모든 사물에 대해 호기심을 나타내고 탐색하고자 하는데, 이러한 활동을 통해 학습이 이루어진다. 영아는 새로운 방법에 의해 연습하고 실험하는 것을 즐기므로 스스로 주변 환경을 탐색하게 하고 호기심과 흥미를 끌 만한 놀이환경과 자료를 준비해 줌으로써 마음껏 만지고 느끼고 움직일 수 있는 기회를 다양하게 제공해 주는 것이 필요하다.

영아들을 돌보는 부모는 영아의 반응에 민감하게 반응해 주어야 한다. 특히 많이 가르쳐 주려 하기보다는 놀이가 진행되는 동안 칭찬하고, 공감해 주어야 한다. 그리고 아이들의 놀이하는 방법을 격려하고 지지해 주어야 한다.

(4) 자율성 발달을 돕기

Erikson은 자율성의 발달이 영아기의 중요한 발달과업이라고 하였다. 돌을 전후하여 영아는 걷기 시작하면서 이동능력이 발달하고 부모나 타인에게 영향을 미칠 수 있다는 사실을 알기 시작한다. 영아는 활발하게 주위를 탐색하고자 하며 이를 저지하려는 부모와의 사이에서 갈등을 경험할 수 있다.

이때 부모가 영아의 주변을 마음껏 탐구할 수 있는 안전한 환경으로 만들어 주는 것이 중요하다. 지나치게 영아의 요구를 제한하지 않으면서, 주위를 탐색하도록 적당하게 인정하고 격려해 주면 영아는 자율성을 발달시키게 된다. 그러나 부모가 영아의 탐색을 막고 지나치게 행동을 제한하면 영아는 좌절감을 느끼고 자신과 다른 사람을 통제할 수 있는 자신의 능력을 의심하며 수치심을 갖게 된다.

(5) 기본 학습경험 제공

영아기에 필요한 기본적인 학습경험으로는 자기조절 기술의 습득과 사회적, 언어적, 인지적 발달에 관련된 것을 들 수 있다. 자기조절 기술에는 배변훈련, 숟가락과 젓가락 사용법, 혼자 바지를 입는 일 등이 있다.

4 유아기와 부모역할

유아기 신체발달, 운동발달의 특징은 다음과 같다.

1) 신체발달

유아기에는 매년 키는 약 5~6cm씩 자라고 몸무게는 약 2~3kg씩 증가한다. 유아기 동안 여아는 남아보다 키가 약간 작고 몸무게도 덜 나가는데, 이러한 차이는 사춘기까지 지속된다. 유아의 신체발달에는 개인차가 크게 나타나는데, 이와 관련된 요인으로는 유전, 영양, 환경 등이 있다. 만약 영양 결핍이 생후 5년 이상 오래 지속되는 경우 두뇌 성장을 지연시키며 키도 자라지 않게 되므로 유아에게는 균형 잡힌 음식을 제공해야 한다(Tanner, 1990). 신체발달에 있어서도 양육자의 애정과 사회적 자극이 매우 중요하다.

배변훈련은 괄약근이 발달하면서 시작하게 되는데 대략 3세경에는 배변조절 능력을 획득하게 된다. 배설을 스스로 조절하기 위해서는 배설이 가능한 시간과 장소가 있다는 것을 알아야 하고, 배설욕구를 알려 주는 느낌에 익숙해져야 하며, 괄약근을 수축시키고 이완시키는 방법을 배워야 한다(Papalia & Olds, 1982). 특히 배변훈련은 지나치게 강요하다 보면 에에 따른 부작용이 발생하므로 편안한 분위기에서 이루어지도록 한다.

이 시기는 운동기능 발달과 환경에 대한 탐색욕구가 많아져서 질식이나 낙상, 중독, 화상 등의 사고 위험이 커지는 시기인 만큼 가정에서 이를 예방하기 위한 노력이 수반되어야 한다(정계숙 외, 2021).

2) 운동발달

유아기에는 발달하고 있는 신체를 이용한 다양한 활동을 수행할 능력을 갖게 된다. 유아들은 이제 보다 행동반경이 넓어지고 탐색욕구는 더욱 강해지면서 자신이 가지고 있는 운동능력을 시험해 보려는 시도를 활발히 하게 된다(최경숙·박영아, 2005).

유아기의 대근육 발달과 소근육 발달특징은 다음의 〈표 4-2〉에 제시하였다.

〈표 4-2〉 유아기의 대근육 발달과 소근육 발달

나이	대근육 발달	소근육 발달
3세	• 공을 던질 때 팔 아래쪽으로 던진다. • 세발자전거를 탄다. • 큰 공을 잡을 수 있다. • 도움을 받아 앞으로 공중제비돌기를 한다. • 발자국 모양을 따라 걸을 수 있다. • 튕겨 오는 공을 잡는다.	• 원에 가깝게 그림을 그릴 수 있다. • 종이를 가위로 자른다. • 검지를 이용해 풀칠한다. • 여덟 개 블록으로 탑 쌓기를 한다. • +를 그릴 수 있다. • 인형 옷을 벗기고 입힐 수 있다. • 물주전자의 물을 흘리지 않고 따를 수 있다.
4세	• 공을 튕기고 받기를 할 수 있다. • 달리다가 멈출 수 있다. • 수레나 인형 유모차를 밀고 당길 수 있다. • 목표 지점을 향해 공을 발로 찬다. • 던져 주는 공을 잡는다. • 한 발로 깡충 뛰기를 할 수 있다.	• 신발 끈을 꿰고 묶는다. • 10개의 구슬을 실에 꿴다. • 빨래집게를 열고 닫는다. • 여러 용기에 담긴 것을 다른 그릇에 따를 수 있다. • 선을 따라 가위로 자를 수 있다. • 세모나 네모, X모양, 숫자, 철자를 보고 베낀다.
5세	• 유연한 자세로 공을 던진다. • 굴러오는 공을 발로 찬다. • 양발을 번갈아 가며 깡충 뛰기를 한다. • 롤러스케이트를 탄다. • 목표 지점을 맞추기 위해 공을 굴린다. • 보조 바퀴가 달린 두발자전거를 탄다. • 발을 번갈아 가면서 깡충 뛰기를 할 수 있다. • 줄넘기를 할 수 있다.	• 종이를 반으로, 또 반의반으로 접을 수 있다. • 손바닥을 바닥에 대고 윤곽을 따라 그린다. • 직사각형, 원, 정사각형, 삼각형을 그린다. • 두 개의 짧은 단어를 따라 쓴다. • 양손 중 한쪽 손을 선호하게 된다.

출처: 최경숙·박영아(2005).

3) 인지발달

유아기 인지발달의 특성을 살펴보면 다음과 같다.

이 시기는 전조작기에 해당하며 유아는 영아기에 시작된 정신적 표상능력을 발달시켜 나가게 된다. 이 시기에는 상징 사용 능력의 발달로 인지적 능력, 즉 사고의 발달이 급격히 이루어지지만 여전히 전조작기 유아의 사고는 비논리적이고 비체계적이다. 전조작기 사고의 대표적인 특성에는 상징적 사고, 물활론적 사고, 자아중심성, 중심화, 비논리적 사고 등이 있다.

(1) 상징적 사고

전조작기에 유아의 사고에서 가장 두드러진 특징 중 하나로는 상징적 사고의 발달을 들 수 있다. 유아는 자신이 경험한 상황이나 알고 있는 대상을 언어와 이미지를 사용하여 표상할 수 있게 되며(shaffer & kipp, 2010), 이제 과거의 사건을 재구성해서 생각해 낼 수 있고 눈앞에 없는 대상에 대해서도 마음으로 생각하고 다른 사물이나 사람과 비교할 수 있다. 상징놀이나 가상놀이에서 상징적 사고의 특성을 발견할 수 있는데, 예를 들어 유아는 바나나를 보고 전화라고 하며 귀에 댈 수 있고, 바닥에 흘린 물을 닦는 상황놀이에서는 수건을 손에 쥐고 닦는 행동을 할 수 있다(Harris, Kavanaugh, & Meredith, 1994). 유아의 정신적 표상능력은 3~4세에는 부분적으로 이루어져 불안정하나 5세에는 거의 완벽한 수준에 이르게 된다(전명자, 2005). 지금 바로 눈앞에 보이지 않는 대상이나 상황을 정신적으로 표상하고 그에 따라 행동할 수 있게 되는 것이다.

(2) 물활론적 사고

유아는 생물과 무생물을 구분하지 못하고 무생물에 생명이 있다고 믿는다(Crain, 2000). Piaget는 물활론을 4단계로 설명하였는데, 4~5세경 유아는 모든 사물이 다 생명이 있고 의도와 목적이 있는 것으로 믿는다. 5~7세경 유아는 움직이는 모든 것이 살아있다고 믿으면서 움직이는 자전거는 살아있지만 움직이지 않는 전등은 살아있지 않다고 생각한다. 학령기가 되면서 아동은 스스로 움직일 수 있는 것이 생물이라는 것을 깨닫게 된다.

Piaget는 인지적 사고가 미성숙하여 유아가 물활론적 사고를 한다고 주장하였지만 이후의 학자들은 유아의 물활론적 사고가 사물에 대한 친숙함과 관련이 있다고 보고하였다(Richards & Siegler, 1986).

(3) 자아중심성

유아는 자신의 눈에 보여지는 것을 중심으로 자신의 입장에서 세상을 바라보기 때문에 타인의 관점을 이해하지 못한다. 유아의 자기중심적 사고 특징은 사물을 바라볼 때도 자신이 보는 것처럼 상대방에게도 같은 모양이 보이고, 같은 소리가 들리며, 똑같이 느낄 것이라고 생각하기에 타인의 관점에서 대상을 바라볼 수 없다. Piaget는 유아의 자기중심적 사고를 입증하기 위하여 [그림 4-9]와 같이 '세 개의 산 실험'을 실시하였다. 세 개의 산 실험에서 유아는 세 개의 산 모형이 놓인 책상을 사이에 두고 한쪽 편에 앉고, 맞은 편에는 관찰자가 산의 다른 쪽을 바라보며 앉아 있게 한다. 유아에게 지금 보여지는 모형이 무엇인지 물어본 후, 다음으로 관찰자가 보고 있는 사물을 고르라고 했을 때 유아는 자신이 보고 있는 모형의 모습과 똑같은 사진을 고르는 것으로 나타났다. 즉, 세상을 자기 자신의 시각으로 바라보므로 타인의 시각에서 인식하는 것은 아직 어렵다.

출처: Berk(2015).

[그림 4-9] 세 개의 산 실험

(4) 중심화

전조작기 유아는 영아기의 자기중심적 경향이 점차 줄어들게 되고, 크기, 모양, 색깔 등과 같은 특성을 기준으로 사물을 구분할 수 있게 된다. 그러나 아직 유아의 사고 특성은 여전히 한계를 보이는데 직관적 사고에 의존하는 중심화의 특성을 보인다. 중심화란 논리적이거나 체계적인 사고를 바탕으로 사물이나 사건을 이해하기보다는 지각적 특성을 단서로 이해하는 것이다.

(5) 비논리적 사고

전조작기에 유아는 과거와 현재 사이의 차이를 이해하고 가상놀이를 할 수 있게 되지만, 사고는 여전히 비논리적이고 직관에 의존한다. 따라서 인과관계, 시간, 비교와 같은 복잡한 개념을 이해할 수 없다(공인숙 외, 2018).

〈표 4-3〉 유아기 인지발달 이정표

연령	인지능력
2~4세	• 언어의 발달, 가장놀이, 그리기, 이중표상의 이해에서 반영되듯이, 표상활동의 극적인 증가를 보여 준다. • 단순하고 친숙한 상황과 일상에서 얼굴을 마주하며 하는 의사소통에서 다른 사람의 관점을 이해한다. • 생물과 무생물을 구별한다. 마술이 일상의 경험을 변경할 수 있음을 믿지 않는다. • 보존개념을 습득하며, 변형에 주목하고 사고를 전환하고, 그리고 친숙한 상황에서 많은 인과관계를 이해한다. • 본래의 종류, 기능, 행동에 기초하여 대상을 분류하고, 유목을 구성하고 있는 부분이 공유하는 중요한 특징에 대한 생각을 고안한다. • 친숙한 대상을 위계적으로 조직화된 유목으로 분류한다. 외양과 실제를 구별한다.
4~7세	• 가장(그리고 다른 생각과정)이 표상활동이라는 것을 점차 인식한다. • 요정, 도깨비에 관한 마법의 생각과 기대를 위반하는 사건을 그럴듯한 설명으로 대체한다. • 언어적인 외양-실재 문제를 해결한다.

출처: Berk(2015). p. 184.

4) 언어발달

유아기에 구어는 이어문 시기를 지나 다어문 시기에 들어가게 된다. 3~5세까지 유아는 여러 단어를 사용해 다양한 문장을 구사할 수 있고 문법규칙을 적용할 수 있다. 그리고 구어의 발달과 함께 읽기와 쓰기에도 관심을 보이면서 문해발달이 이루어진다.

(1) 구어발달

① 의미발달

2세경에 두 단어 문장 단계를 지나게 되면 유아가 습득한 어휘의 수는 급격히 증가한다. 3세경에는 900단어, 4세경에는 1,600단어, 6세경에는 8,000~14,000단어를 이해할 수 있게 된다. 이해할 수 있는 수용어휘가 먼저 발달하기 때문에 표현할 때 사용하는 표현어휘의 수보다 수용어휘의 어휘량이 두 배가량 많다(이순형 외, 2010; 장선아 · 김향희, 2000).

유아기의 유아가 어휘를 사용할 때 '과잉확대'와 '과잉축소'의 특성이 나타나는데, 과잉확대는 단어의 의미를 확대해서 사용하는 것으로 '사과'라는 단어를 사과 이외에도 감, 배 등 여러 과일을 말할 때 사용하는 것을 의미한다. 과잉축소는 단어의 의미를 축소하는 것으로 '강아지'라는 단어를 자신이 집에서 키우는 강아지만 강아지로 부르는 경우 등을 예로 들 수 있다.

② 문장과 문법의 발달

세 단어 이상을 사용하는 다어문 시기에 유아가 쓰는 문장은 성인의 문장과 유사해진다. 문장을 이루는 단어의 개수는 3세에 2~4개 단어, 4세에 3~7개 단어, 5세에 6~12개 단어까지 사용한다(유안진, 1999). 전보식 문장을 사용하다가 문법적 형태소를 사용하여 문장을 구성할 수 있게 된다. 이때 습득한 문법을 구분하지 않고 모든 상황에서 그대로 적용하는 과잉일반화가 나타난다. 과잉일반화의 예로는 주격조사인 '이'나 '가'를 명사의 받침에 따라 구분하지 않고 무조건 붙이는 경우(예: 장난감이가 없어, 선생님이가 줬어)이다(조명한, 1989). 또 부정어인 '안'을 어순에 상관없이 단어의 맨 앞에 붙여서 부정의 뜻을 나타내는 경우(예: 안 밥 먹어, 안 잠 자)도 있다.

유아는 문법적 형태소를 이용해 부정문, 의문문, 과거시제 등을 사용할 수 있게 되고 6세경이 되면 대부분의 문법규칙을 사용하여 자신의 감정과 생각을 표현할 수 있다.

③ 의사소통의 발달

의사소통이란 서로의 생각과 감정을 말과 행동으로 주고받는 것이다. 유아기 초기에는 사회적 언어보다는 반복, 독백, 집단적 독백 등을 자주 사용해 원활한 의사소통이 이루어지기 어렵다. 그러다 어휘의 수가 늘어나고 문법규칙을 습득하게 되고 문장이 길어지면서 의사소통을 하는 대상과 장소나 시간에 맞추어 대화를 하는 것이 가능해진다. 4세 유아가 장난감을 소개하는 것을 분석한 연구(Shatz & Gelman, 1973)에 따르면 4세 유아도 대상에 따라 이야기를 다르게 하는 것으로 나타났다. 유아가 2세 영아에게 장난감을 소개할 때는 단순한 단어를 이용해 짧은 문장으로 이야기한 반면에 성인에게 설명할 때는 복문을 사용하였고 더 예의바르게 이야기하는 것으로 나타났다(공인숙 외, 2018).

5) 사회 · 정서 발달

유아기는 인지가 발달하고 다양한 사회적 경험을 해 나가면서 영아기에 비해 정서표현, 정서이해 및 조절능력이 보다 세련되어지고 자아도 발달해 나간다. 사회적 상호작용이 증가하여 놀이의 수준 및 유형도 발달하며 성역할이 발달하면서 놀이의 상대 및 내용에 변화가 생긴다. 이러한 유아기의 사회성 및 정서 발달에는 가족이 많은 영향을 미치게 된다.

(1) 정서표현

유아기에는 생득적인 기쁨, 놀람, 두려움, 화, 슬픔, 혐오 등의 일차 정서와 생후 1년 정도가 지나면서 나타나는 수치심, 죄책감, 우월감, 부러움, 실망감, 당혹감 등의 이차 정서가 계속해서 나타난다. 아직까지는 정서분화가 덜 이루어져서 짧은 시간에 쾌와 불쾌를 쉽게 표현하는 등 정서표현이 미숙하며 급변하기도 한다. 정서표현은 타인과 관계 맺음과 관련이 있으므로 정서표현을 올바르게 하는 것은 사회화에 있어서 중요하다. 또한 언어발달이 급속히 진행되어 어휘력이 증가하는 유아기에서부터 자신의 정서를 언어로 표현하는 연습을 해야 한다.

① 기쁨

유아기는 언어발달이 급속히 이루어지는 시기여서 웃음이나 행동만으로 표현하던 기쁨을 언어로도 표현할 수 있게 된다. 또한 타인의 농담 또는 행동에 대한 이해를 할 수 있어서 이에 대한 언어적 또는 비언어적 반응을 보인다. 독특한 자극이나 행동 등을 재미있게 여기며 대변, 소변 또는 방귀 등 화장실 관련 유머에 대해 크게 반응하며 즐거워한다.

② 공포

유아는 영아기부터 나타나는 낯가림이나 분리불안 이외에도 천둥소리 같은 큰 소리나 동물, 어둠, 새로운 상황 등에 대한 공포심을 느낀다. 큰소리와 예상치 못한 움직임에 대한 공포는 선천적일 수 있으나 뚜렷한 이유 없이 공포심을 느끼기도 한다. 유아기의 특징인 상징적 사고와 상상력의 발달로 인해 직접 경험한 것이 아닌 상상만으로도 무서움을 느껴서 상상의 동물과 가상인물 같은 비현실적인 공포가 나타나기도 한다. 이로 인해 악몽을 자주 꾸기도 하며 잠에서 깨었을 때 곁에 부모가 없으면 두려워한다.

③ 자부심과 수치심

Erikson은 심리·사회적 이론에서 영아기에서 유아기로 넘어가는 단계의 성취해야 할 발달적 과업으로 자율성을, 극복해야 할 위기로는 수치심을 제시하였다. 유아는 타인, 특히 양육자의 칭찬 또는 비난을 경험하면서 옳고 그름을 판단하게 되며 이에 대해 자의식적이며 자기평가적 정서로 반응한다. 즉, 성공 여부를 떠나 자율적으로 선택하고 독립적으로 실행한 결과에 대해 긍정적인 반응을 경험하면 자부심이 생기는 반면, 배변훈련과 같은 자기통제와 자기조절을 성공적으로 수행하지 못했을 때 비난을 받게 되면 수치심을 느끼게 된다.

④ 주도성과 죄책감

Erikson의 심리·사회적 발달단계에서 유아기의 발달과업은 주도성 대 죄책감이다. 영아기의 애착과 마찬가지로 유아기의 주도성은 정상 발달의 기본이며, 그 핵심은 호기심에 있다. 호기심을 바탕으로 목표를 설정하고 목적을 두고 활동하는 등 새로운 것을 주도적으로 시도하여 주변을 탐색하게 된다. 또한 경쟁을 즐기고 때로는 공격적이기도 하여 이에 대한 제재를 받게 되고 이로 인해 두려움 또는 죄책감을 경험하게도 된다. 죄책감이란 자신의 행동이 내적 기준을 위반한 것에 대한 정서적 반응이다. 따라서 유아의 호기심이 바탕이 된 탐색을 지나치게 억제하고 비난하는 등 부정적으로 대하면 유아의 주도성은 약해지고 죄책감이 증가하게 된다.

⑤ 분노

유아가 자율적으로 하고자 하는 것을 통제당했을 때나 자신의 요구가 거절당했을 때 또는 자의식이 발달하여 관심을 받고 싶은데 그러한 욕구가 충족되지 못하였을 때 3세 정도의 유아는 고집부리기, 떼쓰기, 발로 차기, 소리 지르기, 때리기 등의 공격적인 행동으로 분노를 표출한다. 이는 유아기 후반으로 갈수록 점차 욕하거나 놀리기 등의 공격적인 언어로 나타난다. 주변의 비난으로 인한 수치심과 강한 제재로 인한 죄책감을 느꼈을 때 이러한 정서가 분노로 표출되기도 한다(공인숙 외, 2018).

6) 유아기의 부모역할

유아기에 부모는 양육자 및 훈육자의 역할과 함께 유아의 자아인식 발달을 도와주어야 하고 주도성 발달을 지원하는 등 다양한 역할을 수행해야 한다.

유아기 부모역할로는 다음과 같다(정옥분·정순화, 2016: 235-241; 최혜순, 2014: 110-112; 이숙 외, 2004: 73-74, 박용석, 2021에서 재인용).

(1) 효과적인 양육자 역할

부모는 유아의 생리적 욕구를 충족시키고 보호하는 것 외에도 유아가 건강하게 적응하고 발달해 나갈 수 있도록 양육해야 한다. 유아는 자조능력이 발달하면서 자기 주장이 강해지고 반항과 거부를 하게 되는데, 이때 부모는 지나친 간섭을 피하고 적절한 제한을 가하여 일관성 있고 긍정적인 양육행동을 보여야 한다. 따라서 부모는 자녀양육에 대한 명확한 기준을 세우고 올바른 양육에 대한 가치관을 스스로 정립하여 효과적이고 바람직한 양육을 수행할 수 있어야 한다.

(2) 긍정적인 훈육자 역할

부모는 자녀에게 기본적인 규칙과 제한을 두며, 이를 잘 지키도록 훈육을 해야 한다. 훈육이란 유아를 지도하는 구체적인 행동으로서 부모는 어떤 형태로든 자녀의 행동을 통제하게 된다. 비난과 호통, 처벌 중심의 부정적 훈육을 최대한 피하고 언어적 설득과 공감, 칭찬과 격려가 중심이 되는 긍정적 훈육방법을 적극적으로 활용하여 자녀가 바람직한 행동습관을 스스로 형성하도록 지도할 수 있어야 한다.

특히 유아기의 바람직한 습관형성은 이후의 발달에 큰 영향을 미치므로 올바른 습관형성에 도움을 줄 수 있는 긍정적이고 적절한 훈육을 실시하도록 한다.

(3) 자아개념의 발달 촉진해 주기

자아개념은 유아가 성장하면서 주변 환경과의 경험을 통하여 습득한 자기 자신에 대한 개념으로 의미 있는 사람들과의 상호작용을 통하여 발달하게 된다. 유아기 자아개념은 자신이 다른 사람과 분리된 실체라는 사실을 깨닫기는 하지만 아직은 매우 피상적인 단계이다. 부모는 유아가 긍정적인 자아개념을 형성하도록 자녀의 의견을 수용하고 존중함으로써 긍정적인 경험을 풍부하게 제공해 주도록 한다.

(4) 주도성 발달 돕기

Erikson의 발달이론에 의하면 유아기는 주도성 대 죄책감의 발달단계에 해당한다. 이 시기의 유아는 이동능력의 발달로 자신의 환경을 능동적으로 탐색하며 주위의 도움 없이 많은 것들을 스스로 시도해 보고자 한다. 이때 유아가 새로운 일을 시도하여 성공하게 되면 주도성이 발달되어 새로운 시도를 계속 확대하게 된다. 그러나 이 시기에 유아가 자주 금지를 당하거나 실패를 맛보게 되면 수치심과 자신의 능력에 대한 회의를 갖게 된다. 부모는 유아가 새로운 환경을 주도적으로 탐색해 볼 수 있도록 다양한 경험을 제공해 주며, 유아의 시도에 대해 관심을 보이는 것은 물론, 유아가 잘 해냈을 때에는 적극적으로 칭찬하고 잘 해내지 못했을 때도 격려를 아끼지 않음으로써 유아가 주도성을 형성할 수 있도록 해야 한다.

(5) 풍부한 언어적 상호작용

유아기는 어휘 수가 급격히 증가하고 문법이 발달되는 시기이므로 충분한 언어적 상호작용이 필요하다. 유아의 이야기를 잘 들어주고, 이야기도 많이 들려주고 충분한 대화시간을 갖도록 한다. 부모는 유아에게 좋은 모델이 되도록 바른말을 쓰도록 한다. 부모가 유아에게 일방적인 지시나 명령으로 일관하면 언어표현의 기회를 상실하게 된다. 또한 유아가 자신의 의사를 표현하기도 전에 미리 이를 충족시켜 주는 양육행동은 유아의 언어사용 기회를 제한하고 언어발달을 더디게 한다.

유아기 시기의 특성상 유아는 끊임없이 '왜'라는 질문을 한다. 부모는 인내심을 가지고 반복적인 질문에 성실히 반응하면 자연스럽게 언어적 상호작용이 이루어지고 이를 통해 유아의 언어능력이나 지적 능력의 발달을 도모할 수 있다.

(6) 오감을 자극하는 경험을 제공

유아기에는 뇌의 모든 부분이 골고루 발달되어야 하므로 어느 한쪽으로 편중된 학습은 지양해야 한다. 예를 들어 글자를 읽고 쓰는 것만 강조한다든지 동영상을 많이 시청하게 하는 것과 같이 일방적이고 편중된 학습방법은 바람직하지 않다.

특히 유아들은 실제 사물이나 경험을 통해 배우므로 생활 속에서 즐겁게 놀면서 만지고, 보고, 듣고, 맛보는 직접적인 경험이 발달에 도움이 된다. 즉, 유아기에 지속적으로 오감을 자극하면 뇌 전체가 골고루 발달되고 인지, 언어, 사회, 정서, 신체발달이 균형 있게 이루어진다. 유아에게 체험할 기회를 많이 주고 다양한 재료를 제공해 주면 유아기 동안 습득하여야 할 능력을 발달시킬 수 있다.

(7) 풍부한 신체접촉

피부는 뇌와 같은 외배엽에서 발달하기 때문에 피부세포는 뇌와 밀접히 연결되어 있기에 피부를 '제2의 뇌'라고도 한다. 피부는 뇌와 신경회로로 연결되어 있으므로 피부를 통한 조그만 자극을 주고 뇌발달과 연결되는 것이다. 그러므로 목욕을 할 때나 하곤 난 후에 피부 마사지해 주기, 머리나 등을 자주 쓰다듬어 주기, 꼭 껴안아 주기, 볼에 뽀뽀하기, 업어 주기 등과 같이 사랑이 듬뿍 담긴 피부접촉은 유아의 두뇌발달을 촉진시킬 뿐만 아니라 유아의 정서적 안정에도 도움이 된다.

5 아동기와 부모역할

6세에서 11세까지의 초등학교에 다니는 시기를 아동기라고 한다. 생활의 중심이 가정에서 학교로 옮아 감에 따라 이 시기의 발달에서는 학교생활이 중요한 역할을 한다. 학교생활을 통해 아동은 많은 사회적 관계를 형성하게 되는데, 또래집단의 비중이 특히 커지게 된다. 또한 아동기는 학령 전기와 사춘기에 비해 상대적으로 조용한 시기라는 점에서 잠복기라고도 한다. 표면적으로는 조용하게 보이지만, 아동기의 에너지는 내부적으로 조작능력을 획득하고 급격한 인지발달을 이루기 위해 사용된다(정옥분 · 정순화, 2016).

1) 신체발달

아동기의 신체발달은 그 속도는 다소 완만하지만 신체비율은 거의 성인과 유사해진다. 이와 아울러 대근육과 소근육도 더욱 강하고 정교하게 발달된다.

(1) 신체적 성장

아동기의 신체발달은 영유아기에 비해 그 속도가 완만하다. 신장은 1년에 평균 5.5cm씩 증가하여 11세경에는 145cm 정도로 성장한다. 5세경의 남아와 여아는 신장이나 체중이 비슷하다. 그 이후에는 여아에 비해 남아의 성장이 더 빠르지만, 10~12세경에는 여아가 남아의 성장을 앞지르게 된다. 체중은 1년에 평균 2.7kg씩 증가하여, 11세경에는 38kg 정도로 증가한다. 신장과 마찬가지로 11~13세경에는 여아가 남아보다 체중이 더 많이 나간다. 또한 팔다리의 성장이 몸통의 성장보다 빨라서 학령기 아동의 전형적인 신체 특징인 팔다리가 가늘고 긴 모습을 보이게 된다. 머리 크기는 신장의 1/7~1/8 정도로 거의 성인과 그 비율이 비슷하게 된다.

2) 운동발달

대근육과 소근육의 기본적 운동기능은 7세경이면 거의 발달하며, 이후에는 기존의 운동능력이 더 빠르고 정교하게 발달한다. 기본적 운동능력인 던지기, 뛰어오르기, 달리기 능력이 더욱 발달하며, 이를 결합하여 게임으로 발전시켜 나간다. 협응능력 발달의 가장 좋은 지표인 공놀이도 연령이 증가함에 따라 공을 보다 멀리 던지고, 보다 잘 받을 수 있게 된다.

3) 인지발달

Piaget의 구체적 조작기 단계에 해당하는 아동기는 유아기에 비해 인지능력에서 상당한 발전을 보인다. 좀 더 세련된 방법으로 상징을 사용하고, 논리적으로 생각할 수 있으며, 사물의 한 측면에만 집착하지 않고 여러 측면을 고려하여 결론을 이끌어 낼 수 있다. 동시에 타인의 관점을 이해하게 된다. 유아기의 직관적 사고에서 논리적 사고로, 중심화 현상에서 탈중심화로, 비가역적 사고에서 가역적 사고로 변하게 된다. 그러나 아동기의 사고는 구체적인 것, 자신이 직접적으로 경험한 세계에 한정되며, 추상적이고 가설적인 개념을 이해하는 데는 한계가 있다. 아동기의 인지발달적 주요 특성으로는 다음과 같다.

(1) 보존개념

아동은 구체적 조작기에 들어서면서 문제해결 과정에서 직관보다는 논리적 조작이나 규칙을 적용하기 시작한다. 이러한 사고의 변화를 보여 주는 대표적 개념이 보존개념이다. 보존개념은 물체의 외형상 변화에도 불구하고 이로부터 빼거나 더하지 않으면, 그 물체의 특정한 양은 그대로 보존된다고 판단할 수 있는 능력이다.

(2) 조망수용

아동기에는 사고의 자기중심성에서 벗어나 타인의 입장, 감정, 인지 등을 추론하고 이해할 수 있는 조망수용 능력을 습득하게 된다. 세 개의 산 모양의 삼각형을 배열한 뒤 작은 인형을 산 모형 주위의 특정 위치에 놓아두었을 때 이들은 인형이 보는 산 모양, 즉 타인의 위치에서 보는 공간적 시각을 이제는 추론할 수 있다.

(3) 유목화

아동기에는 물체를 공통의 속성에 따라 분류하고 한 대상이 하나의 유목에 속하는 것으로 분류할 수 있다. 물체를 한 가지 속성에 따라 분류하는 단순 유목화(simple classification)의 개념이나 상위유목과 하위유목 간의 관계를 이해하는 유목포함(class inclusion)의 개념을 습득한다.

(4) 서열화

구체적 조작기의 또 다른 특성으로는 사물을 영역별로 차례대로 배열할 수 있는 능력을 획득하는 것이다. 유아기에는 길이가 다른 여러 개의 막대기를 놓고 이를 상호관계에 따라 순서대로 나열해 보라고 지시하면 유아는 많은 오류를 보이지만, 아동기에는 특정한 속성에 따라 유목으로 나누면서 동시에 거의 시행착오 없이 상관관계에 따라 막대를 순서대로 배열하는 것이 가능하다. 아동은 한 가지 속성에 따라 대상을 비교하면서 순서대로 배열하는 단순 서열화(simple seriation)뿐만 아니라, 두 가지 이상의 속성에 따라 대상을 비교해서 순서대로 배열하는 다중 서열화(multiple seriation)도 가능하다.

4) 언어발달

유아기에 상당히 많은 언어능력을 획득하였지만, 언어적 유능성을 판가름하는 중요한 발달은 보통 아동기에 이루어진다.

(1) 어휘의 문법의 확장

학령기 아동들은 유아기 때 보이던 문장의 오류를 수정하게 되고, 문법적으로 보다 복잡하고 긴 구문을 사용할 수 있게 된다.

(2) 의사소통 기술의 발달

아동기에는 보다 수용어휘와 표현어휘의 발달로 인한 의사소통 기술이 발달하게 된다.

(3) 읽기와 쓰기 능력의 발달

아동기에는 읽기능력이 발달하며 쓰기능력은 읽기능력이 어느 정도 발달된 후에 나타난다. 아동들은 처음 글쓰기를 할 때 글씨를 틀리게 쓰는 경우가 많다. 예를 들어 글자나 숫자를 거꾸로 쓰거나 종종 소리나는 대로 글을 쓴다. 하지만 초등학교 시기에 이러한 방향은 사라지고, 글씨를 바르게 쓸 수 있게 될 뿐 아니라 나아가 자신들의 생각을 글로써 표현하는 능력이 점차 발달하게 된다.

5) 사회·정서 발달

학령기 아동은 자신의 에너지를 내면화하여 사회문화적 기술을 익히는 데 사용하게 되며 자신에 대한 개념도 형성하게 된다. 또한 아동의 활동반경이 가정을 벗어나게 됨에 따라 부모나 형제뿐만 아니라 또래집단이나 주위 환경이 사회·정서 발달에 영향을 미치게 된다.

(1) 도덕성 발달

도덕성이란 개인이 다른 사람과의 관계에서 지켜야 할 사회집단의 규칙을 인식할 수 있는 능력이다. 도덕성의 발달은 자신이 속한 사회의 문화규범에 따라 행동하도록 배우고 이를 자신의 것으로 받아들이는 과정을 통해 이루어진다.

정신분석이론에서는 도덕성의 발달은 부모에 대한 동일시를 통해 이루어진다고 보았다.

반면 사회학습이론에서는 부모의 행동에 대한 모방과 자신의 행동에 대한 강화를 통해서 도덕적 가치를 배우게 된다고 보았다. 한편으로 인지발달이론에서는 도덕성은 인지발달과 병행해서 발달한다고 보았다. 즉, 자기중심적 사고에서 벗어나 타인의 관점을 이해하는 어느 정도의 인지적 성장이 이루어지기 전에는 도덕적 판단은 불가능하며, 특정한 인지능력을 기초로 하여 각 개인은 옳고 그름에 대한 자기 나름대로의 규칙을 형성할 수 있다고 본다.

(2) 또래관계

초등학교에 입학하면 아동은 가정 밖에서 보내는 시간이 많아진다. 출생 초기의 사회성 발달은 부모와의 애착형성에 기초한 것이지만, 성장함에 따라 점차 접촉대상이 확대되어 학교나 또래집단의 비중이 커지게 된다.

(3) 학교생활

학교는 가정과 더불어 가장 중요한 사회화기관이다. 우리는 흔히 학교를 공부하는 곳으로만 생각하기 쉽지만, 학교는 아동들에게 매우 중요한 사회적 활동의 장(場)이기도 하다. 오늘날 학교의 영향은 전 세대에 비해 더 크다. 즉, 현대사회에 접어들면서 가정의 교육적 기능이 약화됨에 따라 학교는 아동의 사회화 과정에서 중요한 역할을 하게 되었다(정옥분·정순화, 2016).

6) 아동기의 부모역할

아동기는 학령기의 시작으로서 이 시기 아동은 생활의 큰 변화를 경험하면서 새로운 환경과 과제에 적응해 나가게 된다. 특히 학교생활을 통해 사회생활 능력을 기르고 새로운 규칙과 규범을 배우며 신체기능 학습과 기본 인지학습 등 다양한 과제를 수행하는 능력을 키우는 과정에서 자아개념이 본격적으로 발달하는 중요한 시기이다. 바람직한 아동기 발달을 위해 요구되는 부모의 역할로는 다음과 같다(정옥분·정순화, 2016: 276-280; 최혜순, 2014: 117; 이숙 외, 2004: 78-80, 박용석, 2021에서 재인용).

(1) 긍정적이고 민주적인 훈육자로서의 역할

부모는 아동이 초등학교에 입학하면서 이전과는 다른 취침과 기상, 학업 관련 준비물 챙기기, 숙제하기, 공부하기 등 새로운 생활습관에 적응하고 건전한 가치관을 형성하도록 훈육을 해야 한다. 이 시기 아동은 부모에 대해 무조건 순종하며 신뢰했던 유아기의 태도에서 벗어나 객관적이고 비판적인 관점을 취하기 시작하고, 부모의 훈계나 권고에 반발하고 반항하는 태도를 나타내기 시작하여 사실상 부모와 갈등이 새롭게 시작되는 시기라고 할 수 있다.

특히 아동의 자질이 학교와 조화를 이루지 못하면 학교생활은 아동에게 큰 어려움으로 다가오게 된다.

학령기 아동의 주된 적응은 학교와 관련된 것이므로 학교생활에 잘 적응할 수 있도록 학업수행, 학교생활, 교사 및 또래와의 관계에 대해 부모의 관심과 적절한 지도 및 통제가 필요하다. 이때 부모는 아동의 자존심을 무시하거나 권위주의적인 방법으로 훈육하기보다는 긍정적이고 민주적인 훈육방법을 사용하여 자녀와의 갈등은 최소화하면서 문제를 해결할 수 있어야 한다. 아울러 성취에 대한 인정과 격려를 통해 성취감을 느끼도록 해 준다.

(2) 근면성 발달 조력

Erikson의 발달단계에 따르면 아동기는 근면성 대 열등감의 시기이다. 근면성을 통해 성취의 경험이 쌓이지 않으면 열등감에 빠지게 된다. 학령기의 아동은 학교생활에 적응하면서 여러 가지 필요한 기술과 지식을 배우기 시작한다. 열심히 배움을 쌓아 가정이나 학교에서 주어지는 과제를 성공적으로 끝마치고 주위로부터 인정을 받게 되면, 매사에 더 열심히 잘하려는 근면성을 발달시키게 된다. 그러나 주어진 과제를 잘 끝내지 못하고 실패를 거듭하게 되면 열등감을 형성하게 되고 부정적인 자아개념을 발달시키게 된다.

아동이 열등감 대신 근면성을 발달시키도록 하기 위해서 부모는 아동에게 지나친 기대를 하지 않고, 아동의 수준에 맞는 적절한 과제를 부여하여 다양한 과제에서 성공하는 경험을 축적하도록 한다.

부모가 애정적·수용적이고, 자녀의 성취에 대해 칭찬을 해 주며, 적절한 통제를 하고, 자녀의 독립심과 자율감을 격려해 주는 바람직한 양육유형인 권위 있는 양육행동은 아동의 학업성취에도 긍정적인 영향을 준다(Baumrind, 1973).

(3) 긍정적인 자아개념 형성 조력

부모나 교사, 또래 등과 같이 아동기 발달에 중요한 사람들이 아동을 존중하고 인정해 주면 아동은 자신에 대해 긍정적인 자아개념을 형성하게 된다. 자아개념은 타인과의 관계에서 타인이 자신을 어떻게 생각하고 대하는가에 따라 영향을 받으므로 부모는 아동의 장점을 발견하도록 노력하고, 이를 인정해 주고 칭찬해 주어야 한다. 또한 성공경험을 많이 하도록 환경을 조성해 주어야 한다.

아동은 학교에 입학하면서 새로운 생활에 적응하고, 또래관계를 형성할 때 많은 스트레스를 받게 된다. 이때부터 부모는 신체적인 양육 외에도 심리적인 측면의 양육에 더 신경을 써야 한다. 규칙과 책임이 따르는 학교생활에 적응하고 또래로부터 긍정적인 평가를 받도록 노력해야 하는 아동을 적극적으로 격려하고 지원함으로써 자신감을 갖도록 해야 한다. 특히 실수나 실패를 경험하는 경우들에 대해 부모의 격려와 지지는 아동의 자존감을 유지하는 데 필수적이다. 무관심, 또는 지나친 기대와 과도한 요구와 같은 부정적인 양육행동을 하지 않도록 주의하도록 한다.

(4) 다양한 학습경험 제공을 통해 다면적 발달 돕기

아동은 학교에 입학하면서 새로운 학습경험을 많이 함으로써 활동영역을 점차 넓혀 나간다. 부모는 학교 이외의 상황에서 종교활동, 봉사활동, 문화활동, 책 읽기, 캠프, 운동이나 예능활동 등과 같은 다양한 학습경험을 제공해 줌으로써 아동의 다면적인 발달을 돕도록 한다.

(5) 올바른 생활습관의 모델

자녀의 일상생활 습관은 생활 속에서 부모의 생활습관을 보면서 자연스럽게 형성된다. 부모는 자녀의 생활습관에 도움을 주는 부모 양육기술을 영아기 때부터 꾸준히 일관적으로 적용하여 올바른 일상생활 습관을 형성하도록 해야 한다. 아동의 올바른 생활습관 형성을 위해 부모가 먼저 생활의 모범이 되어 책 읽기, 건강한 식습관, 규칙적인 생활하기 등의 생활습관을 부모가 먼저 실천함으로써 자녀의 행동을 바람직한 방향으로 변화시키기 위한 모델이 되도록 한다.

새로운 시대의 부/모/교/육

CHAPTER

05

부모교육 프로그램의 실제

이 장에서는 부모교육에 있어서 실제적인 도움을 줄 수 있는 여러 학자들의 대표적인 부모교육 프로그램에 대해 소개해 보고자 한다. Dreikurs의 '민주적 부모교육 프로그램', Ginott '인본주의 부모교육 프로그램', Gordon의 '부모 효율성 훈련'(Parent Effectiveness Training: P.E.T.), Berne의 '상호교류분석 부모교육 프로그램' Watson과 Skinner 등의 행동주의이론에 기초한 행동주의 부모교육 프로그램, Dinkmeyer와 Mckay의 '효율적인 부모역할 수행을 위한 체계적 훈련'(Systematic Training for Effective Parenting: STEP)에 대해 알아보도록 하겠다.

1 민주적 부모교육 프로그램

민주적 부모교육 프로그램은 Adler의 개인심리학 이론을 부모교육에 적용한 이론이다. 이 프로그램은 부모-자녀관계에서 민주적인 방식 사용의 중요성을 강조하고 있다.

1) Adler 개인심리학의 주요 개념

Adler의 개인심리학에서 개인은 사회적 요인에 의해 동기화되고, 자신의 사고, 느낌, 행동에 책임을 지며 삶의 창조자이고 과거보다 미래를 전망하는 목표와 목적을 지닌 존재이다. Adler의 개인심리학의 주요 개념은 다음과 같다(홍길회 외, 2016).

(1) 사회적 관심

인간은 태어날 때부터 사회적인 존재이며, 인간의 행동은 사회적 욕구에 의해 이루어진다. 인간은 사회와 결속이 되어 있을 때 안정감을 갖게 되는 존재로서,

자신이 가치 있다고 생각하는 집단에서 소속감을 느끼지 못할 때 불안이 야기되고 문제행동이 나온다.

(2) 열등감과 보상

인간은 누구나 열등한 존재로 태어나기 때문에 열등감을 가지게 되는데, 이는 인생 전반에 걸쳐 많은 영향을 미친다. Adler는 열등감은 인간을 우월의 상황으로 나아가게 해 주며, 인간의 잠재능력을 발달시키는 촉진제와 같은 역할을 하기 때문에 열등감을 갖는 것이 필요하다고 하였다.

(3) 가상적 목적

인간은 많은 허구적인 생각을 가지고 살고 있으며, 이와 같은 가상적 개념은 인간의 행동에 강한 영향력을 미친다. Adler에 의하면 개인의 가상적 목표는 행동의 기초가 되며, 특정한 방향으로 노력하도록 유도하기 때문에, 행동의 목적을 알게 되면 인간을 이해할 수 있게 된다.

(4) 우월성 추구

인간은 자신의 약점으로 인해 생기는 긴장과 불안정감 그리고 남들보다 열등하다는 사실에 대해 힘들어 하며, 열등의 감정을 극복 또는 보상하여 우월해지기 위해 자신이 갖고 있는 열등감을 보상하려는 방향으로 행동을 하게 되는데, 이러한 보상의 목적을 '우월성 추구'라고 한다. 우월성 추구는 개인의 사회적 관심과 관련이 있는데, 개인의 사회적 관심이 높으면 우월성 추구가 사회적으로 유용한 측면으로 나타나고, 사회적 관심이 낮으면 우월성 추구의 방향이 반사회적인 측면으로 나타난다. 어린 시절에 열등감으로 억압받지 않고 자신의 성공의 가능성을 찾고 권력을 획득하려고 하는 것은, 성숙과 발전을 위한 노력으로 실현될 수 있다. 반면 부적절한 환경이나 잘못된 교육상황은 아동의 열등감을 심화시켜, 아동으로 하여금 열등감을 극복할 수 없다고 믿게 하고 삐뚤어진 방향의 보상을 시도하게 된다(김춘경, 2006).

(5) 생활양식(style of life)

생활양식이란 생각하고 느끼고 행동하는 개인의 독특한 방식으로 어떤 유형의 생활양식을 가지고 있느냐에 따라 우정, 사랑, 일에서 사람들과 맺는 대인관계 방식이 다르게 나타나게 된다(지옥정 외, 2021). 생활양식은 어린 시절의 경험, 출생순위, 부모의 양육태도, 개인의 조건 그리고 열등감을 극복하기 위해 우월성을 추구하는 방법 등에 기반을 두고, 나름대로 인생에 대처하는 방법을 터득해 나가는 과정에서 형성되는 것이다. 생활양식은 4~6세경까지 형성되는 것으로 출생 시 유아는 무력한 상황에서 양육자에게서 지각되는 주관적인 결핍감을 보상하기 위해 허구적인 목표를 갖게 되며, 이를 실현하고자 노력한다.

모든 사람들은 자신만의 고유한 생활양식을 갖게 되는데, Adler는 생활양식 유형으로 4가지–지배형, 획득형, 회피형, 사회적으로 유용한 형–를 설명하고 있다. 지배형은 타인을 배려하지 않는 공격적인 유형이고, 획득형은 타인으로부터 모든 것을 얻기 바라며 자신의 문제를 남에게 의존하려는 유형이며, 회피형은 실패의 두려움에서 벗어나고자 삶의 문제를 회피하려는 유형이다. 그리고 사회적으로 유용한 형은 삶의 과제에 대하여 적극적으로 대처하려는 유형이다(김춘경, 2006).

(6) 창조적 자아

인간은 근본적으로 창조적이어서, 자신의 성격을 스스로 만드는 창조적인 자아를 가지고 있으며, 이는 삶의 의미를 부여하고 목적을 만들어 내는 역할을 한다. Adler의 이론에서 자아는 타고난 것과 환경의 단순한 산물 그 이상을 의미한다. 인간은 자신의 미래를 주도하고 창조할 수 있는 존재이기 때문에 경험자체가 중요한 것이 아니라, 경험에 대한 개인의 태도가 중요하다. 창조적 자아에서의 자아는 개별화되고 주관적이며, 스스로 자신의 성격을 창조할 수 있는 존재라고 믿는다(김미란, 2005).

2) Dreikurs의 부모-자녀관계에 대한 견해

Dreikurs는 부모들이 민주적 양육태도를 갖기 위해서는 먼저 유아를 이해하고 격려해야 하며 유아 스스로 행동할 수 있도록 동기를 유발시켜 주는 양육기술을 가르쳐야 한다고 보았다. 따라서 부모는 자녀를 하나의 인격체로 보고 서로 상호작용해야 한다.

(1) 양육원리

Dreikurs는 부모와 자녀의 상호작용을 이끌어 갈 양육원리를 다음과 같이 제시하고 있다.

첫째, 인간의 행동은 우연히 일어나는 것이 아니라, 목적과 원인이 있다.

둘째, 인간의 행동은 사회적 관계와 배경에서 이해할 필요가 있다.

셋째, 인간행동의 목적은 행동을 설명하는 단서가 된다.

넷째, 자녀의 행동을 이해하기 위해서는 자녀가 경험한 일에 대해 스스로 설명하게 하고 경청할 필요가 있다.

다섯째, 인간의 기본욕구 중의 하나는 사회집단에 속하고자 하는 것이다.

여섯째, 인간은 자신의 행동을 결정하되 비록 잘못된 가정에 의해 행동이 결정되었더라도 그 결정에 따라 생의 계획을 세운다(김영옥, 2016).

(2) 잘못된 행동목표

Dreikurs는 자녀들이 목표를 가지고 행동하기 때문에 부모가 자녀의 행동목표를 이해하는 것이 중요하다고 하였다. 자녀들이 가정에서 소속감을 얻기 위해 잘못된 행동목표를 가질 수 있으므로 부모는 자녀의 행동을 관찰하여 자녀의 목표가 무엇인지 파악하고 이를 고칠 수 있도록 도와주어야 한다. Dreikurs는 자녀의 잘못된 행동목표를 네 가지로 설명하고 있다(홍길회 외, 2016).

① 관심 끌기

자녀가 가정에서 인정을 받지 못하고 의미 있는 공헌을 하지 못한다고 판단을 하여 심리적으로 소속감을 느끼지 못하는 경우, 자녀는 안전한 위치를 차지하기 위하여 가족으로부터 주의집중이나 서비스를 받아야 한다고 생각한다. 이러한 잘못된 해석으로 아이는 끊임없이 주의집중을 받거나 서비스를 받으려고 애를 쓴다. 즉 관심을 끌기 위해서 남의 기분을 상하게 한다든가 남이 자신을 위해 바쁘게 행동하도록 만들기도 한다. 때로는 관심을 끌기 위해 파괴적인 행동을 한다. 이때 부모가 벌을 주거나 달래기 위해 보상을 주는 등 관심을 보여 주면, 일시적으로는 잘못된 행동을 중단하지만 다시 관심을 끌기 위해 그와 같은 행동을 반복하거나 다른 행동을 한다.

따라서 자녀가 잘못된 행동을 해서라도 부모의 관심을 끌려고 할 경우에는, 무관심한 태도를 보여 주고 대신 적절한 행동에 주목해야 한다. 그러면 차츰 부적절한 행동이 줄어든다. 적절한 행동을 하여 그로 인해 주목을 받았는데, 굳이 부적절한 행동을 하면서까지 주목받을 필요가 없기 때문이다.

② 힘 행사하기 또는 반항하기

자녀가 관심 끌기에 실패한 경우 다른 행동목표를 설정하게 되는데, 이는 자기의 힘을 최대로 활용해서 자기가 하고 싶은 대로 해 버리거나 반항하는 것이다. 자녀는 이렇게 해야만 가정에서 자신의 위치를 유지할 수 있다고 잘못 판단한다. 그래서 부모가 무엇을 하라고 하면 하지 않고, 자기 고집을 피우며 저항을 한다. 모든 것을 내 마음대로 할 수 있고, 아무도 나를 막지 못한다고 생각한다. 이런 경우 부모는 자신의 권위가 손상된 것 같아서 화를 내거나 힘으로 자녀를 제압하려는 경향이 있다. 이렇게 되면 부모 역시 자녀에게 힘 행사하기를 하게 되어, 부모와 자녀가 힘겨루기를 하게 된다. 부모가 자녀보다 더 큰 힘 행사하기를 하면 자녀는 잘못된 행동을 일시적으로 중단했다가, 조금 지나면 또 다시 심한 행동을 하게 되어 부모와의 갈등이 심화된다. 이런 상황에서 부모는 힘겨루기를 해서 주도권을 잡으려고 해서는 안 되며, 자녀와의 갈등에서 한 걸음 물러서야 한다.

③ 복수 또는 보복하기

관심 끌기와 힘 행사하기로 목표가 달성되지 않을 경우, 자녀에게 나타나는 행동목표는 복수 또는 보복하기이다. 이는 부모에게 심리적 상처를 주기 위한 것으로, 자신이 받은 심리적 상처만큼 다른 사람에게 상처를 입혀야만, 자신이 집단에 속하게 되고 중요한 인물로 인정받을 수 있다고 잘못 판단하기 때문이다. 자녀는 적개심, 증오심 등의 나쁜 감정을 가지고 상대방에게 상처를 주려고 하기 때문에, 미움을 받게 되고 이는 결과적으로 자녀의 인성에 상당히 나쁜 영향을 미치게 된다(김명희, 2009). 부모는 절대로 자녀에게 심리적인 상처를 주는 행동으로 앙갚음해서는 안 되고, 부모로부터 여전히 사랑받고 있음을 자녀에게 확인시켜 주어야 한다.

④ 부적절성 또는 무능함 보이기

위의 세 가지 행동목표가 모두 효과가 없을 경우, 자녀는 무능함을 보인다. 어떤 것이든 쉽게 포기하고 수동적으로 반응하거나 퇴행함으로써 자신의 위치를 확보한다. 부모는 자녀를 포기하거나 비난하지 말고, 작은 일에도 격려를 해 주어야 한다.

(3) 방법 및 전략

Dreikurs의 문제해결 접근방식은 대표적으로 부모의 훈육방법으로 자연적 귀결과 논리적 귀결을 제안하였다. 이 방법은 자녀가 자신이 한 행동의 결과를 통해 할 수 있는 행동과 해서는 안 되는 행동에 대해 배우는 것이다.

① 자연적 귀결

자연적 귀결은 자연적인 상황에서 유아 자신이 한 행동의 결과에 따라 자신이 보상받거나, 벌을 받는다는 것을 느끼게 하는 방법이다. 부모는 자녀가 일상생활에서 자신이 한 행동의 결과를 자연적으로 깨닫게 되도록 자연적 귀결에 개입하지 않는 것이 중요하다. 예를 들어 자녀가 늦게 일어나서 학교에 지각을 하게 되었다면, 지각을 해서 벌점을 받거나 선생님으로부터 꾸중을 듣는 식의 부정적인 경험을 하도록 놓아두어야 한다. 자녀가 내일 학교에 가지고 갈 준비물을 빠뜨리고 챙겨가지 못했다면, 준비물 없이 수업을 받도록 해야 한다. 그래야만 자녀는 앞으로 지각하지 않으려고 조심할 것이며, 준비물을 빠뜨리지 않도록 미리 챙기게 될 수 있다. 그런데 자녀가 자연적 귀결을 경험하는 것을 부모가 방해하는 경우가 종종 있다. 예를 들어 자녀가 늦게 일어나서 학교에 지각하게 되었는데, 부모가 자기 차로 자녀를 학교에 데려다 주는 것이다. 자녀는 늦게 일어난 부정적인 결과를 경험하게 되는 것이 아니라, 오히려 지각을 하지도 않고 편하게 학교에 오게 된 것이다. 이런 경우 자녀의 늦게 일어나는 습관은 변하기 어렵다.

② 논리적 귀결

논리적 귀결은 상황에 따른 결과가 유아 자신의 행동으로만 존재하는 것이 아니라 다른 성인들과 부모에 의해 행동결과가 정해지는 방법으로, 행동의 결과에 대해서 부모와 성인들이 자녀와 합의하여 논리적으로 정하는 방법으로 상호 권리 인정, 사회질서 존중 등이 강조된다. 예를 들어 매주 특정한 요일에 세탁 바구니에 넣지 않은 세탁물은, 세탁을 해 주지 않기로 부모와 자녀가 합의 하에 규칙을 정했다면 그대로 시행하는 것이다. 숙제를 한 후 만화영화를 보는 것으로 규칙을 정했다면, 숙제를 하지 않았을 경우 만화영화를 보는 것을 제한하는 것이다. 자녀가 만화영화를 보기로 선택했다면, 숙제를 먼저 하면 된다. 자녀는 특정한 상황에서 자유로운 선택을 할 권리가 있으며, 동시에 그에 따른 결과를 받아들여야 한다. 부모도 자녀에게 선택할 권리를 부여하고 자녀의 결정을 수용하는 일이 중요하다. 논리적 귀결은 벌과는 다른 개념으로 그 차이가 〈표 5-1〉에 제시되어 있다.

〈표 5-1〉 논리적 귀결과 벌의 차이

논리적 귀결	벌
• 자녀의 잘못된 행동과 결과가 논리적으로 관계가 있다. 예를 들면 자녀가 벽에 낙서를 했다면 자녀가 그것을 깨끗이 지워야 한다.	• 자녀의 잘못된 행동과 결과가 서로 무관한 경우가 많다. 예를 들어 자녀가 벽에 낙서를 했기 때문에, 벌로 손을 들고 서 있는 것이다.
• 사회질서를 알게 된다. 자신의 행동에 대한 결과를 책임지는 것이다.	• 강한 자가 약한 자에게 힘을 과시하는 것으로 안다.
• 과거보다는 현재와 미래의 행동에 중점을 둔다. 잘못된 과거에 초점을 두기보다는 자녀가 앞으로 다른 결과를 경험하기 위해서는 다른 행동을 할 수 있음을 알게 한다.	• 과거 행동에 초점을 둔다. 과거에 잘못했으므로 지금 벌을 받는다는 것이다.
• 자유로운 선택을 허용한다. 부모는 자녀의 선택을 수용하고 자녀는 자신이 선택한 결과에 대해 책임을 져야 한다.	• 복종을 요구한다. 벌을 받지 않으려면 부모가 시키는 대로 해야 한다.
• 도덕적 판단을 배제한다. 자녀의 행동에 대해 비난하지 않는다. 자녀의 선택이거나 실수라고 생각한다.	• 도덕적인 판단을 한다. 자녀가 나쁘기 때문에 그런 행동을 했다고 생각한다.

출처: 홍길회 외(2016).

자연적 귀결과 논리적인 귀결을 사용하면, 부모와의 불필요한 힘겨루기와 갈등을 막을 수 있다. 자연적과 논리적 귀결을 사용하는 것은 자녀에게 단순한 복종을 강요하는 것이 아니라, 책임 있는 결정을 하도록 격려하는 것이다. 자녀 스스로 자기 훈련을 통해 책임감을 기르도록 하기 위해 중요한 것은 부모의 일관성 있는 태도와 행동이다(홍길회 외, 2016).

3) 민주적 부모교육 프로그램 운영과 효과

민주적 부모교육 프로그램은 부모연구집단 활동과 교육센터 활동으로 나누어 실시되고 있다. 부모연구집단 활동은 Dreikurs의 부모교육 이론과 원리를 습득하기 위한 집단활동을 하고 부모들로 하여금 교육받은 원리를 자녀양육에 적용하도록 부모들을 격려하고 촉진시키는 활동으로 이루어진다. 교육센터 활동은 부모와 자녀 그리고 교사를 대상으로 하여 유아에 대한 상담을 실시하며 관련자들을 대상으로 하는 교육을 워크숍이나 세미나를 통해 실시한다.

Dreikurs의 민주적 부모교육 프로그램에 참여한 부모들은 결과적으로 자녀들을 더욱 긍정적으로 수용하였고 민주적인 양육태도를 보였으며, 프로그램에 참여한 부모의 자녀도 긍정적인 자아개념을 가지게 된 것으로 나타났다(이강숙, 1985; Hinkle, Arnold, Croade, & Keller, 1980; Summelin & Ward, 1978).

2 인본주의 부모교육 프로그램

인본주의 부모교육 프로그램은 Ginott에 의해 창안된 이론으로, Rogers의 인본주의심리학에 기초하고 있다. 이 프로그램은 Rogers의 관점을 아동의 놀이치료에 도입하여 아동중심 놀이치료로 발전시킨 Axline의 영향을 받은 모델이다. Ginott는 부모-자녀 간의 문제는 부모 자신의 성격요인보다는 자녀양육에 대한 경험이나 지식, 기술의 부족에서 기인한다고 보았으며 이로 인해 부모교육이 필요하다고 보았다. Ginott의 주요 저서로 『부모와 자녀사이(*Between Parent And Child*)』(1965), 『교사와 아동사이(*Between Teacher and Child*)』(1972), 『부모와 십대 사이(*Between Parent And Teenager*)』(1969)가 있다.

1) 부모교육의 목적

첫째, 자녀를 있는 그대로 받아들이는 것이다. 있는 그대로의 수용은 자녀의 감정이나 생각을 포함하여 자녀의 존재에 대한 무조건적인 수용을 의미하는 것이지, 자녀의 행동에 대해서 무조건적으로 수용하는 것은 아니다. 따라서 부모는 자녀에게 적절한 반응을 할 수 있는 상담자로서의 기술을 익혀야 한다.

둘째, 부모가 유아들을 대할 때에는 아동의 입장에서 사고하도록 하며 객관적인 태도로 문제를 해결하고자 하는 태도를 지녀야 한다. 즉 인본주의 부모교육의 목적은 자녀에게 효과적으로 반응하는 기술을 갖도록 하는 것이다.

2) 부모교육의 원리

Ginott의 인본주의 부모교육 원리는 두 가지로 나누어 설명할 수 있다(Ginott, 2003).

(1) 부모-자녀 간 의사소통의 기본원리

- 자녀와 대화를 할 때에는 상호존중을 바탕으로 의사소통을 할 수 있는 기술이 필요하다.
- 자녀의 문제상황에 관하여 의사소통을 할 때에는, 자녀의 행동 자체에 집중하기보다는 그 행동에 관한 자녀의 감정에 주목하여 반응해야 한다.
- 자녀가 자신의 긍정적인 감정은 물론 부정적인 감정이나 심리적인 상처를 표현할 수 있도록 자녀의 행동을 비난하기 전에, 자녀의 감정을 수용해 주어야 한다.
- 자녀가 부적응행동을 했을 경우에는 자녀의 인성이나 성격을 공격하거나 비난하지 말고 그 행동에 대해서만 말해야 한다.
- 대화에서 중요한 것은 자녀에 대한 이해와 감정이입이다. 자녀를 가장 잘 도울 수 있는 방법은, 자녀가 느끼고 있는 감정뿐만 아니라 그 감정이 뜻하는 내용까지도 이해한다는 것을 보여 주는 것이다.
- 부모는 자녀의 감정을 비추어 주는 거울이 되어, 아이 스스로 자신의 감정을 이해하도록 도와주어야 한다.

(2) 유아 행동지도 원리

- 부모가 관심 있게 자녀의 말을 들어주고 자녀의 생각을 이해하려고 노력하며, 신랄한 표현을 자제하고 창피주지 않으면서, 자녀의 감정이나 요구를 반영해 주면 자녀 스스로 변화하기 시작한다.
- 문제가 일어났을 때, 자녀의 인성을 비난하지 않고 부모의 감정과 생각을 전달할 수 있으면 자녀와의 갈등에서 훨씬 좋은 결과를 얻을 수 있다.
- 자녀의 실수에 대해서 훈계나 설교는 오히려 자녀로 하여금 반항하거나 무력함을 느끼게 할 수 있으므로 자녀의 말을 들어주고 감정을 이해하려는 노력이 필요하다.
- 자녀에 대해서 바보, 멍청이, 게으름뱅이 등의 표현을 하는 것은 자녀가 자신에 대해 부정적인 이미지를 형성하도록 할 수 있기 때문에, 아무리 화가 나도 자녀에게 심리적인 상처를 주는 말을 하지 않아야 한다.
- 부모가 자녀 앞에서 지나친 분노를 표출하는 것은 바람직하지 않지만, 적절한 분노를 표시하는 것은 자신의 행동으로 인한 부모의 감정을 이해하도록 도울 뿐만 아니라, 자녀에게도 분노표현 방법에 대한 모델이 될 수 있다. 부모도 분노를 표현할 권리가 있다. 단 자녀의 인격이나 성격을 비판하지 않고 분노의 감정만 표현하는 것이다.
- 자녀의 행동의 한계를 정해 줄 필요가 있다. 정서는 무조건적으로 수용해 주어야 하지만 실제 행동에 있어서는 한계를 분명히 하는 것이 자녀에게도 기준이 되고 안정감을 제공한다.
- 자녀에게 책임감을 길러 주는 것이 중요하다. 어려서부터 작은 일을 자녀에게 맡기고 완수할 수 있도록 믿어 줄 때, 자녀 스스로 자신의 능력에 대한 자신감과 책임감을 느낄 수 있다.
- 칭찬은 유아의 행동에 대한 객관적인 평가에 근거한 것이어야 하며, 자녀의 인격에 대한 칭찬이 아니라 행동에 대한 칭찬이어야 한다. “대단해 역시 최고야.”라는 표현보다는 “네가 도와줘서 일이 일찍 끝났어.”라는 표현이 적절하다.

3) 인본주의 부모교육 방법 및 전략

Ginott의 부모교육 프로그램은 실제적인 문제를 중심으로, 이에 필요한 양육기술을 네 가지 단계를 거쳐서 배운다.

- 1단계: 경험과 불평 늘어놓기 단계

1단계에서 부모들은 자녀와의 관계에서 경험하고 있는 문제와 고민거리를 자유롭게 이야기한다. 부모가 자녀와 지내면서 느꼈던 여러 가지 어려움, 불평, 불만, 절망감, 죄책감 등을 털어 놓을 수 있도록, 지도자는 부모의 이야기와 감정을 적극적으로 이해하고 수용해 주는 태도를 보인다. 지도자의 태도에 따라서, 다른 부모들도 진솔하게 자신의 이야기를 할 수 있기 때문이다. 이런 과정을 통해서, 부모들이 경험하는 자녀의 문제나 어려움이 자신만이 가진 문제가 아님을 깨닫고 안심하면서, 부모들끼리 공감대를 형성하게 되며 객관적으로 자녀의 문제를 보기 시작하고 해결하려는 동기를 갖게 된다.

- 2단계: 감수성 증진단계

감수성 증진단계에서는 부모가 자녀중심으로 문제를 생각해 보고 자녀의 입장에서 문제를 해결할 수 있도록 하는 단계이다. 부모-자녀 간의 갈등상황에서 자녀의 감정을 예민하게 느껴 보는 것이다. 이는 부모가 부모역할을 잘못하는 것은 자녀의 감정을 공감하거나 수용하지 않고, 자녀의 행동에 잘못된 반응을 하기 때문이라는 가정에 근거한다. 부모는 자녀의 행동에 내재해 있는 의미와 자녀의 감정을 공감하는 능력을 향상시키는 데 주력한다. 감수성을 증진시키기 위해 우선 부모-자녀 간에 어려움이 발생했을 때, 자녀가 어떻게 느낄 것인가와 부모 자신이 일상생활을 하면서 심리적 상처를 받거나 좌절을 경험했을 때의 감정에 대해 서로 이야기를 나눈다.

- 3단계: 개념형성 단계

개념형성 단계는 부모로서 자녀문제를 다루는 데 왜 실패하였는지 그 원인을 파악하고, 부모-자녀관계를 개선하기 위한 새로운 지식과 개념을 학습하는 단계이다. 부모는 자신이 자녀와의 관계에서 잘못했다는 것을 인정하고, 자녀의 문제를 다루는 데 실패한 원인을 찾아본다. 이때 지도자는 부모들에게 인간의 양면성을 이해할 수 있도록 도와주며, 누구나 분노와 좌절을 경험하고 표현할 수 있다는 것을 알려 주며, 그러한 감정을 파괴적이지 않고 건설적으로 표현할 수 있도록 도와준다.

- 4단계: 기술 익히기 단계

개념형성 단계에서 배운 이론과 개념을, 각각의 상황에 맞게 적합한 양육기술을 사용하여 문제해결을 해 보는 단계이다. 가정에서 부모가 자녀와의 관계에서 실제로 마주치는 문제상황에 배운 기술을 적용해 보고, 다른 부모들과 그 경험을 나누며 서로 토의하고 더 나은 해결방안을 모색해 보는 과정이다. 부모들은 자기 문제는 해결하지 못하면서도 다른 부모들의 자녀문제에 대해서는 객관적으로 볼 수 있기 때문에, 다른 부모들을 통해 기술을 익힐 수도 있다.

4단계를 거치는 동안 부모들은 자녀와의 의사소통 방법을 변화시키고 적절한 방법으로 자녀의 감정과 행동에 반응하면서 자녀와의 관계가 개선되는 경험을 하게 된다(홍길회 외, 2016).

4) 프로그램 및 평가

Ginott의 부모교육 프로그램은 10~20명 정도의 구성원으로 1주에 1회씩 90분간 계속되는 15주 코스의 부모상담 모임을 통해 이루어진다. Ginott의 인본주의 부모교육 프로그램은 부모 자신의 자세와 부모역할에서 긍정적인 변화를 가져왔으며(Gabel, 1973), 정서장애아의 부적응행동 감소에도 효과가 있는 것으로 보고되었다(Cowen, Orgel, Geston, & Wilson, 1979).

3 부모 효율성 훈련

(Parent Effectiveness Training: P.E.T.)

부모 효율성 훈련은 미국의 임상심리학자인 Gordon이 만든 부모교육 프로그램이다. Gordon은 아동과 부모를 만나면서 임상상담을 하면서 개인이 고통받는 대부분의 문제원인은 성격보다는 대인관계 기술의 부족에서 온다고 보았다. 특히 아동의 경우 상대적으로 많은 영향을 맏는 부모와 교사로부터 문제가 시작되는 경우가 많기 때문에 부모와 교사가 효과적으로 그들의 역할을 수행하기 위해서는 훈련이 필요하다고 보았다.

Gordon은 효율적인 상담자가 되기 위해 받은 전문적 훈련의 모든 것을 부모에게 가르치고자 했다. Gordon이 상담할 때 사용한 대화기술에 대한 반응이 좋았기 때문에, 전문적 상담원과 임상치료학자가 사용하고 있는 대화기술을 부모에게 전해 주고 싶었으며, 상담에서 강력한 효력이 있는 의사소통 기술을 부모에게 가르친다면, 부모도 Gordon이 경험한 효과를 볼 수 있을 것이라고 생각했다(Gordon, 1995a).

Gordon의 P.E.T.를 기반으로 하여 학생들과 교사 간의 인간관계에 적용할 수 있는 교사 효율성 훈련(Teacher Effectiveness Training: T.E.T), 청소년을 내상으로 하는 청소년 효율성 훈련(Youth Effectiveness Training: Y.E.T.), 그리고 관리자 효율성 훈련(Leader Effectiveness Training: L.E.T.) 등이 개발되었나. 이처럼 P.E.T.는 부모와 자녀 관계뿐만 아니라 모든 대인관계에 적용되는 인간관계 훈련이다.

1) 부모 효율성 훈련의 목적

P.E.T.는 부모-자녀관계를 향상시키기 위해, 부모-자녀 사이의 인간관계에 초점을 둔다. 부모가 자신과 자녀를 이해함으로써 자녀를 수용하는 폭을 넓히고, 구체적인 대화기법을 습득함으로써 부모-자녀관계를 향상시키고 상호성장에 도움이 되도록 한다.

2) 부모 효율성 훈련의 내용

P.E.T.의 내용은 다음과 같다(Gordon, 1995a; Gordon, 1995b; Gordon, 1995c, 홍길회 외, 2016에서 재인용).

(1) 네모꼴 수용도식의 이해와 수용성 수준 파악하기

우리는 다른 사람과 관계를 맺을 때, 네모꼴 수용도식을 만들어 다른 사람의 행동을 네모꼴 수용도식의 수용영역이나 비수용영역 안에 집어 넣는다. 수용영역과 비수용영역을 구분하는 수용선은 사람에 따라 다르다. 다시 말하면 자녀의 어떤 행동에 대한 부모의 견해는 부모에 따라 차이가 있다. 동일한 행동에 대해 어떤 부모는 그 행동을 자신의 네모꼴 수용도식의 비수용영역에 넣는가 하면, 다른 부모는 수용영역에 넣기도 한다는 것이다. 자녀의 행동들이 비수용영역에 많이 위치하는 부모는, 수용영역에 많이 있는 부모보다 수용수준이 낮다고 볼 수 있다.

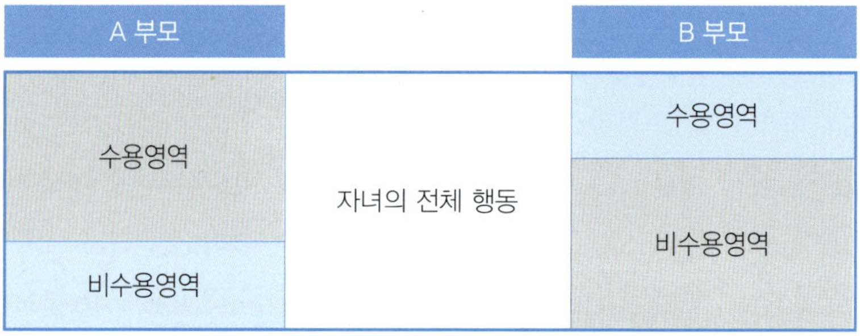

[그림 5-1] 자녀의 행동에 대한 부모의 수용수준

[그림 5-1]에서 보듯이, 자녀행동의 많은 부분이 수용영역에 속해 있는 부모는 수용적인 태도를 지닌 부모이고, 자녀행동의 많은 부분이 비수용영역에 속해 있는 부모는 비수용적인 태도를 지닌 부모라고 볼 수 있다. 수용형 부모는 정서적으로 안정되어 있고 개방적이며 허용수준이 높고, 비수용형 부모는 정서적으로 안정되어 있지 않으며 성격이 까다롭고, 옳고 그른 것에 대한 기준이 명확하고 융통성이 없다고 볼 수 있다(김진영 외, 2009).

한편 같은 부모라도 자녀의 행동에 대한 수용수준이 변할 수 있는데, 이에 영향을 주는 세 가지 요인은 다음과 같다.

첫째, 부모의 현재 기분이나 요구가 자녀의 행동을 수용하는 수준에 영향을 줄 수 있다. 예를 들어 평소에 수용할 수 있었던 자녀의 큰소리를, 부모가 집중해야 할 일이 있을 경우에는 수용할 수 없게 된다.

둘째, 자녀의 행동이 일어나는 시간과 장소에 따라서, 부모의 수용수준이 달라질 수 있다. 예를 들어 자녀가 오후에 자기 방에서 피아노를 친다면, 수용할 수 있으나 저녁에 가족이 TV를 보는 거실에서 피아노를 친다면 수용할 수 없게 된다.

셋째, 자녀의 특성이나 연령에 따라 수용수준이 달라질 수 있다. 예를 들어 중학생인 형이 거리에서 혼자서 자전거를 탄다면 수용할 수 있으나, 4살 된 동생이 거리에서 자전거를 탄다고 하면 수용할 수 없다(Gordon, 1995b).

(2) 문제의 소지자 파악단계

P.E.T.에서 가장 핵심이 되는 것은 부모와 자녀 간에 문제가 발생했을 때, 문제가 누구에게 있는가를 알아 내는 일이다. 즉 누가 문제를 소유하고 있는지를 가려내는 것이다. 문제를 가진 사람이 누구냐에 따라 사용하는 기술이 다르기 때문이다. 부모가 문제의 소유의식 원리를 이해하면 자녀를 대하는 태도가 변하게 된다.

수용영역	자녀의 문제	도움의 기술	자녀의 문제 ↓
문제없는 영역	부모 · 자녀 모두 문제가 없음	관계 증진 기술	문제없는 영역
비수용영역	부모의 문제	직면 기술	↑ 부모의 문제

[그림 5-2] 네모꼴 수용도식의 문제소유에 따른 의사소통 기술

네모꼴 수용도식의 윗부분은 자녀가 문제를 소유했음을 보여 주는 자녀의 행동이다. 자녀는 자신의 욕구가 충족되지 않아서 즐겁지 않거나 좌절되어 있거나 혹은 고통을 받고 있다. 예를 들어 친구들에게 거절당해서 슬프거나, 선생님으로부터 야단을 맞아 화가 난 것이다.

이런 경우 많은 부모들은 자녀에게 문제가 생겼기 때문에 자녀 스스로 해결할 수 있도록 격려해 주기보다는, 부모가 해결해 주어야 할 책임이 있다고 생각한다. 그래서 자녀의 문제를 해결해 주려고 하며, 만일 해결할 수 없을 때는 부모 스스로를 책망하기도 한다. 그러나 P.E.T.에서는 자녀가 스스로 해결책을 찾을 수 있는 '도움의 기술'을 사용하도록 한다.

한편 네모꼴 수용도식 아래 부분은 부모의 권리를 침해하거나 욕구충족을 방해하여, 부모가 수용할 수 없는 자녀의 행동들이다. 예를 들면 부모가 전화를 하는데 자녀가 시끄럽게 떠들어서, 부모로 하여금 문제를 느끼게 하는 행동이다. 이때 부모는 '직면기술'을 사용해야 한다.

네모꼴 수용도식의 중간 부분은 부모와 자녀 어느 쪽에도 문제를 일으키지 않는 자녀의 행동들이다. 부모와 자녀 둘 다 문제가 없는 경우이다. 도움의 기술과 직면기술을 효과적으로 적용하면 문제없는 영역이 커진다.

(3) 반영적 경청

① 의사소통 걸림돌

자녀가 문제를 지녔을 경우, 부모가 보이는 전형적인 의사소통은 명령, 경고, 훈계, 충고, 논리적인 설득, 비판, 칭찬, 욕설, 분석, 동정, 심문, 회피 등의 열두 가지 의사소통 걸림돌이다. 이러한 반응들은 자녀와의 지속적인 의사소통을 방해할 뿐 아니라, 부모-자녀관계, 자녀의 자아상 그리고 자존감 형성에도 부정적인 영향을 미친다. 구체적인 내용이 〈표 5-2〉에 제시되어 있다.

〈표 5-2〉 의사소통 걸림돌이 되는 12가지 장애요인적 언어표현

의사소통 걸림돌 유형	부모의 실제 반응	자녀의 느낌
1. 명령, 강요	"너는 반드시…" " 너는 꼭…" "…해야 할 것이다"	공포감, 반항심
2. 경고, 위협	"만약… 하지 않으면, …하는 게 좋을 걸, 그렇지 않으면…"	분노, 공포감, 복종, 반항
3. 훈계, 설교	"너는 …해야만 한다 … 하는 것이 너의 책임이다."	의무감, 죄책감, 반항
4. 충고, 해결방법 제시	"내가 네게 충고하자면, …하면 어떻겠니?"	의존성, 저항
5. 논리적인 설득, 논쟁	"네가 왜 틀렸냐하면, 문제가 되는 것은…"	방어적인 자세, 열등감, 무력감
6.비판, 비평, 비난	"너는 신중하게 생각하지 않아, 너는 게을러서…"	무력감, 말대꾸
7. 칭찬, 찬성	"잘했어, 네가 맞아"	불안감, 행동조장 받는 느낌
8. 욕설, 조롱	"울보야, 바보야"	자아상 파괴, 말대꾸 유발
9. 분석, 진단	"무엇이 잘못되었냐면…"	위협, 좌절, 불신감
10. 동정, 위로	"걱정하지 마, 앞으로 괜찮아질 거야"	이해 받지 못한다는 느낌
11. 캐묻기와 심문	"왜, 누가, 무엇을, 어떻게…"	혼란스러움, 문제의 핵심을 놓침
12. 화제바꾸기, 빈정거림	"즐거운 이야기하자…"	문제를 회피하도록 함, 자신의 문제를 중요하게 생각하지 않는다는 느낌

출처: 홍길회 외(2016).

② 반영적 경청

반영적 경청은 자녀가 문제를 소유한 경우에, 부모가 자녀에게 사용하는 효과적인 의사소통 방법이다. 열두 가지 의사소통 걸림돌이 되는 표현 대신에 반영적 경청을 사용한다. 이것은 자녀가 말하는 이야기를 비판이나 판단 없이 그대로 수용하고, 자녀의 감정을 그대로 반영해 주거나 확인해 주는 언어적 반응을 의미한다. 반영적 경청은 자녀를 진심으로 이해하려고 노력하는 태도를 가지고 적극적

으로 의사소통에 참여하는 것이다. 그래서 자녀가 자신의 문제를 분석하고 스스로 해결책을 찾도록 격려한다.

반영적 경청과정은 3단계로 되어 있는데, 첫째, 자녀가 말, 태도, 말씨, 또는 신체적 표현을 통하여 문제를 가지고 있다는 단서를 전달한다(예: 학교에서 오자마자 가방을 거실 바닥에 던진다).

둘째, 부모는 관찰할 수 있는 단서를 해독하고, 자녀가 경험하고 있는 것이 정말인지 점검하기 위해, 자녀의 느낌이나 생각을 피드백 한다.(예: "학교에서 속상한 일이 있었구나.")

셋째, 자녀는 부모의 피드백을 긍정하여 계속 진행하거나 피드백을 부정하여 좀 더 확실한 암호를 보내고자 한다(예: "아니요, 친한 친구가 전학을 가서 속상하고 슬퍼요.").

반영적 경청의 효과는 다음과 같다.

반영적 경청의 효과

- 자녀가 말한 것을 들었을 뿐 아니라 이해했다는 것을 보여 준다.
- 부모에게 자신의 문제와 느낌을 이야기함으로써 감정이 정화된다.
- 자녀로 하여금 표면적 문제에서 본질적 문제에 이르도록 돕는다.
- 부모와 자녀가 더욱 친밀하고 따뜻한 관계를 갖게 된다.
- 자녀가 자신의 문제를 분석하고 스스로 해결책을 찾도록 격려한다.
- 자녀도 부모의 말을 더 잘 경청하게 된다.
- 부정적인 감정을 경험하거나 표현하는 것을 두려워 하지 않게 된다.
- 자녀가 문제를 스스로 해결해 나가는 모습을 보면서 자녀를 신뢰하게 된다.
- 부모가 자녀의 모든 문제를 다 해결해 주어야 한다는 부담을 가지지 않게 된다.

(4) 나-전달법(I-Message)

나-전달법은 자녀의 행동으로 인해 부모가 문제를 소유하게 되는 경우에 사용하는 의사소통 기법이다. 자녀의 행동으로 인해 부모가 문제를 지닌 경우에도, 대부분의 부모들은 열두 가지 의사소통 걸림돌을 사용하여 자녀의 행동을 변화시키려고 한다. 그러나 이것들은 자녀에게 해결책을 강요하거나 자녀를 비하하며, 자녀에게 문제가 있음을 지적하는 너–전달법(You–Message)에 해당된다.

반면 나–전달법은 자녀에게 부모 자신의 감정상태를 전달하는 방법으로, 아동의 행동을 판단하지 않으면서, 그 행동이 부모에게 어떤 영향을 주고 있는지 확실하게 전달하는 것이다. 나–전달법은 행동에 대한 책임을 아동 자신이 질 수 있도록 하여, 자녀가 책임감을 갖고 자신의 행동을 건설적으로 변화시켜 나갈 기회를 제공한다.

나–전달법은 다음과 같은 세 가지 구성요소가 포함되어 있다.

첫째, 수용할 수 없는 자녀의 행동에 대해 비난이나 비평 없이 서술하는 것이다.

둘째, 그 행동이 부모에게 미치는 구체적인 영향을 서술하는 것이다.

셋째는 자녀의 행동이나 구체적인 영향에 대한 부모 자신의 감정을 기술하는 것이다.

사례를 통해 너–전달법과 나–전달법을 비교하면 다음과 같다.

〈표 5–3〉 너–전달법과 나–전달법 비교

너–전달법	나–전달법
• 우유 먹었으면 냉장고에 넣어 (명령, 지시) • 냉장고에 넣는 것을 한번만 더 잊어버리면 다시는 우유 못 먹게 한다 (위협, 경고) • 너는 왜 그렇게 부주의하니? (비난, 비평)	• 네가 우유를 먹고 냉장고에 넣지 않으면 (자녀의 행동) • 우유가 상해서 다른 가족이 상한 우유를 먹게 될까 봐 (자녀의 행동에 대한 구체적인 영향) • 엄마는 불안해 (부모의 느낌)

출처: 홍길회 외(2016).

너–전달법은 자녀의 반항심을 불러일으키고, 자녀가 부모의 욕구를 고려해서 행동할 기회를 박탈하는 결과를 갖게 되며, 거절당하는 느낌을 주어, 자녀의 자존감을 해칠 수 있다. 반면 나–전달법을 사용하면 다음과 같은 여러 가지 장점이 있다.

나-전달법 효과

- 자녀의 행동을 판단하지 않으면서도, 부모의 요구를 표현할 수 있다.
- 부모의 욕구를 알게 된 자녀는 자발적으로 자신의 행동을 변화할 수 있는 기회를 갖게 된다.
- 부모 자신이 자신의 요구와 감정을 이해하게 된다.
- 부모가 자신을 진솔하게 드러내는 모습이 자녀에게 좋은 모델이 된다.
- 자녀의 자존감을 해치지 않으므로 자녀 역시 부모에게 저항감이 생기지 않는다.
- 힘을 행사하는 부모가 아니라 인격체로서의 부모의 모습을 보여 준다.
- 자녀에게 해결책을 창의적으로 만들 수 있는 기회를 준다.
- 부모 자신의 분노를 건설적으로 대처할 수 있다.

(5) 환경 재구성

수용할 수 없는 자녀의 행동을 바꾸거나 자녀와의 관계에서 문제없는 영역을 넓히는 방법으로 반영적 경청이나 나-전달법을 사용하는 것 외에, 의사소통 방법은 아니지만 환경을 재구성하는 방법이 있다. 이것은 자녀의 연령이 너무 어리거나 환경적인 변화로 갈등을 미리 예방할 수 있는 경우에 효과적이다. 환경 재구성은 자녀의 수용할 수 없는 행동을 줄여 나가며, 부모에게 문제를 일으키는 자녀의 미래 행동을 방지하거나 최소화하기 위한 방법이다.

환경 재구성의 내용은 다음과 같이 네 가지가 있다.

〈표 5-4〉 환경 재구성

내용	예
환경을 풍요롭게 하기	좁은 아파트에 사는 자녀를 가끔 공원이나 야외로 데리고 나가서 마음껏 뛰고 소리칠 수 있는 기회를 준다.
환경을 정돈해 주기	자녀가 낮잠을 자는 시간에는 불빛을 가리거나 잔잔한 음악을 들려준다. 또는 벽에 낙서를 한다면, 벽의 한 부분에 종이를 붙여 놓고 거기에 마음대로 그림을 그리도록 한다.
환경을 바꾸어 주기	자녀가 혼자서 세수할 수 있도록 목욕실의 세면대에 발판을 놓거나, 옷을 걸 수 있도록 낮은 옷걸이를 마련해 준다.
계획적인 환경을 만들기	목욕을 하는 요일과 TV를 시청할 프로를 미리 정한다. 그리고 달력에 중요한 날짜를 표시하거나 자명종을 맞추어 놓는다.

출처: 홍길회 외(2016).

(6) 제3의 방법(무패법, 양승법)

일상생활에서 부모와 자녀 간의 갈등은 피할 수 없다. 한 사람의 욕구가 다른 사람의 욕구충족에 갈등을 일으키지 않고 계속 유지되기는 상당히 어렵다. 부모와 자녀의 관계에서 생기는 갈등을 해결하는 방법에는 세 가지가 있다. 편의상 제1의 방법, 제2의 방법, 제3의 방법으로 부를 수 있다.

① 제1의 방법

부모와 자녀 사이에 갈등이 생겼을 때 부모는 자녀가 부모의 해결책을 받아 주기를 바라면서, 해결책을 결정한다. 만약 아이가 저항하면, 부모가 힘과 권위를 사용하거나 위협을 하여 부모는 이기고 자녀는 진다. 자녀는 일방적인 결정을 하는 부모를 원망한다.

② 제2의 방법

부모와 자녀 사이에 갈등이 생겼을 때 처음에는 부모가 자신의 해결책을 수용하도록 권유하나, 자녀가 고집을 피우면서 완강하게 부모의 말을 듣지 않으면 결국 부모는 아이가 하고 싶은 대로 하도록 허용하면서 포기하거나 양보한다. 자녀가 이기고 부모는 지는 것이다.

제1의 방법과 제2의 방법 모두 상대가 욕구를 채울 수 없다 하더라도, 나는 내 욕구를 충족시키겠다는 태도를 지닌다. 이 경우 한 사람은 패배감을 느끼고 상대가 이기는 것에 대해 분개하거나 몹시 화를 내게 된다.

③ 제3의 방법

부모와 자녀 간에 갈등이 생겼을 때, 부모와 자녀가 모두 수용할 수 있는 해결책을 찾는 방법이다. 어느 누구도 지지 않기 때문에 무패법(no lose method)이라고 하며, 양쪽의 요구가 모두 충족된다고 보기 때문에 양승법이라고도 한다.

제3의 방법으로 갈등을 해결하기 위해서는 부모와 자녀가 함께해야 하는 다음의 6단계를 거쳐야 한다(홍길회 외, 2016).

• 1단계: 문제가 무엇인지를 확인하고 정의하기

나-전달법으로 부모가 자신의 욕구를 말한다. 반영적 경청을 사용하여 자녀의 욕구를 파악한다.

• 2단계: 가능한 여러 해결책들을 만들어 내기

자녀가 먼저 해결책들을 내도록 격려하고 부모도 자신의 해결책을 내놓는다. 아무리 엉뚱한 해결책이 나오더라도 비난하거나 막지 않고, 모든 해결책을 기록한다.

• 3단계: 해결책들에 대해 평가하기

2단계에서 나온 여러 가지 해결책들 중에서 실행 가능하거나 서로가 수용할 있는 해결책들을 고른다. 이 과정에서 수용할 수 없는 해결책을 수용할 수 있도록 바꿀 수도 있다.

• 4단계: 상호수용할 수 있는 해결책을 결정하기

부모와 자녀가 결정된 해결책을 명확하게 이해하는지 확인하고, 선택된 욕구와 해결책을 다시 말하고 기록한다.

• 5단계: 그 해결책을 수행하기

언제부터 누가, 어떻게 , 무엇을 할지 구체적으로 정하고, 정한대로 수행한다.

• 6단계: 이후의 결과 확인 후, 해결책에 잘못된 점이 나타나거나 새로운 사실이 알려지면 조정을 한다.

부모-자녀 간의 갈등이 있을 경우 제3의 방법을 사용하면 다음과 같은 효과가 있다.

제3의 방법 효과

- 서로가 원망하지 않는다.
- 자녀가 해결책을 구하는 데 참여하였기 때문에, 결정된 내용을 실천하려는 동기가 크다.
- 두 사람의 아이디어가 모아져서 매우 창의적인 해결방법들이 나올 수 있다.
- 서로 협력하여 민주적으로 갈등을 해소하는 방법을 배운다.
- 원하는 바를 얻기 위해 힘이나 권위에 의존하려는 부모의 욕구를 억제할 수 있다.
- 서로를 믿고 배려하는 감정이 생긴다.
- 해결방안을 모색하는 과정에서 자녀의 인지발달과 자율성을 촉진시킬 수 있다.
- 자녀에게 갈등상황을 해결할 수 있는 선택권과 책임이 부여된다.

(7) 가치관 대립에 대처하는 기술

부모가 자녀의 새롭고 독특한 가치관을 접하였을 때, 부모는 이 중 어떤 것은 수용할 수 있을 것이고 어떤 것은 수용할 수 없을 것이다. 부모가 수용할 수 없는 자녀의 가치관에 대해서 어떻게 할 것인가가 부모에게는 문제가 될 것이다. 이때 자녀와 부모가 가치관이나 행동을 재조정할 수 있도록 돕는 네 가지의 기술이 있는데, 다음과 같다.

첫째, 부모가 효과적인 모델이 된다. 모델학습은 평소에 부모 자신이 자녀에게 성공적이고 가치 있는 모델이 되어, 자녀가 부모의 가치관을 따르게 하는 것이다.

둘째, 부모 자신이 자녀가 선택하는 의논상대자가 되어, 자녀가 부모에게 자문할 때 사실에 입각하여 부모의 가치관을 확실히 전달해 줄 수 있도록 하는 것이다.

셋째, 자기수정을 하는 것이다. 자기수정은 가치관 대립에 있어서, 어떤 경우는 자녀의 가치관이 부모의 가치관보다 더 올바를 수 있다는 것을 받아들여야 한다는 것이다.

넷째, 평온을 비는 기도를 한다. “내가 변화시킬 수 없는 일들을 받아들일 수 있는 평온을 주옵시고, 내가 할 수 있는 일들은 변화시킬 수 있는 용기를 주옵시며, 그리고 이 둘을 구별할 수 있는 지혜를 주소서.” 이 기도는 부모가 어떤 방법을 택할 것인가 하는 결정의 문제에 직면했을 때 지혜가 필요함을 의미한다(홍길회 외, 2016).

3) 부모 효율성 훈련의 운영과 효과

P.E.T. 과정은 1주일에 1번 3시간씩 8주 동안에 진행되고, 자격 있는 P.E.T. 강사들이 교육을 하며, 한 집단은 10~15명 정도의 부모들로 이루어진다. 부모집단은 워크북과 「부모역할 배워지는 것인가(P.E.T. in action)」(Gordon, 1995 a)를 교재로 사용한다.

P.E.T.의 효과를 조사한 외국 연구들(Cedar, 1985; Gordon, 1980; Levant, 1983; Mee, 1977; Peterson, 1971; Rinn & Markle, 1977; Therrien, 1979)은 매우 많은데, 이들의 연구는 P.E.T.를 통해 부모의 의사소통방식이 긍정적인 방향으로 변했다는 일치된 결과를 보였다(이혜란, 1996에서 재인용). 우리나라의 연구에서도 P.E.T.가 부모의 양육태도, 자녀교육관, 의사소통, 아동의 문제행동 등의 변화와 관련하여 긍정적인 효과가 있는 것으로 평가되었다(문향화, 2013; 연미희, 1993; 이영분, 1983; 이혜란, 1996; 임미희, 2006, 홍길회 외, 2016에서 재인용).

4 상호교류분석 부모교육 프로그램

상호교류분석이론(Transactional Analysis: TA)은 Berne이 개발한 이론으로 상호교류분석 심리학을 부모들에게 적용하여 부모-자녀관계를 개선시키고자 하는 이론이다.

1) 상호교류분석의 인간에 대한 견해

모든 인간은 본질적으로 자유로운 존재로 태어나며, 자율적인 삶을 살아갈 수 있는 능력을 가지고 있다. 그러나 생의 초기에 부모나 부모 대리자의 부정적인 영향력으로 인하여 자율성을 포기하게 되면서, 어린 시절에 그가 맺은 인간관계를 고착화시켜 다른 사람과 진실된 관계를 맺지 못하고 살아간다. 개인의 삶이 사회적 요인이나 성장과정의 영향으로부터 완전히 벗어날 수 있는 것은 아니지만 그것에 의해서만 인간의 삶이 결정되어지는 것도 아니다. 인간은 얼마든지 새로운 삶의 방식을 스스로 선택하고 결정할 수 있고 자신에 대해 책임질 수 있는 존재이다.

2) 상호교류분석의 목적

첫째, 개인의 자아상태, 삶의 목적과 교류양식을 자각하도록 한다.

둘째, 개인의 자아상태가 인간관계에서 어떻게 나타나는가를 확인하며 그 원인을 파악한다.

셋째, 과거의 영향력들로부터 벗어나 자신과 인생에 대해 새로운 결단과 선택을 함으로써 자신의 삶의 패턴을 바꾸어 자신과 타인 간의 진실된 교류를 회복한다.

3) 상호교류분석의 주요 개념

(1) 자아상태

모든 인간은 세 가지 자아상태로 그 성격을 표현하는데 그 세 가지 성격은 특정한 행동의 원천이 된다. 세 가지 자아상태란 부모 자아상태(P: parent ego state), 성인 자아상태(A: adult ego state), 아동 자아상태(C: child ego state)이다.

• 부모 자아상태

부모 자아상태란 출생에서 5세까지의 외적 환경, 주로 부모로부터 배운 태도와 행동으로 구성되어 있으며, 내적으로는 내면의 아동 자아에게 지속적으로 영향을 주었던 과거의 부모 자아의 메시지로 경험되어진다. 즉 부모 자아는 의미 있는 타인들의 행동을 통해 학습하고 모방된 정보를 기록한 것으로 일종의 학습된 생활 개념이다.

상호교류분석에서는 부모 자아상태를 양육적인 부모 자아상태와 비판적인 부모 자아상태로 구분하고 있다.

〈표 5-5〉 양육적인 부모 자아상태와 비판적 부모 자아상태 비교

양육적인 부모 자아상태	비판적 부모 자아상태
• 인간관계에서 드러나는 애정, 동정, 공감, 보호, 수용 등을 보고 배운 부분이다.	• 사물을 판단할 때 기초가 되는 가치판단, 이상, 양심, 비판 등의 윤리관을 보고 배운 부분이다.
• 벌보다는 용서하고 칭찬하는 관용적인 태도를 취한다.	• 도덕적 · 문화적인 전통이나 습관을 지켜 나가며 칭찬보다는 책망을 많이 한다.
• 타인에 대해서 수용적이어서 타인의 말을 경청하고 애정이 깊어 부드러움으로 상대방에게 행복감과 만족감을 준다.	• 창조성을 억제하고 엄한 면이 많지만 사회질서의 유지능력이나 이상 추구 등 긍정적인 면도 있다.
• 양육적인 부모 자아상태가 지나치면 상대방의 독립심이나 자립심을 방해할 가능성이 높고, 과잉보호하여 지나친 간섭을 하는 경향이 있다.	• 비판적인 부모 자아상태가 너무 지나치게 강하면 거만하고 지배적인 태도, 명령적인 말투를 나타내는 경향이 있다.

출처: 홍길회 외(2016).

• 아동 자아상태

아동 자아상태는 생득적인 모든 충동과 감정들, 그리고 출생 후 5세까지 생의 초기에 경험하는 상황에서 느끼게 된 감정들과, 그러한 감정들에 대한 반응양식으로 구성된다. 이와 같이 어린 시절 보거나 듣거나 느끼거나 이해한 것을 재생하여, 어린 아이였을 때 한 것과 같이 행동하고 사고하고 느낄 때의 상태를 아동 자

아상태라고 한다. 아동 자아상태는 자유로운 아동 자아상태와 순응하는 아동 자아상태로 구분된다.

〈표 5-6〉 자유로운 아동 자아상태와 순응하는 아동 자아상태 비교

자유로운 아동 자아상태	순응하는 아동 자아상태
• 본능적이고 충동적으로 반응하고 쾌락을 추구하는 어린아이와 같은 행동을 한다.	• 자연적 충동들이 부모 등 중요한 권위를 지닌 인물들의 요구에 맞추면서 적응적인 것으로 변용된다.
• 어떤 것에도 구애를 받지 않아 자발적이며 창조성의 원천이다.	• 때때로 다른 사람들이 자신을 보는 시각에 지나치게 민감하여, 죄의식이나 부끄러움, 그리고 두려움을 보인다.
• 솔직하게 자기감정을 표현하고 호기심이 많으며, 천진난만하게 행동한다.	• 자신을 억제하고 사회적 규범에 따라서 행동하려는 경향이 있다. 평상시 얌전하게 있다가, 때로는 반항하거나 격노한다.
• 자아중심적이고 다른 사람의 느낌이나 감정을 상관하지 않는다. 지나치지만 않으면 일반적으로 자유로운 아동 자아상태가 풍부한 편이 정신적으로 건강하다.	• 심하게 순응된 아동 자아상태는 심리적 부담이 되어 건강한 삶을 유지할 수 없다.

출처: 홍길회 외(2016).

- 성인 자아상태

성인 자아상태는 생후 10개월경 어린아이가 자기 자신을 자각하게 되면서 형성되기 시작한다. 성인 자아상태는 현실을 객관적으로 파악하기 위해 외부의 정보들을 모아서, 평가하고 수집된 자료들을 근거로 행동을 선택할 수 있게 한다.

성인 자아상태는 부모 자아상태와 아동 자아상태 간의 긴장과 갈등을 중재하여 현재의 상황에 효율적으로 적응하는 역할을 한다. 즉 부모 자아상태의 편견이나 독선 그리고 아동 자아상태의 부적절하고 유치한 부적응행동을 방지하여, 현 상황에 맞추어 조정하고 이들이 적절하지 않을 때는 이를 통제하여 보다 적절한 대안을 찾는다. 성인 자아상태가 높으면 현실적이고, 낮으면 즉흥적이나, 지나치게 높으면 컴퓨터와 같이 무미건조한 사람이 되는 경향이 있다(우재현, 2003).

(2) 인정자극(stroke)

모든 인간은 인정자극의 욕구가 있다. 이것은 한 개인이 다른 사람에게 주는 신체적 접촉 또는 심리적 인정을 말한다. 상호교류분석에서는 타인을 인정하는 모든 행위를 인정자극(스트로크)이라고 부르며 이것은 개인의 행복한 생활을 위한 필수조건으로 상호교류분석의 핵심이다.

영유아기에는 부모 또는 양육자로부터 신체적 인정자극을 받으려는 욕구가 강하지만 성장하면서는 인정과 지지, 승인, 칭찬 등의 정신적 인정자극에 대한 욕구가 강하다. 사람들이 어릴 적 경험한 인정자극은 성인생활에서의 인정자극 패턴에 영향을 주어 인생에서의 성공과 실패를 좌우하는 중요한 삶의 방식이 된다.

인정자극에는 긍정적 인정자극과 부정적 인정자극이 있다.

- 긍정적 인정자극

긍정적 인정자극은 따뜻한 신체적 접촉이나 언어적 표현 그리고 수용적 어휘, 친근한 자세로 표현되는 칭찬과 승인의 행위이다. 이러한 인정자극은 'I'm ok, Yor're ok'라는 느낌을 전달하여 인정자극을 받는 사람의 마음을 유쾌하고 활기차게 만들며 자신이 중요하다는 느낌을 준다. 어린 시절 긍정적 인정자극의 결핍은 신체적·정서적으로 부정적인 영향을 미친다.

- 부정적 인정자극

부정적 인정자극은 고통스러운 감정을 유발하고 미워하는 표정과 말, 상대방을 화나게 하거나 걱정 또는 곤란하게 만들거나 상처를 입히는 행위를 의미한다. 따라서 부정적 인정자극은 자녀의 감정과 욕구를 부모가 인정하지 않고 무시하며 부정적인 관심을 주는 것으로 'Yor're not ok'라는 느낌을 전달하여, 자녀의 정서적, 신체적 손상을 초래하며 한 개인의 인간관계에서 패배적 각본을 형성한다(홍길회 외, 2016).

(3) 인생태도

성장과정에서 개인이 자신이나 타인에 대해 어떻게 느끼고, 어떤 결론을 내리는가 하는 것을 인생태도라고 한다. 사람은 살아가는 과정에서 자신과 타인에 대해 긍정적인 태도 또는 부정적인 태도의 두 가지 입장을 가지게 되는데, 주로 5세 이전에 부모들의 양육태도, 즉 인정자극에 따라 자신과 타인에 대한 삶의 기본적인 입장을 결정하게 된다. Harris(1969)는 대인관계를 맺을 때 가지는 인생태도를 네 가지로 설명하였다.

- 자기 부정-타인 긍정(I'm NOT OK. You're OK.)

모든 아이가 성장 초기에 가지게 되는 인생태도이다. 부모나 자기에게 소중한 사람들의 기대에 걸맞게 살아가지 않으면 곤란하다는 것을 알고 있기 때문에 자기 자신에 대해 실망한다. 뿐만 아니라 실패를 반복하게 되면서 아이는 다른 사람과의 관계에서 자기는 항상 열등하고, 반면 부모나 성인들은 자유롭고 자기 생각을 그대로 행동할 수 있는 존재로 느끼게 되어, '나는 OK가 아니고, 타인은 OK'라는 인생태도를 취하게 된다(우재현, 2003). 이 자세는 스스로 낮은 자아개념을 가지고 타인은 자신이 갖지 못한 무엇인가 있다고 생각하는 자세로서, 다른 사람과 비교할 때 자신을 무기력하다고 느끼는 자세이나. 다른 사람의 평가에 의존하고 우울해 하며 자신의 삶에 대해 가치가 없다고 느끼는 태도이다.

- 자기 부정-타인 부정(I'm NOT OK. You're NOT OK.)

생후 1년 정도가 되어 아이가 혼자서 걸어 다니기 시작하면, 엎어지고 넘어지며 부모로부터 주의를 받는 경험을 반복하게 된다. 주의를 받는 경험을 하면 할수록, 자기가 무능하다고 생각하고 더 이상 자기를 보살펴 주지 않는 부모의 태도에 대해서도 부정적인 자세를 가지게 된다. 결국 '나도 OK가 아니지만, 타인도 OK가 아니다'라는 가장 나쁜 태도를 지니게 된다. 이 같은 자세는 삶을 무가치하게 여기는 상태로, 절망적이고 허무적인 인생관을 가진 사람의 자세이며, 성장과정에서 여러 가지 일에 실패를 하게 되어 희망도 없이 살아가게 된다. 반사회적인 행동도 하게 된다.

• 자기 긍정-타인부정(I'm OK. You're NOT OK.)

유아기에 부모로부터 심한 학대를 오랫동안 경험하게 되면, 아이는 의지할 곳이 없어지며 자기 스스로를 위안하고, 자기를 도와주는 사람은 아무도 없다는 생각을 하게 된다. 이때 아이는 '자기만이 OK이며, 타인은 모두 OK가 아니다'라는 판단을 하게 된다. 이 태도를 지닌 사람은 언제나 잘못이 상대방에게 있다고 느끼며 자기에게 과오가 있다고 해도 그것을 바르게 보려고 하지 않고, 상대에게 원인이 있다고 결정하며 자신의 마음에 들지 않으면 다른 사람을 배척한다. 이런 입장을 가진 사람은 자신이 불행한 이유를 타인에게 돌리고 타인에게 화를 내거나 무시하고 거들먹거리는 태도를 보인다.

• 자기 긍정-타인 긍정(I'm OK. You're OK.)

유아기에 부모나 양육자로부터 기분 좋은 인정자극을 받으면서 양육되면, 자기와 타인과의 사이에 OK의 감정이 생긴다. 그리고 부모로부터 지속적으로 따뜻한 신체적 접촉과 격려를 받으며 성장할 경우, '나도 OK, 당신도 OK'라는 정신이 건강한 인생태도를 형성하게 된다. 이것은 자기의 가치와 타인의 가치를 모두 인정하는 수용적인 태도를 지닌 긍정적인 사고방식으로 원만한 인간관계를 맺는다.

(4) 각본

각본이란 어린 시절에 작성되어 부모에 의해 강화되고 이어지는 사건들에 의해 정당화되어 결국 삶의 한 방법으로 선택된 인생계획이다(Berne, 1975). 인생 초기에 아이는 주로 부모들이 보내는 메시지에 의해 금지나 명령, 허용과 같은 양육태도의 영향을 받아서 특정한 반응의 습관을 가지게 된다. 이렇게 형성된 생활자세가 지속적으로 강화되고 여기에 경험이 더해져서 자신의 각본이 형성되면, 각본이 개인의 기본적인 행동요인이 되어 개인의 운명에 결정적 역할을 하게 된다. 그러나 각본분석을 통해 지금까지 숙명 또는 운명이라고 체념한 것이 실은 스스로의 무의식 세계에서 강박적으로 연출하고 있던 드라마라는 것을 깨닫게 된다. 결국 각본분석은 자신이 어떤 각본을 연출하고 있는가를 확인하고, 지금까지의 부정적인 각본에서 벗어나 참된 자신을 살려 갈 가능성을 실현하는 것이다(이도영 외, 1999, 홍길회 외, 2016에서 재인용).

(5) 게임

게임이란 분명히 규정되고 예상 가능한 결과를 향해 계속되는, 일련의 반복적인 교류활동이다. 그것은 감추어진 동기와 함께 자주 반복되고, 표면적으로는 아주 그럴 듯한 것처럼 보이는 교류이다. 어린 시절에 아이들은 어떤 감정들은 가족들의 격려를 받지만 다른 감정들은 금지당한다는 것을 알아차린다. 가족들의 인정을 받기 위해 아이는 허용된 감정만을 느끼려고 할지도 모르며, 이런 결정은 의식적인 각성 없이 이루어진다. 성인이 되어서도 자신의 진실한 감정을 숨기고, 어렸을 때 그에게 허용되었던 감정으로 교류할 수 있다.

4) 상호교류 패턴분석

상호교류 패턴분석은 한 개인이 다른 사람과의 교류과정에서, 각자 어떤 자아상태가 관여하고 작용하고 있는지를 알아서, 일상생활에서 주고받는 말, 태도, 행동 등이 어떤 유형으로 교류하고 있는지를 확인하는 것이다. 이러한 분석을 하는 목적은 상호교류 과정에서 발생하는 잘못된 의사소통 과정을 깨닫고, 보다 성숙하게 의사소통을 할 수 있는 기술을 빌달시키는 것이다. 모든 대인교류는 상보적 상호교류, 교차적 상호교류, 암시적 상호교류의 세 가지 유형으로 분류할 수 있다. 상호교류 패턴을 알기 위해서는 두 사람이 교류할 때 자신이 어떤 자아상태로 이야기하고 있으며, 상대방은 어떤 자아상태로 반응하고 있는지를 검토해 보는 것이 필요하다.

(1) 상보적 상호교류

2개의 자아상태가 상호관여하고 있는 상호교류로서, 발신자가 기대하는 대로 수신자가 응답하는 교류이다. 따라서 상보적 상호교류는 평행적 상보교류이다. 상보적 상호교류는 심리적인 갈등 없이 원만하게 의사소통을 지속할 수 있으므로 부모-자녀 간 바람직한 형태의 상호교류라고 볼 수 있다.

(2) 교차적 상호교류

3개 또는 4개의 자아상태가 관여하고 있는 것으로, 발신자가 기대하는 대로 응답해 오지 않고, 예상 밖의 응답이 될 때 일어나는 교류이다. 따라서 교차적 상호교류는 갈등교류라고 할 수 있으며, 의사소통이 중단된다. 교차적 상호교류 상태에서는 인간관계가 원만해질 수 없다. 상호교류를 할 때마다 교차된다면 부모-자녀관계가 심각하다고 볼 수 있다.

(3) 암시적 상호교류

한 가지 자극에 대해 두 가지 반응을 동시에 하는 복잡한 교류이다. 교류에 있어 표면상의 교류 이외에 이면적인 거래가 있는 대화로, 표면상으로 말한 뜻 이외의 뜻이 숨겨져 전달되는 교류이다. 표면적으로는 지극히 당연해 보이는 메시지를 보내고 있는 것 같으나, 이면에 주된 의도나 욕구 같은 것이 숨겨져 있는 것이 특색이다. 겉으로는 주로 성인 자아 대 성인 자아로 교류하지만 내면적으로는 부모 자아상태나 아동 자아상태를 대상으로 교류하는 것이다. 암시적 교류는 인간의 의사소통 중에서 숨겨져 있는 게임이며, 무의식적으로 인간 스스로가 만들어 사용한다.

상보적 교류(a)	교차적 교류
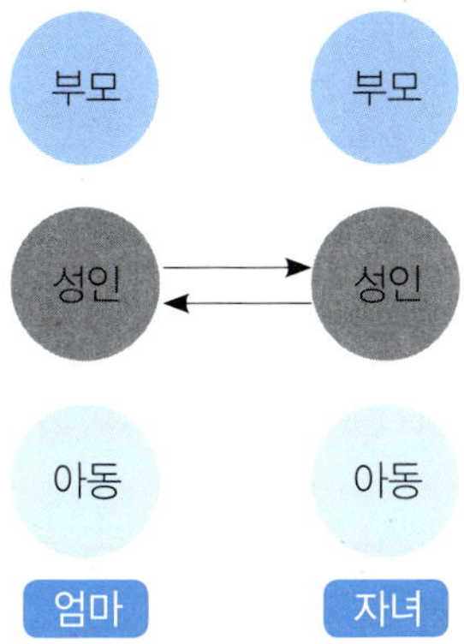	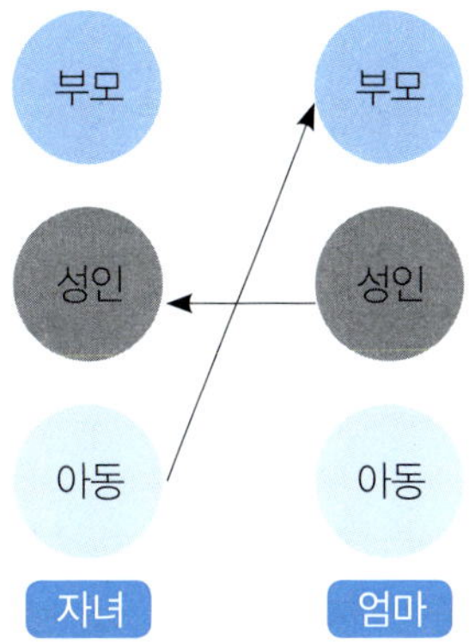
엄마: 오늘 학원 몇 시에 가니? 자녀: 5시 반이에요.	[추운 날 거리에서] 자녀: 엄마, 오늘 너무 추워. 엄마: 영하 8도니까 춥지.
상보적 교류(b)	**암시적 교류**
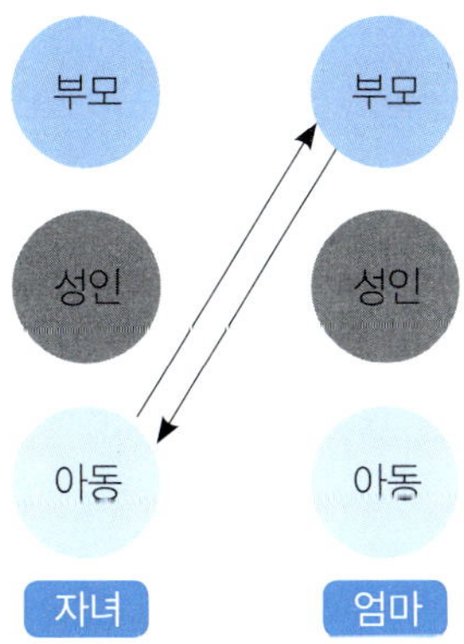	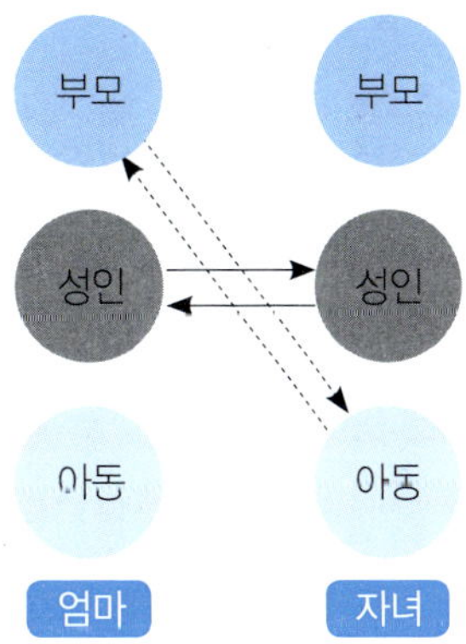
[추운 날] 자녀: 엄마, 오늘 날씨 너무 추워. 엄마: 춥지? 이리 와. 엄마가 안아 줄게.	엄마: 너 학원 몇 시에 간다고 했지? (학원 갈 시간 다 된 것 같은데. 왜 준비 안 하니?) 자녀: 5시요. (다 알고 있으면서 왜 물으세요?)

출처: 홍길회 외(2016).

[그림 5-3] 상호교류 패턴분석

5) 상호교류분석 부모교육 프로그램 운영과 효과

상호교류분석에 기초한 부모교육 프로그램은 Harris의 『I'm OK. You're OK.』, Berne의 『Games people play』, James와 Jongeward의 『Born to Win』 등을 교재로 사용한다. 훈련받은 연구자가 부모들을 대상으로 각 부모들의 자아상태 구조 및 기능에 대한 분석과 인간관계의 교류분석, 게임 및 각본분석 등을 한다. 이를 통해 부모들의 양육태도가 개선되고, 부모의 자존감이 증진하며, 대화방법이 개선되고, 부모역할에 대한 효능감이 향상되었다(고남희, 2009; 김경화, 2003; 김미숙, 2010; 박지수, 2013; 장성오, 2011).

5 행동주의 부모교육 프로그램

행동주의 부모교육 프로그램은 행동주의 심리학을 부모교육에 적용한 것으로, Pavlov와 Watson의 고전적 조건형성, Skinner의 조작적 조건형성, 그리고 Bandura의 사회학습이론 등을 들 수 있다. 행동주의 심리학의 기본 입장은 인간행동이 개인과 환경과의 상호작용을 통해 형성된다고 보기 때문에, 인간행동을 변화시키기 위해서는 환경변화가 있어야 한다고 주장한다. 인간의 행동은 학습의 결과이므로, 학습된 과정을 잊게 하거나 다시 학습시켜, 인간의 부적응적인 행동을 변화시킬 수 있다고 본다. 그러므로 영유아의 행동을 변화시키기 위해서는 영유아가 상호작용하는 주위 환경을 변화시켜야 한다.

행동주의 부모교육에서는 고전적 조건형성 원리에 근거한 체계적 둔감법, 조작적 조건형성에 근거한 강화 벌, 소거, 토큰 경제, 행동형성, 타임아웃, 그리고 사회적 학습원리에 입각한 모델링 등이 사용된다. 따라서 행동주의 심리학에 근거한 부모역할이란 좋은 모델을 자녀에게 보여 주며, 바람직한 행동을 더욱 잘할 수 있도록 강화해 주고, 바람직하지 못한 행동들은 의도적, 계획적으로 수정, 변화되도록 훈련하는 것이다.

1) 부모교육의 목적

- 행동수정 이론의 기본적인 원리(강화, 벌, 소거, 행동형성, 모방 등)를 배우고 훈련한다.
- 자녀의 행동을 관찰하는 기술과 평가하는 원리를 배우고 습득한다. 영유아의 행동을 정확히 관찰하고 측정하지 못하면, 행동이 변화하는 것에 대한 평가를 올바로 할 수 없다.
- 자녀의 행동에 행동수정의 원리를 적용하여 행동의 변화를 가져온다.

2) 행동수정의 절차

행동수정의 절차는 다음과 같다.

첫째, 지도해야 할 행동을 세분화한다. 즉 관찰 가능하고 측정이 가능한 구체적인 행동으로 조작적인 정의를 하는 것이다. 예를 들어 '아이가 공격적인 행동을 한다.'라는 말을 할 때, 이 말속에는 여러 행동이 포함되어 있기 때문에, 사람마다 다른 행동을 의미할 수 있다. 그러므로 좀 더 구체적이고 관찰할 수 있는 행동으로 표현한다. 즉 '아이가 친구를 꼬집는다.' 또는 '아이가 친구를 주먹으로 때린다.' 등으로 명확하게 표현한다. 그리고 부적응행동이 여러 개 나타날 경우, 우선순위를 정해서 두 개나 세 개의 목표로 제한해서 변화시키려는 목표행동을 정해야 한다.

둘째, 기초 자료를 수집한다. 우선 구체적인 행동을 직접 관찰하여 그 행동의 빈도, 지속성, 강도를 측정한다. 예를 들어 '오늘 꼬집는 행동 5회, 주먹으로 때리는 행동 3회를 보였다.' 등으로 부적응행동의 빈도를 관찰하여 파악한다. 부적응행동의 빈도를 측정해서 기초적인 자료를 갖고 있어야, 유아를 지도함에 따라 나타나는 변화를 알 수 있기 때문이다. 또한 목표행동이 어떤 상황에서 발생하였는지, 또 어떤 상황에서는 발생하지 않았는지 그리고 어떤 방식으로 강화되고 있는지 등의 정보를 얻을 수 있도록 자세히 기록한다.

셋째, 행동을 관찰한 자료를 토대로 행동분석을 한다. 행동분석은 행동을 유발시키는 선행자극, 아동의 행동 그리고 행동 뒤에 따라오는 후속반응을 발견해 내는 일이다.

이러한 분석을 통해서 문제가 되는 행동이 발생하기 전, 선행자극이 무엇인지 파악하고 행동이 발생된 다음에 뒤따르는 강화자극이 무엇이었는지 알아 낼 수 있다면 행동수정 계획을 쉽게 세울 수 있다.

넷째, 지도해야 할 구체적 행동이 정해지고, 그 행동의 빈도와 강도가 측정되고 행동이 발생하는 환경이 관찰되면, 어떤 지도 원리를 적용할 것인가를 정하도록 한다. 자녀의 문제행동을 촉진하는 강화자극을 알면, 그 자극을 제거하여 자녀의 문제행동을 줄일 수 있다. 어떤 선행자극에 의해 문제행동이 발생하는가 하는 것도 중요하지만 행동이 발생된 다음에 뒤따르는 강화자극이 무엇인가를 알아 내는 일도 행동수정을 계획하는 데 중요한 분석과정이다. 즉 부적응행동 발생 직전의 선행자극을 조작하거나 행동 발생이 일어난 후인 후속 반응을 조작함으로써 행동수정을 계획한다.

다섯째, 행동 지도원리를 정하고 지도계획을 세운 다음 실제에 적용한다. 그리고 행동빈도가 줄어들었는지 또는 바람직한 행동이 증가되었는지 등을 평가한다(홍길회 외, 2016).

3) 행동수정의 원리

(1) 강화

강화(reinforcement)는 행동의 발생 빈도를 높여 주는 자극으로, 강화에는 두 가지 종류가 있는데 이는 정적 강화(positive reinforcement)와 부적 강화(negative reinforcement)이다.

① 정적 강화

정적 강화는 어떤 행동 후에 즉시 긍정적인 보상을 제공함으로써, 그 행동이 일어날 확률을 높게 하는 것이다. 정적 강화의 예는 자녀가 집안 일을 도왔을 때, 부모가 보상으로 책을 사 주는 것이다. 정적 강화에는 물질적 강화, 사회적 강화, 간접적 강화가 있다. 물질적 강화는 바람직한 행동을 할 때 자녀가 좋아하는 장난감, 과자, 옷 등을 제공하는 것이고, 사회적 강화는 칭찬, 인정, 미소, 신체적인 애정표시 등을 말하며, 간접적 강화는 바람직한 행동에 대해 상징적인 표시 또는 점수를 주는 강화로 스티커나 칩 같은 것을 주어 일정한 개수가 모아지면 원하는 것을 받을 수 있게 하는 것이다.

예

- 네 방의 장난감을 다 정리하면 엄마가 맛있는 쿠키를 만들어 줄게.
- 동생과 사이좋게 놀았으니 오늘 저녁에 네가 좋아하는 만화영화를 2개 볼 수 있단다.
- 스티커를 20개 모았으니 네가 좋아하는 운동화를 사줄 거야.

② 부석 상화

부적 강화는 어떤 행동 후에 유아가 싫어하는 불쾌한 자극을 소거시키거나 보류함으로써, 결과적으로 그 행동이 일어날 확률을 높게 하는 것이다. 부적강화의 예를 들어보면, 안전벨트를 할 경우 안전벨트를 하지 않았을 때 울리는 신호음이 멈추도록 하는 것이다.

예

- 동생을 도와주었으니 매일 4장씩 했던 학습지를 오늘은 2장만 해도 좋아.
- 피아노 연습을 2시간 하면 오늘 서랍장 정리는 안 해도 된단다.

③ 강화의 활용방안

강화를 효과적으로 하기 위해서는 다음과 같이 강화계획을 잘 세워야 한다.

첫째, 강화는 자녀가 특정 행동을 한 후 즉시 주는 것이 가장 효과적이다. 행동이 발생하고 난 다음 다른 행동을 하였을 때 강화를 하게 되면, 이전의 행동을 강화하려는 의도와는 달리 뒤의 행동을 강화하는 결과를 초래하기 때문이다. 이는 아동을 훈육할 때 매우 중요하다. 예를 들어 오전에 형이 동생에게 양보하는 행동을 했을 때 칭찬을 해 주어야 하는데, 만일 바빠서 그 때 칭찬을 못하고 저녁에 만화책을 읽을 때 강화를 해 준다면, 강화되는 것은 동생에게 양보해 주는 행동이 아니고 만화책을 보는 것이 된다.

둘째, 아동의 발달수준과 보상에 대한 선호도를 충분히 고려하여 주는 것이 바람직하다.

셋째, 아동이 새로운 행동을 처음 학습할 때에는 그 행동을 보일 때마다 매번 강화를 주는 것이 효과적이다. 이것을 연속적 강화라고 한다. 그러나 현실적으로 행동을 보일 때마다 지속적으로 강화를 제공하는 것이 현실적으로 어렵거나 불가능하기 때문에 일단 행동이 형성되면, 연속적인 강화를 하지 않고 강화를 점차로 줄여 간다. 즉 간헐적 강화를 주는 것이 좋다. 간헐적 강화는 행동을 보일 때마다 매번 강화를 주는 것이 아니다. 연속적 강화보다 간헐적으로 강화된 행동이 더 소거되기 힘들고, 고정간격이나 고정비율 강화보다 변동간격이나 변동비율 강화가 더 효과적이다. 언제 보상이 주어질지 모르기 때문에 계속적으로 반응을 하게 되어 높은 반응률을 보이게 된다.

(2) 벌

강화를 해도 행동수정이 되지 않거나 효과가 없을 경우 벌을 사용하는데, 벌은 특정 행동을 보이면 즉시 주어지는 부적 결과로 그 행동의 발생빈도를 줄이거나 없애는 기능을 한다.

① 정적 벌

정적 벌은 어떤 행동이 나타난 후 불쾌한 결과를 제시함으로써 그 반응이 일어날 확률을 낮추는 것이다.

예 • 형이 동생을 때렸을 때 머리 위로 팔을 들고 서 있게 한다.

② 부적 벌

어떤 행동이 나타난 후 좋아하는 결과를 제거함으로써 그 반응이 일어날 확률을 낮추는 것이다.

예 • 형제끼리 싸웠을 때 자녀들이 좋아하는 만화영화를 보지 못하도록 하는 것이다.

③ 벌을 줄 때의 유의사항

벌을 줄 때에는 다음의 유의사항을 고려해야 한다.

벌은 항상 효과적인 것은 아니며 벌로 인해 부작용이 생길 수도 있기에 주의해서 사용해야 한다. 처벌로 인해 아동이 부적응행동을 일시적으로는 참더라도, 처벌이 중단되며 부적응행동이 다시 나타나거나 이전보다 더 심각해질 수 있다. 이런 경우 부모가 처벌의 강도를 더욱 높이기 때문에 결국 극단적으로 무섭거나 심한 처벌을 하게 되어, 자녀와의 관계에 부정적인 영향을 미칠 수 있다. 그러므로 처벌을 사용할 때는 벌의 효과를 극대화 하고 벌의 부작용은 최소화시켜야 한다. 그러기 위해서는 다음의 유의사항을 고려해야 한다(정문자 외, 2011).

첫째, 처벌은 특정 행동이 나타난 후 즉각적으로 주어져야 한다.

둘째, 처벌의 종류나 강도는 부적응행동 유형과 심각성 정도에 따라 강약이 결정되어야 한다.

셋째, 처벌의 유형은 문제행동과 관련이 있는 것이 적절하다. 예를 들어 벽에 낙서를 한 경우 벌은 벽에 낙서를 지우는 것이어야 한다.

넷째, 처벌의 종류나 강도에 대한 원칙은 미리 아동과 협의하여 정해야 한다.

다섯째, 동일한 부적응행동에 대해서는 처벌의 형태나 강도가 가능한 일관되게 유지되어야 한다.

(3) 소거

소거는 이미 강화되어 학습된 어떤 행동이 더 이상 강화되지 않아서, 그 반응이 일어날 확률이 줄어들거나 전혀 일어나지 않는 것을 의미한다. 예전에 관심을 주던 것을 무시하는 형태로 자주 사용된다. 예를 들어 손님이 집에 와 있을 때, 엄마에게 용돈을 달래면 엄마로부터 쉽게 용돈을 받을 수 있다는 것을 경험한 자녀에게, 손님 앞에서 용돈을 달라고 떼를 써도 엄마가 용돈을 주지 않게 되면, 손님이 있어도 더 이상 용돈을 달라고 하지 않게 된다.

(4) 행동형성

행동형성은 어떤 바람직한 목표행동을 설정해놓고, 그 목표에 이르는 과정을 여러 단계로 구분하여 계획적으로 강화시킴으로써 점진적으로 최종 목표가 되는 행동에 근접하도록 유도하는 것이다. 목표행동이 실무율(all-or-nothing)적으로 습득되어지는 것이 아니라, 점진적으로 조금씩 학습시키는 것이므로, 점진적 접근법(method of approximations)이라고도 불린다. 처음부터 원하는 행동을 했을 때를 기다려 강화를 준다면 목표행동이 나올 때까지 오랜 시간 기다려야 할 수도 있고, 때로는 목표행동이 일어나지 않을 수도 있다. 그러나 작은 단계로 세분화하여 행동을 습득하게 하면. 습득이 용이할 뿐 아니라 습득 자체가 다음 단계의 행동에 대한 강화로 작용할 수 있다.

예를 들어 자녀가 혼자 자기 방을 깨끗하게 청소하는 것이 목표행동이라면 그 목표행동을 완성했을 경우에만 보상을 주는 것이 아니라, 장난감 한두 개라도 장난감 상자에 집어넣으면 보상을 주고 그다음에는 좀 더 많은 장난감을 종류대로 상자에 정리하면 보상을 준다. 그다음 단계에서는 장난감도 정리하고 방에 있는 휴지도 쓰레기통에 넣으면 보상을 주는 등 조금씩 목표행동에 가까워질 때마다 보상을 주어 결국 목표행동에 도달하도록 하는 것이다.

(5) 토큰 강화

토큰 강화는 아동이 바람직한 행동을 했을 때 물질적이거나 사회적인 보상을 대신하는 상징적인 표나 점수를 주는 강화체제로서, 아동이 기대하는 행동을 했을 때 토큰(또는 스티커)을 주어서 일정량의 토큰이 모아지면 아동이 원하는 물질이나 권리와 맞바꿀 수 있도록 하여 행동을 수정하거나 강화하는 것이다. 즉 아동은 바람직한 행동에 대해 우선적으로 토큰으로 강화를 받은 후, 모인 토큰은 후에 자녀가 원하는 후속 강화물로 대체된다. 후속 강화물인 보상은 아동과 함께 구체적으로 결정하게 되는데, 예를 들어 게임시간, TV시청 시간, 아동이 평소 사고 싶어 했던 선물 등이 포함된다.

기본원리는 정적 강화와 동일한 것이나 물질적 보상 등이 직접 주어지지 않고 토큰이 주어진 후 일정한 시간이 지난 다음 본래의 강화자극이 주어진다는 점이 다르다. 유아가 바람직한 행동을 했을 때 토큰을 지급하면서 칭찬을 해 주는 것이 좋다. 칭찬과 토큰이 짝지어질 때 효과가 보다 강해진다.

(6) 타임아웃

타임아웃은 자녀가 부적응행동을 보이는 순간, 정적 강화를 일시적으로 중지하거나 자녀가 재미있어서 하고 싶어 하는 활동을 일정시간 금지시키고 고립시키는 것이다. 예를 들어 형이 동생을 때리는 공격적인 행동을 보인다면, 형이 재미있어 하는 만화영화 보는 것을 중지하고, TV가 안 보이는 거실 한쪽에서 5분간 혼자 서 있도록 한다. 타임아웃을 효과적으로 활용하기 위해서는 미리 아동과 사전에 협의를 통해 타임아웃의 내용을 정해야 하며, 타임아웃의 시간이 너무 길지 않고 자녀의 발달연령에 적절해야 하고 타임아웃을 하는 부모의 태도가 중립적이고 단호해야 한다(정문자 외, 2011).

(7) 모델링

자녀가 배워야 할 바람직한 행동을 가르치기 위해서는 그 행동을 하는 모델을 관찰하여 모방할 기회를 제공하고 새로운 행동을 가르치는 것이다. 모델로 부모, 친척, 이웃, 친구, 책, 비디오, 영화, TV와 같은 대중매체를 활용할 수 있다. 특히 가정 및 학교에서 많은 시간을 함께 보내는 부모나 교사와 같은 의미 있는 성인의 행동을 가장 많이 모방하고 학습하게 된다. 모델이 힘 있고 온정적이고 양육적이면 아동은 그 모델을 더 모방하게 되어, 아동도 다른 사람들을 잘 보살피게 된다. 반면 아동이 공격적인 모델을 보게 되면 아동 역시 다른 친구나 동생에게 공격적이고 폭력적인 행동을 하게 된다(홍길회 외, 2016).

4) 행동주의 부모교육 프로그램 운영과 효과

행동주의 이론을 기초로 한 부모교육 프로그램은 부모들의 집단을 구성하여 행동수정의 기본원리와 개념, 적용기술 등을 교육하여 자녀의 행동변화를 계획하고 체계적으로 수행하도록 하는 프로그램으로, '부모는 교사이다'(Parents are teachers: Becker, 1971), '반응적 부모역할 프로그램'(The Responsive Parenting Program), '아동 사랑하기'(For Love of Children), '부모교육계획'(READ), '어린이와 함께 살기'(Living with Children) 등이 있다. 부모들에게 행동수정 원리를 교육하여 아동의 부적응행동을 감소시키는 데 효과가 있었음을 보고한 연구결과가 있으며(Allen & Harris, 1966; Wahler, Winkel, Peterson, & Morrison, 1965; Williams, 1959; Wolf, Risley, & Mees, 1964), 우리나라 연구에서도 공격적인 행동을 보인 아동에게 토큰 강화, 타임아웃 등을 사용함으로써 아동의 문제행동이 감소한 것으로 나타났다(박경일, 2012; 서정삼, 2001; 임수연, 2003; 정경화, 2008; 홍성경, 2010, 홍길회 외, 2016에서 재인용).

6 효율적인 부모역할 수행을 위한 체계적 훈련

(Systematic Training for Effective Parenting: STEP)

STEP(Systematic Training for Effective Parenting)은 1976년 Dinkmay와 Mckay에 의해 개발된 부모교육 프로그램으로 기본가설을 민주적인 가정에 두고 있다. 이 프로그램은 Adler의 개인심리학에 기초한 Dreikurs의 민주적 부모교육이론, Ginott의 인본주의 부모교육이론, Gordon의 부모 효율성 훈련이론, Berne의 상호교류분석과 행동주의 이론 등의 장점을 종합하여 만들어진 프로그램이다.

1) STEP의 목적

STEP 이론의 교육철학은 사랑과 존중을 바탕으로 하여 인간가치를 구현하고자 하는 데 있다. STEP은 부모들이 자녀를 보다 잘 이해하고 동등한 인격체로 존중하며, 자녀가 긍정적이고 책임감 있는 행동을 할 수 있도록 부모의 능력을 향상시키며, 부모가 자녀와 좀 더 바람직한 관계를 가질 수 있도록 돕기 위한 것이다.

2) STEP의 내용

STEP은 구체적인 양육원리와 기술이 포함되어 있으며 총 9장으로 구성되어 있다. 1~2장은 자녀와 부모 자신을 이해하는 장으로 구성되어 있고, 3~5장은 부모-자녀관계에서의 상호존중, 평등에 관한 태도와 기술을 익히며, 6~9장은 자녀의 긍정적인 행동을 위한 양육기술을 배우도록 구성되어 있다.

(1) 어린이 행동 이해

이는 Dreikurs의 민주적 부모교육이론에 기초하고 있다. 부모는 자녀의 행동목적을 이해하는 것이 중요하다. 모든 행동에는 사회적인 목적이 있다. 인간은 인생의 주 목적을 소속감에 두고 의사를 결정하는 사회적 존재이기 때문에, 우리 모두는 자기가 속한 집단에서 중요한 위치를 찾고, 인정받으려고 노력한다. 이러한 요구가 좌절된 경우, 자녀는 잘못된 행동을 함으로써 소속되려고 한다. 부모가 자녀의 목적을 이해한다면 좀 더 유능한 부모가 될 수 있다.

자녀의 잘못된 행동목표를 알기 위해서는, 자녀의 잘못된 행동에 대한 부모 자신의 반응과 자녀의 잘못된 행동을 고치려는 부모의 태도에 대한 자녀의 반응을 관찰해야 한다. 잘못된 행동목표와 그에 대한 부모와 자녀의 반응 그리고 부모의 대처방안이 〈표 5-7〉에 제시되어 있다(이경우, 1986: 27).

〈표 5-7〉 아동의 잘못된 행동목표

자녀의 잘못된 생각	행동목표	부모의 느낌과 반응	부모의 행동에 대한 자녀의 반응	부모를 위한 대안
나는 관심을 끌 때만 소속감을 느낀다.	관심 끌기	느낌: 귀찮다. 반응: 관심을 보이고 달래려고 한다.	일시적으로 잘못된 행동을 중단한다. 후에 같은 행동을 다시 재개하거나 다른 방법으로 방해한다.	가능한 한 잘못된 행동을 무시한다. 고의적으로 관심을 얻으려 하지 않을 때 긍정적인 행동에 대해 관심을 보인다. 공연히 시중을 들어 주지 않는다(부모가 벌주거나 보상하거나 달래고 시중드는 것은 지나친 관심이다).
내가 모든 것을 마음대로 할 수 있고 누구도 나를 지배하지 못할 때만 소속감을 느낀다.	힘 행사하기	느낌: 흥분한다(마치 자신의 권위가 위협된 것과 같이). 반응: 싸우거나 포기한다.	적극적이거나 수동적이며 공격적이고 그 행동이 심해진다. 또는 반항적인 순종을 한다.	갈등에서 한 걸음 물러선다. 어린이에게 도움을 청하거나 협동하게 함으로써 어떻게 힘을 건설적으로 사용하는지 가르쳐 준다(부모가 어린이와 싸우거나 양보하면 어린이는 더욱 힘을 행사하고 싶어 한다).

자녀의 잘못된 생각	행동목표	부모의 느낌과 반응	부모의 행동에 대한 자녀의 반응	부모를 위한 대안
내가 상처를 받은 만큼 다른 사람도 아프게 해야 소속감을 느낀다. 나는 사랑받지 못하고 있다.	앙갚음	느낌: 깊이 상처받는다. 반응: 보복하려는 경향을 보인다.	더욱 심하게 잘못된 행동을 함으로써 복수심을 나타내거나 다른 무기를 선택한다.	감정을 상하게 하지 말아야 한다. 벌을 주지 않고 앙갚음을 하지 않는다. 신뢰적인 관계를 세운다. 사랑받고 있다는 것을 확신시킨다.
다른 사람이 나에게 아무것도 기대하지 않게 함으로써만 소속감을 느낀다. 나는 무능력하고 무기력하다.	무능함 보이기	느낌: 절망, 포기, 무기력해진다. 반응: 어떤 일도 할 수 없다고 인정하려는 경향을 보인다.	어떤 것에든지 수동적으로 반응하거나 거의 반응하지 않는다. 어떠한 향상도 보이지 않는다.	절대 어린이를 비난하지 않는다. 어떠한 긍정적인 시도라도 격려해야 하며, 조그만 일일지라도 관심을 보인다. 무엇보다도 동정하거나 포기하지 않아야 한다.

출처: 홍길회 외(2016).

(2) 자녀와 부모 자신 이해

부모가 자신과 자녀를 이해하기 위해서는 부모와 자녀의 정서, 생활방식 그리고 부모역할에 대한 자신의 기대 등을 살펴봐야 한다. 모든 행동이 목적을 지니고 있듯이 정서 역시 인간의 신념과 목적에 근거를 두고 있기 때문에, 부모는 부모 자신과 자녀의 정서가 행동에 어떤 영향을 미치는지 알아야 하며, 자녀의 생활방식을 형성하는 요소(예: 가정 분위기와 가치관, 성역할, 가족 간의 위치, 훈육방법)를 이해해야 한다. 그리고 부모들이 자녀를 위해 모든 것을 해 주어야 한다고 믿는 완벽한 부모의 문제점을 알고, 보다 현실적이고 바람직한 책임 있는 부모가 되도록 한다. 책임 있는 부모는 자녀를 믿고 존중하며, 자녀가 스스로 선택하고 책임감을 갖도록 격려한다.

(3) 자아존중감 길러 주기

격려는 부모-자녀관계를 개선하기 위한 가장 중요한 기술 중의 하나이다. 격려는 자녀의 장점과 한 일에 대해 초점을 맞춤으로써 자녀에게 자신감과 자아존중감을 갖게 하는 과정이다. 부모가 자녀를 격려하면, 자녀는 자기 자신을 믿게 되고 자기능력을 신뢰하게 된다. 자녀를 격려하는 부모의 태도는 다음과 같다.

- 자녀를 있는 그대로 수용한다.
- 자녀의 고자질을 무시한다.
- 자녀에게 긍정적 태도를 보인다.
- 자녀를 믿으면 그들도 자신감을 갖게 될 것이다.
- 장점, 잘하는 것, 공헌한 것에 관심을 보인다.
- 노력과 성취를 인정한다.
- 칭찬하기보다 격려한다.

격려는 작은 것이라도 향상되었거나 노력한 것, 그리고 아이가 잘못했을 때에도 주어질 수 있다. 칭찬은 부모로 하여금 좋은 부모로 느끼게 하는 내용을 담고 있으며, 부모의 기준에 근거해서 그리고 타인과 비교한 외적 평가에서 나온다. 반면 격려는 자녀가 어떻게 느끼는가에 관심을 두며, 어린이의 공헌에 대해 인정해 줌으로써 스스로 가치 있다고 느끼게 해 준다. 격려는 자녀가 자신의 부족함을 받아들이고, 자녀 스스로 자신감을 갖게 한다.

〈표 5-8〉 칭찬과 격려 비교

칭찬의 예	격려의 예
• '수'를 받았다니 정말 대단하구나! • 정말 훌륭한 일을 했구나. • 나는 네가 자랑스럽다.	• 네가 그것을 하면서 즐거워하니 엄마도 기쁘다. • 그 일을 열심히 한 것 같구나. • 고맙다. 많은 도움이 되었단다.

출처: 홍길회 외(2016).

(4) 의사소통: 반영적 경청

부모-자녀관계를 만족스럽게 하려면 효율적으로 의사소통이 이루어져야 한다. 부모들은 많은 경우 자녀들의 부정적인 행동이나 감정에 대해, 명령자, 도덕주의자, 전지전능자, 심판자, 비판자, 심리학자 역할의 의사소통을 함으로써, 자녀와의 관계를 해친다. 부모가 반영적 경청을 사용하면 자녀와 상호존중에 기초한 의사소통을 할 수 있다. 부모는 자녀 스스로 문제를 해결하도록 돕기 위하여, 그들의 감정을 정리하고 반영하게 해 줄 수 있다. 반영적 경청은 어린이로 하여금 자신을 좀 더 분명하게 볼 수 있게 도와주는 일종의 거울역할을 부모가 하는 것이다.

(5) 의사소통: 대안 찾기, 부모의 생각과 느낌의 표현

우리는 살아가면서 여러 가지 문제에 부딪히게 되는데, 부모는 자녀에게 문제해결을 위한 충고를 해 주기보다는, 자녀 스스로 문제를 규명하고 해결하기 위한 적절한 방안을 선택할 수 있도록 도와주어야 한다. 이는 Gordon의 부모 효율성 훈련의 제3의 방법의 단계와 유사하다.

또한 자녀와 의사소통하면서 부모의 생각과 느낌을 표현하기 위해 너-전달법이 아닌 나-전달법을 사용하도록 한다. 너-전달법이 상대편이 잘못했다고 비난하는 것이라면, 나-전달법은 상대편의 행동에 대한 나 자신의 느낌을 표현하는 것이다.

(6) 책임감 훈육방법

일반적으로 자녀를 양육할 때, 부모는 보상과 처벌을 통한 훈육을 한다. 하지만 보상과 처벌을 통한 훈육방법은 자녀의 책임감 증진과 자율성 신장에 방해가 된다. 책임감 훈육방법으로 자연적 귀결과 논리적 귀결을 사용해서 어린이 스스로 자신의 행동을 선택하고 책임지도록 해야 한다.

(7) 자연적·논리적 귀결의 활용

자연적·논리적 귀결을 일상생활에서 적용하도록 한다. 예를 들어 자녀가 학교에 가지고 갈 준비물을 잊어버릴 경우, 전형적인 부모의 반응은 상기시켜 주고, 잔소리하고, 위협하며 벌주고 야단을 치는 것이다. 그러나 자연적·논리적 귀결을 사용한다는 것은 자녀가 준비물을 안 가지고 학교에 갔다는 것이 부모의 문제가 아니라는 것이다. 자녀의 건망증이 누구에게 영향을 미치느냐에 따라 결과가 달라진다. 만일 어린이가 부모와 상관없는 일을 잊어버렸다면, 간섭하지 않아야 한다. 간섭하지 않으면, 자녀는 그것이 자녀의 문제임을 인식하고 스스로 결정하는 것을 학습하게 된다. 자연적·논리적 귀결의 활용방법은 자연적이고 논리적인 결과를 도덕적 상황에 대응시켜 활용한다.

(8) 가족모임

가족모임은 가족구성원 모두가 정기적으로 모임을 갖고 의사결정 과정에 온 가족이 참여하는 것이다. 가족모임은 좋은 경험을 나누고 서로 긍정적인 감정을 나누는 데 있어서 적합한 시간이다. 이를 통해 가족구성원 모두가 의사결정에 참여하며, 이로써 부모와 자녀 간에 좋은 관계를 유지할 수 있다. 규칙적인 가족모임은 성공적인 모임이 되도록 지침을 정하고, 집안에서 일어난 좋은 일을 알리고 각자의 장점을 인정함으로써, 가족 간에 화합을 증진시키고 애정을 돈독하게 할 수 있다.

(9) 자신감 개발 및 잠재력 발휘

부모는 자녀와의 관계를 개선하기 위해 많은 노력을 하겠지만 자녀와 갈등에 직면하는 일은 지속될 것이다. 때때로 자녀는 잘못된 행동을 하며 실수를 할 것이다. 부모는 자신이 불완전하며, 자녀 또한 불완전하다는 사실을 용납할 수 있는 용기가 있어야 한다. 또한 인간관계에 해로운 영향을 미치는 패배적인 신념으로부터 벗어나야 한다. 즉 "나는 자녀양육법에 대해 완벽하게 알아야만 한다.", " 내

자녀가 내 말에 순종하지 않는 것은 부모로서의 내 권위에 대한 도전이다."라는 바람직하지 않은 생각은 부모 스스로 좌절하게 만든다. 부모 자신의 신념이나 행동을 변화시킴에 따라 부모의 감정도 변할 수 있다(홍길회 외, 2016).

3) STEP의 운영과 효과

STEP은 집단으로 실시되는데, 한 집단은 10~12명으로 구성되며 9주 동안 일주일에 2시간씩 모임을 갖는다. 교육방법은 교재와 오디오 테입을 활용하여 주제에 대한 이해와 토의, 실제 연습을 위한 여러 가지 활동 등으로 구성되어 있다.

STEP을 통해 부모의 양육태도와 자아개념이 긍정적으로 변하고 그로 인해 자녀의 행동도 긍정적으로 변화된 것으로 보고하였다(김선희, 2006; 오영순·원지현, 2008; 최덕선, 2009). 즉 STEP훈련을 받은 부모들은 자녀의 행동을 긍정적으로 수용하게 되면서 자녀의 행동변화를 이끌 수 있는 것으로 나타났다.

새로운 시대의 부/모/교/육

CHAPTER

06

유아교육기관과 부모

1 유아교육기관의 정책과 부모

유아기 자녀를 둔 부모나 가족의 지원방안을 모색할 때는 유아교육기관의 정책과 부모나 가족의 입장을 동시에 고려하도록 해야 한다. 이에 유아교육의 효율성을 극대화하기 위해서는 유아교육기관의 정책과 부모를 동시에 지원하는 방안을 검토할 필요가 있다. 유아교사들 역시 부모의 관심사에 대하여 주의 깊게 듣고 반영적인 반응을 할 때, 보다 문제해결에 가깝게 다가갈 수 있게 된다. 교육기관에 부모참여를 활성화하기 위해서는 가정과 교육기관 간의 연계가 이루어질 필요가 있으며 이는 보다 효과적인 교육을 실시하는 데 도움이 된다(김진영 외, 2010).

1) 유아교육기관과 부모와의 관계 필요성

유아가 전인적이고 균형적 발달을 하기 위해서는 유아교육기관에서의 교육에 있어서 유아교육기관과 가정과의 긴밀한 협조와 의견 교환이 있어야 한다. 가정교육과 유아교육이 원활한 조화를 이루기 위해서 교사는 유아들의 가정생활을, 그리고 부모는 유아의 학교생활의 정보를 교환해야 한다.

따라서 유아교육기관과 부모와의 긴밀한 협조는 다음과 같은 이유에서 필요하다(홍길회 외, 2016).

(1) 자녀의 건전한 성장과 발달

부모들은 자녀들의 교육에 관심을 갖고 자녀들을 보다 잘 교육시키고자 유아교육기관에 보낸다. 그러나 유아교육이 성공적으로 되기 위해서는 교사나 원장의 노력뿐만 아니라 유아교육기관에 대한 부모들의 관심과 협조가 필요하다. 부모들은 유아교육이 충실히 이루어질 수 있도록 그 교육에 참여하는 것이 바로 자기 자녀들의 건전한 성장과 발달을 돕는 것이다.

(2) 가정교육과 유아교육의 일관성 유지

나이가 어린 유아일수록 주변 환경의 영향을 많이 받는다. 유아가 가장 많이 접하게 되는 부모나 교사는 유아에게 많은 영향을 미친다. 따라서 부모는 유아교육기관에서 유아들이 무엇을 배우고 어떻게 생활하는지 직접 관찰해 봄으로써 자녀들을 어떻게 가르치고 지도해야 할 것인가를 배워야 하며, 가정교육과 유아교육은 서로 일관성 있게 이루어져야 하며 이를 위해 부모들은 유아교육기관에 참여하여 보고 배우고 실천에 옮길 수 있도록 노력해야 한다.

(3) 가정과 유아교육기관과의 상호신뢰를 도모

유아교육이 성공적으로 이룩되기 위해서는 교사와 유아들 사이에 존경과 사랑에 바탕을 둔 상호이해가 있어야 할 뿐만 아니라. 자녀들을 유아교육기관에 보내는 부모들과 교사 사이에도 상호이해와 협조가 절실히 필요하다. 이러한 상호이해나 협조는 서로가 서로를 믿는 데서 우러나온다. 부모들은 교사를 믿고 자녀를 맡겨야 할 것이며, 교사들은 가정과 부모를 믿고 유아를 충실히 지도해야 한다.

(4) 유아지도에 필요한 정보를 상호교환

부모교육의 우선적인 목표는 자녀의 발달과정이나 양육방법과 관련된 폭넓고 전문적인 정보를 제공, 교환하는 것이다. 강의, 토의, 집단모임, 책읽기 등을 통하여 부모 상호 간에 혹은 집단지도자로부터 자녀양육과 관련된 정보를 교환하고 획득할 수 있다. 이는 빈곤가정에 대한 보상교육을 실시함으로써 부모의 교육기능을 활성화하고자 했던 초기의 부모교육의 중요한 목표였으며, 아직도 부모교육의 중요한 요소이다. 교사는 유아를 충실히 지도하기 위해서 유아의 개개인에 대한 신상을 충분히 파악하고 있어야 한다. 각 유아들의 가정환경, 부모와 자녀교육에 대한 관심도, 부모들의 자녀양육 방법, 유아의 생활습관, 건강상태, 성장과정 등에 대해 자세히 알고 있어야만 유아들의 특성이나 개성에 맞는 지도를 할 수 있다. 그러기 위해서 부모와 교사 사이에 정보교환이 이루어 져야 한다. 대화 또는 가정통신문과 같은 알림장이나 유인물을 통하여 정보교환이 가능하다.

(5) 부모의 자녀교육에 필요한 지식이나 기술의 습득

정보교환만으로는 부모의 행동을 변화시키는 데 불충분하므로, 이와 병행하여 기술 습득의 방법이 보편적으로 행해지고 있다. 자녀양육과 관련된 기술의 습득이라는 목표를 달성하기 위해 부모교육 프로그램에서 가장 보편적으로 다루고 있는 내용은 부모–자녀 간의 의사소통에 관한 것이다. 부모–자녀 간의 상호작용이 효과적으로 이루어지기 위해서는 대화를 통한 원만한 의사소통이 필수적이라는 전제 하에 대부분의 부모교육 프로그램들은 부모–자녀 간의 대화기법에 대한 내용을 중심으로 다루고 있다. '나–전달법', '반영적 경청'의 방법은 P.E.T, STEP 등과 같은 많은 부모교육 프로그램들에서 사용되고 있는 방법이다.

부모들은 유아교육기관을 직접 방문하여 교사가 유아들을 지도하는 상황을 참관하여 관찰하거나 지도하는 활동에 보조교사로서 참여하거나 더 나아가서 유아들을 직접 가르치는 보조교사로서의 활동을 해 봄으로써 자녀교육에 필요한 지식이나 기술을 습득할 수 있다. 또는 부모교육과 관련된 강의를 듣거나 실습해 봄으로서 자녀들의 발달특징과 지도방법에 대한 지식이나 기술을 습득 할 수 있다.

(6) 교사의 과중한 업무부담 감소

교사 대 유아의 비율이 높을 때 교사는 유아들을 지도하기 힘들 뿐만 아니라 유아교육기관 운영이나 교육에 관련된 각종 서류의 정리, 지도에 필요한 학술자료 준비, 학급환경 정리, 행사 준비나 진행 준비 등 과중한 업무를 처리해 나가는 데 상당한 어려움이 따르게 된다. 부모들이 유아교육기관에 참여하는 것은 교사의 과중한 업무무담을 덜어 줄 뿐만 아니라 자녀교육에 필요한 지식이나 기술을 습득할 수 있다는 의미에서도 상당히 필요하다.

(7) 유아교육기관의 효율적인 운영

유아교육기관에서의 교육은 넓게는 그 지역사회의 문화적 요소 특히 지역사회 구성원들의 태도와 습관에 영향을 받고 보다 직접적으로는 유아교육기관에서 자녀들을 보내고 있는 부모들의 영향을 받는다. 그러므로 유아교육기관에서의 교육이 효율적으로 수행되기 위해서는 지역사회인사들, 특히 부모들의 요구나 필요를 반영해야 한다.

2) 유아교육기관에서의 부모교육의 내용

유아교육기관에서의 부모교육 내용은 다음과 같다.

(1) 유아교육 및 양육과 부모의 역할

부모는 유아의 사회·정서적, 인지적, 언어적, 신체적 발달에 가장 중요한 영향을 미치므로 부모 자신들이 자녀의 성장 발달을 돕기 위한 역할이 무엇이며 또 그 중요성을 부모에게 인식시키는 데 관련된 내용들이 다루어진다.

(2) 유아발달의 특징과 그 지도방법

부모가 유아의 발달을 촉진시키는 데 필요한 가정환경을 조성하고 또 그들 자신의 역할을 다하기 위해서는 우선 유아의 신체적, 사회·정서적, 인지적, 언어적 발달의 특징을 알고 있어야 하며 그에 따른 지도방법 또한 알고 있어야 한다.

(3) 유아의 문제행동과 그 지도방법

유아의 문제행동들은 부모나 교사, 다른 어른들이 모르는 사이에 가르친 것들이다. 유아는 어른들의 행동을 모방하게 되므로 부모나 교사는 모범을 보여야 한다. 즉, 유아의 문제행동들을 사회적 학습의 결과로 보고 부모가 가정에서 그 문제행동을 고쳐 줄 수 있는 지도방법에 관한 내용들을 다룬다.

(4) 자녀와의 대화기법

부모는 자녀양육을 하는 동안 효과적인 의사소통에 어려움을 느낀다. 부모는 많은 경우에 자녀의 말뜻을 이해하지 못하거나 잘못 이해하며 또한 부모 자신들이 자녀에게 전하고자 하는 바를 전달하지 못하거나 잘못 전달한다. 이러한 부모와 유아 자녀 간의 대화의 문제는 바로 양육문제와 직결된다 유아교육 및 보육이 가정에서 효과적으로 이룩되기 위해서는 부모와 자녀 간의 대화가 잘 이루어 져야 한다. 그렇기 때문에 부모와 자녀 사이의 효과적인 대화방법에 관한 내용을 다룬다.

(5) 가정에서의 학습환경 조성

유아가 매일 접촉하는 가정환경은 발달에 많은 영향을 준다. 풍요한 가정환경에서는 유아의 발달을 촉진하는 다양한 학습경험의 기회를 많이 제공해 준다. 여기서 풍요한 가정환경이란 비싼 장난감이나 다른 물건들이 많다는 것이 아닌 주어진 그대로의 환경을 교육적으로 어떻게 활용하느냐에 따라 그 환경은 얼마든지 풍요한 환경이 될 수 있다는 것이다. 그러므로 유아의 발달을 촉진시켜주기 위한 학습환경을 조정해 주는 방법을 다룬다.

(6) 유아교육기관에서의 부모참여

부모가 유아교육기관의 교육 혹은 보육 프로그램에 참여하는 것은 그 교육의 지속적인 효과에 많은 영향을 준다. 더욱이 한 교사가 맡은 반의 수가 30명이 넘는 학급상황에서 부모의 참여는 매우 중요하다. 부모참여의 정도나 방법은 여러 가지가 있을 수 있다. 가장 대표적인 것은 부모가 보조교사의 역할을 담당하는 것으로 부모는 교사가 유아들이나 학습 보조 자료를 만드는 데도 부모가 참여할 수 있다. 부모가 유아교육기관의 교육활동에 적극적으로 참여하여 지원해 주는 구체적인 방법에 관한 내용을 다룬다.

(7) 부모를 위한 일반상식

부모는 자녀의 교육 이외에 가정의 관리 및 운영, 나아가 지역사회 발전에 참여하기 위해서 최소한 상식수준에서의 여러 가지 정보를 필요로 한다. 부모의 일반상식으로 지적할 수 있는 내용은 다양하다. 또한 가정에 따라 또는 주부에 따라 필요로 하는 상식이 다르다(홍길회 외, 2016).

2 유아교육기관, 가정, 지역사회의 동반자 관계

1) 부모교육과 지역사회와의 연계목적

(1) 교사와 부모의 관계

교사와 부모는 아동과 교육에 대한 깊은 이해를 하고, 유아들의 가능성을 개발할 수 있도록 교사와 부모가 연계하여 공동의 관심사와 좀 더 나은 프로그램과 교육의 기회를 창출하기 위하여 함께 노력한다.

(2) 교육기관과 지역사회 관계

교육기관은 지역사회에서의 금전적인 후원뿐만 아니라 자원봉사 등 어린이들에 대한 보육서비스 향상을 위한 다양한 후원과 유대관계가 지속적으로 있어야 한다.

(3) 부모와 지역사회 관계

부모와 지역사회 간의 관계형성은 신뢰감을 조성하기 위함이다. 그리고 유아를 교육기관에 맡기는 고정관념에서 벗어나 지역사회와 함께하는 교육으로 발상을 전환하기 위해서도 신뢰로운 관계형성은 필요하다. 또한 지역사회는 부모들에게 보다 효율적인 부모역할을 할 수 있도록 기술을 교육해 줄 수 있는 기회도 제공해 줄 수 있다.

2) 유아교육기관과 지역사회 연계의 필요성

최근 보육에 대한 패러다임의 변화는 유아의 교육에 있어서 개인의 책임이 아닌 사회가 연계하여 책임을 지는 교육의 사회화 기능이 강조되고 있다. 「영유아보육법」 시행규칙 23조에 의하면 지역사회 교류에서 '지역사회 인사의 보육활동에의 참여, 지역사회의 유아교육기관 활용, 교육기관의 지역사회시설 활용, 대중매체를 통한 지역사회와의 의사소통 등을 통하여 효율적인 교육프로그램의 운영과 유아교육기관, 가정, 지역사회와의 공조체제와 책임분담을 도모함으로써 아동, 가정, 지역사회 모두의 복지에 공헌하도록 하여야 한다.'고 규정하면서 지역사회 서비스의 필요성을 강조하고 있다. 저출산으로 인한 문제로 출산과 양육을 장려할 수 있는 각종 지원사업이 지역사회기관 내에서 활발히 이루어지는바 보다 적극적인 유아교육기관과 지역사회기관과의 연계가 필요하다.

유아발달 면에서 유아교육기관과 지역사회와의 관계는 유아를 둘러싼 생태학적 환경에 속하며 유아교육기관과 지역사회는 서로 끊임없이 상호작용하고, 각각의 기능에 상호 민감하게 반응하면서 발달해 가는 유기체적 관계를 형성한다. 이는 지역사회의 자원을 활용하는 것에서부터 지역사회가 유아들이 생활하기에 편안하고 유익한 양육환경으로 변화해 가며, 유아교육기관 또한 지역사회의 특성과 요구, 지지 및 지원에 따라 운영체계 전반에 영향을 받게 된다. 결국 유아교육기관과 지역사회는 상호협력 하에 유아에게 있어 질 높은 교육이 가능하도록 만든다.

3) 유아교육기관과 지역사회의 연계내용

유아교육기관과 가정, 그리고 지역사회는 모두 유아의 발달에 있어서 중요한 역할을 담당하는 주체이다. 이 세 가지 주체는 서로에 대하여 나름대로 다양한 관점을 가지고 있는데 특히 유아교육기관의 입장에서 유아와 가정, 그리고 지역사회를 어떻게 생각하고 있는가에 따라 교육의 효과에 많은 영향을 미치는 것으로 알려져 있다.

교육기관의 입장에서 유아의 가족과 지역사회를 유아교육기관과는 상호관련성이 없는 존재로 생각하는 경우, 유아를 기관과 교사에게 전적으로 위임하기를 원하고 동시에 부모들이 교육기관과의 사이에 적절한 연계가 이루어지지 않아 교육의 효과를 감소시키게 될 것이다.

유아교육기관에서 유아의 가정과 지역사회를 유아를 위한 교육의 효과를 극대화시키는 과정에서 매우 중요한 역할을 하는 존재로 인정하는 경우 이 세 주체는 서로를 상호협력하는 동반자로 인식하여 유아를 위한 최선의 교육과정과 환경을 제공해 주기 위하여 함께 노력하게 될 것이다.

상호협력하는 동반자 관계에 있는 유아교육기관과 가정, 그리고 지역사회는 가정 같은 유아교육기관, 유아교육기관 같은 가정, 지역사회와 함께하는 가정, 가정에 대하여 우호적인 유아교육기관과 지역사회로 묘사된다(홍길회 외, 2016).

(1) 가정 같은 유아교육기관

가정과 상호협력적인 동반자 관계에 있는 유아교육기관은 기본적으로 가정과 같은 따뜻하고 수용적인 분위기를 가지고 있다. 가정과 마찬가지로 교육기관에서도 유아들과 그들의 가정을 있는 그대로 존중하고 그들의 독특한 문화와 가치관을 수용하고자 노력한다. 이러한 교육기관에 다니는 유아들과 그들의 가족은 편안한 마음으로 자신의 개성을 마음껏 발휘할 수 있어 행복한 삶을 살 수 있게 된다.

(2) 유아교육기관 같은 가정

유아교육기관과 진정한 의미로 상호협력하는 동반자관계를 유지하고 있는 가정은 교육기관의 긍정적인 특성을 갖추고 있다. 자녀를 한 사람의 능력 있고 자존감 있는 존재로 존중하고 자녀를 자신의 소유물로 여겨 마음대로 다루지 않는다. 이러한 가정의 부모와 가족은 자녀의 발달을 촉진시킬 수 있는, 유아의 발달에 적절한 상호작용 방법과 교수-학습 방법을 교육기관에서의 부모교육이나 부모참여를 통하여 습득한 후 학습한 대로 가정에서 자녀와 상호작용을 한다. 유아는 부모와의 긍정적인 상호작용을 통하여 능력 있는 학습자로 성장하게 된다.

(3) 지역사회와 함께하는 가정

유아와 가족이 지역사회에서 성공적으로 적응하는 삶을 살아가기 위해서는 지역사회의 다양한 기관이나 관계자들과 우호적이고 친밀한 관계를 유지할 필요가 있다. 지역사회의 다양한 기관으로부터 적극적으로 지원을 받을 필요도 있고 동시에 지역사회의 도움이 필요한 사람들에게 적극적으로 도움을 제공할 필요도 있다. 이러한 과정을 통하여 영유아와 가정, 그리고 지역사회가 함께 삶을 살아가는 공동체적 분위기를 조성함으로써 궁극적으로 서로 조화를 이루는 긍정적인 생활의 가치를 터득할 수 있게 된다.

(4) 가정에 대하여 우호적인 유아교육기관과 지역사회

유아교육기관과 지역사회가 유아와 그들의 가족에 대하여 우호적인 태도를 형성하는 것이 중요하다. 과거에 일반적으로 받아들여졌던 전형적인 유형의 가족만을 생각하는 것에서 벗어나 적극적으로 현대사회의 가족의 특성을 이해하고자 노력할 필요가 있고, 이에 따라 유아와 가족에게 도움을 줄 수 있는 교육과정을 적극적으로 개발하여 실시할 필요가 있다.

4) 유아교육기관과 지역사회 연계활동 내용의 예

유아교육기관과 지역사회 연계활동으로는 대표적으로 보건소와의 연계, 아동상담소와의 연계, 보육정보센터와의 연계 등이 있다. 또한 주민자치센터와의 연계 구청 및 동사무소에서 이루어지는 특별활동, 예절활동 강사의 파견을 통한 연계활동, 지속적인 주민의 자원봉사 및 참여연계활동을 실시할 수 있다.

이외에도 사회복지기관과의 연계, 구청, 동사무소와의 연계, 견학 및 경찰 파견교육을 통해 영유아기부터 교통안전교육 등을 실시함으로써 우리에게 도움을 주는 기관에 대한 친근감을 가질 수 있도록 하는 경찰서와의 연계 등이 있다.

5) 유아교육기관과 지역사회의 긍정적인 관계형성 방법

성공적인 유아교육기관, 가정, 지역사회의 동반자 관계형성 을 위해서는 서로를 지원하는 긍정적인 관계형성 이 이루어져야 한다(홍길회 외, 2016).

(1) 지혜로운 부모역할 지원

유아의 학습에 적합한 가정환경 제공에 관한 정보를 알려 주고 효율적인 부모역할 기술을 획득할 수 있도록 부모를 지원한다. 유아교육기관이 가정을 이해하기 위하여 보다 적극적으로 노력한다.

(2) 의사소통

유아교육기관의 프로그램과 유아의 발달상황에 대하여 유아교육기관에서 가정으로, 그리고 가정에서 유아교육기관으로서의 효과적인 의사소통을 가능하게 하는 방안을 모색한다.

(3) 자원봉사

유아교육기관과 유아들을 지원할 수 있는 자원봉사자 집단을 조직한다.

(4) 가정학습에의 참여

가정에서 이루어지는 학습활동을 비롯한 다양한 활동들에 유아와 부모가 함께 참여할 수 있도록 격려한다.

(5) 의사결정

유아교육기관의 의사결정 과정에 부모의 참여를 격려하고 부모 지도자를 훈련한다.

(6) 지역사회와의 협력

가정, 유아, 그리고 유아교육기관을 위하여 지역사회의 자원과 서비스를 활용하기도 하고, 지역사회에 서비스를 제공하기도 한다.

3 가족중심 유아교육에서의 교사의 역할

부모들은 자기 자녀에 대해 가장 잘 알며, 자녀의 발달에 대해 가치 있는 정보를 나눌 수 있다. 교사진들은 유아발달에 대한 전문적인 훈련을 받았으며, 유아들이 집단상황에서 어떻게 반응하는지를 그날그날 볼 수 있는 기회를 갖는다.

따라서 유아의 전인적인 발달을 위하여 교육프로그램과 부모는 같은 유아들에게 관심을 두고 있기 때문에 협력은 필수적이다.

1) 가족중심 유아교육에서의 교사역할의 필요성

유아교사는 매일의 일상을 경험하면서 다양한 경로로 부모들과 상호작용한다. 아침저녁으로 자녀를 데리고 오고 가는 부모와 만나면서, 혹은 전화와 쪽지 편지를 주고받으면서 부모들과 대화를 나눈다. 이렇게 부모의 입장에서 볼 때 자녀와 관련된 많은 이야기를 주고받는 대상인 교사는 부모가 삶 속에서 만나게 되는 다른 여러 가지 문제를 해결하는 과정에서도 가장 먼저 생각하게 되는 믿을 만한 조언자가 되기도 한다. 이러한 경우에 교사는 유아와 그들의 부모에 대한 강한 책임감을 가지고 신뢰받을 수 있도록 행동할 필요가 있다(Couchenenour & Chrisman, 1988).

2) 가족중심 유아교육에서의 교사역할

가족중심 유아교육에서의 교사의 역할에 대해 정리해 보면 다음과 같다(홍길회 외, 2016).

첫째, 유아교사는 부모가 가족과 관계된 어떤 문제를 공유할 때 항상 신뢰할 수 있는 대상이 되어야 한다.

부모들에게 있어서 유아교사들은 자녀를 맡기며 매일 만나게 되는 가장 가깝고도 친근한 존재로 인식되는 경우가 많다. 이런 이유로 인하여 자녀와 관련된 문제는 아니더라도 다른 많은 사적인 이야기를 교사와 나누게 된다. 이러한 경우 교사들이 반드시 명심해야 할 중요한 일은 부모들이 말한 내용에 관하여 반드시 비밀을 지켜야 한다는 것이다. 여러 부모들과 일상적으로 접촉하는 교사가 무심코 별다른 생각 없이 한 이야기가 유아와 부모에게 깊은 상처로 남을 사건을 불러 올 수 있기 때문이다. 그리고 한 번 이런 일이 벌어지게 되면 그 순간부터 부모의 교사에 대한 신뢰는 사라지게 되고 다시는 교사와 부모 사이에 깊이 있는 상호작용이 이루어질 것을 기대할 수가 없게 된다. 유아교사가 부모들에게 항상 신뢰를 줄 수 있는 존재로 남아 있는 것이 부모지원의 과정에서 필수적으로 요구되는 역할임을 반드시 기억해야 한다.

둘째, 부모 및 가족지원의 과정에서 유아교사들은 자신의 역할과 한계를 반드시 명확하게 인식하고 있어야 한다.

유아교사로서 유아의 부모와 상호작용을 할 때 공적인 일이기보다는 보다 사적이고 개인적인 차원에서 일이 이루어지는 경우도 많다. 이러한 경우 유아교사들이 개인적인 인정이나 사사로운 감정에 이끌려 교사로서 보다는 사적인 친분이 있는 사람으로서 행동하는 경우도 많다. 문제의 성격이나 교사, 그리고 부모의 특성에 따라서 달라질 수는 있겠지만 대부분의 경우 유아교사들은 전문가로서의 태도를 잊지 않고 부모의 사적인 부분까지는 관여하지 않는 것이 바람직하다. 유아와 부모에 관하여 염려하고 있다는 사실을 알리는 동시에 전문가로서의 한계를 명확히 하는 것이 지혜로운 교사로서의 태도라고 할 수 있다.

셋째, 유아교육기관에서 이루어진 다양한 부모지원 사례들에 관한 정확한 정보를 기록하여 보관할 필요가 있다.

유아와 가족에 대한 정확한 정보는 부모를 지원하는 과정에서 도움이 될 뿐만 아니라 유아를 위한 교육기관에서의 교육과정을 구성할 때도 많은 도움이 된다. 정보를 보관할 때 중요하게 고려할 점은 유아와 부모에 관한 비밀이 철저히 지켜질 수 있어야 한다는 것이다. 정확히 기록되고 잘 보관된 자료는 유아교사들의 부모지원 과정에서 유용하게 활용할 수 있는 자료가 될 것이다(김진영 외, 2010).

4 유아교육기관과 가정의 첫 만남

많은 유아들이 유치원에 입학하면서 부모와 헤어지는 것에 불안을 느끼거나 기관에 적응하는 데 있어서 어려움을 겪는다. 특히 나이 어린 영아들은 부모와의 이별에 상당한 충격을 받을 수 있다.

교사 역시 학기 초에는 많은 유아들이 동시에 입학하기 때문에 수업의 진행보다는 유아의 적응에 가장 많은 에너지를 쏟게 된다. 부모 역시 어린 자녀가 사회에 적응해 가는 것을 대견하게 바라보지만 헤어지기 어려워하고 울고 불안해 하는 자녀의 모습에 당황할 수 있다.

이에 유아교육기관과 가정의 첫 만남을 부모와 교사, 유아와 교사, 유아와 부모와의 관점에서 살펴보고 이들이 겪는 어려움 및 극복방안에 대해 살펴보고자 한다(홍길회 외, 2016).

1) 부모와 교사

교사들은 유아들과 어떻게 지낼 것인지에 모든 관심이 집중되어 있기 때문에 유아들 뒤에 있는 부모들의 중요성을 깨닫지 못하는 경우가 많다. 유아들과 지내는 것에는 익숙하지만 부모들과는 어떻게 지내야 할지 당황스러워 한다. 가능하면 부모를 멀리하려 하고 부모 역시 교사를 어려워한다. 그러나 유아기는 부모가 대부분의 의사결정을 하는 상황이기 때문에 부모와의 정보교류와 신뢰형성은 교육에 영향을 줄 수 있다.

우리나라 속담에 '시작이 반'이라는 말이 있다. 부모와 교사의 관계도 하나의 인간관계이기 때문에 첫 만남이 중요하다. 부모들은 자녀를 기관에 보내면서 정서적으로 상당히 긴장하는데 이때 교사의 태도는 서로의 관계에 중요한 역할을 한다. 따뜻하고 부드러운 첫인상을 통해 신뢰를 형성하는 것이 중요하다.

부모가 처음으로 기관에 방문하였을 때 환영받고 있다는 느낌을 가질 수 있도록 배려해야 한다. 부모에게 유치원의 교육목적이나 교육프로그램에 대하여 안내하는 것이 필요하다. 유아교육기관은 다양한 교육프로그램을 운영하고 있기 때문에 부모들에게 유치원의 교육철학을 공유하는 것이 중요하다. 이러한 안내를 위해서는 기관의 홈페이지나 인터넷 카페를 안내하거나 간단한 책자를 마련해 두는 것이 필요하다.

(1) 홈페이지

- 유아교육기관 홈페이지의 내용

① 기관의 소개

② 교육프로그램

③ 주요행사

④ 게시판

⑤ 방명록

출처: www.dreamnare.com

[그림 6-1] ○○유치원 홈페이지

(2) 인터넷 카페

출처: cafe.daum.net/hmcps

[그림 6-2] ○○유치원 인터넷 카페

(3) 안내 책자

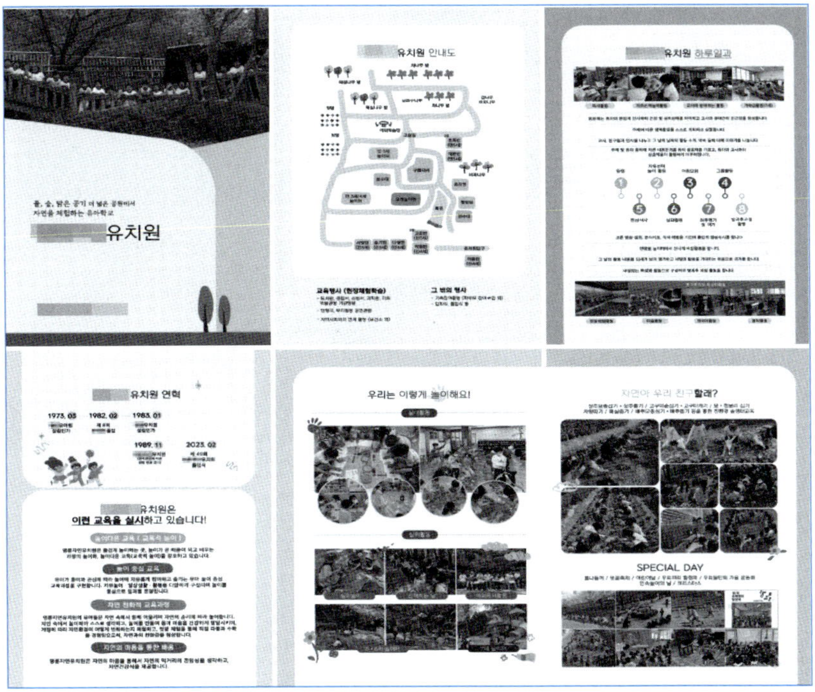

출처: blog.naver.com/gpgpdls1203/222900543253

[그림 6-3] ○○ 유치원 안내 책자

2) 유아와 교사

유아와 교사의 첫 만남은 중요하다. 교사는 부모의 품을 떠나 낯선 장소에서 낯선 사람들과 지내는 것이 유아에게 얼마나 어려운 일인지 이해할 필요가 있다. 처음부터 부모가 교사에게 유아를 완전히 맡기고 떠나는 것은 바람직하지 않다. 부모, 교사, 유아가 함께하는 기회를 통해 서로를 소개하고 얼굴을 익히는 과정이 필요하다. 이때 교사는 역시 따뜻하고 부드러운 인상을 주는 것이 중요하며 키를 낮추어 유아와 이야기하고 손을 잡는 등 가벼운 접촉을 통해 유아와 친숙한 관계를 형성하려고 노력한다(홍길회 외, 2016).

(1) 유아들이 동시에 입학하는 경우

유아교육기관에서는 유아의 적응을 도울 수 있는 체계적인 프로그램을 계획하는 것이 바람직하다. 다음은 유아의 적응을 돕기 위한 입학 전 프로그램의 예이다.

입학 전 프로그램의 예

1단계: 30분 정도

① 유아와 부모가 함께 기관을 방문한다.

② 교사와 인사를 나누고 교실을 둘러본다.

③ 부모, 교사와 함께 몇 가지 놀잇감을 가지고 놀아 본다.

2단계: 1시간 정도

① 유아와 부모가 함께 기관을 방문한다.

② 5~6명 정도의 유아들이 함께 교실에서 놀 수 있도록 한다.
이때 부모들은 옆에서 차를 마시며 담소한다.

3단계: 1시간 30분 정도

① 유아와 부모가 함께 기관을 방문한다.

② 반 전체 유아들이 교사와 함께 자유놀이나 동화 듣기 등 몇 가지 교육활동을 한다.

출처: 김진영 외(2009).

이와 같이 적응은 서서히 이루어지는 것이 좋다. 입학 후에도 종일제의 경우에는 처음에는 오전, 그다음에는 간식까지, 낮잠으로 시간을 늘려 가는 것이 바람직하다. 반일제의 경우에도 처음에는 반 정도로 시간을 줄여 시작하는 것이 좋다. 이러한 과정은 부모들에게 상당한 어려움을 줄 수 있다. 특히 직장을 가진 부모의 경우는 자녀의 적응을 위해 기관에 와서 시간을 보내는 것이 현실적으로 불가능할 수 있다. 그러나 초기에 자녀를 기관에 강제로 떼어 놓는 것이 자녀에게 상당한 충격을 줄 수 있다는 것을 생각한다면 어렵지만 반드시 필요한 과정이라는 것을 이해할 필요가 있다.

(2) 중간에 입학하는 경우

모든 유아가 동시에 입학하는 경우와 달리 중간에 기관에 들어오는 경우는 특히 적응을 위한 세심한 배려가 필요하다. 모든 유아들이 서로 친숙하게 지내고 있는 상황에서 홀로 교실에 들어가는 것은 유아에게 상당한 위축감을 줄 수 있기 때문이다(Gestiwicki, 2000).

처음에는 부모와 함께 운동장에 와서 놀거나 수업에 잠깐 참여할 수 있다. 간식을 같이 먹거나 수업 이후 몇몇 유아가 함께 놀 수 있도록 배려하여 친구들과 자연스럽게 사귈 수 있도록 도움을 주는 것이 필요하다. 유아가 잘 적응하지 못하는 경우에는 부모와 함께 수업을 지켜보면서 한두 가지 활동에 참여하고 점차 시간을 늘려가는 방법을 사용할 수도 있다.

3) 유아와 부모

유아들의 초기 적응은 개인의 기질, 입학 전 기관에 대한 경험 여부, 부모와의 애착유형 등에 따라 다르게 나타난다. 교사는 유아와 부모가 서로 헤어지는 과정을 이해하고 수용할 필요가 있다. Keyser(2006)는 부모는 빨리 떠나는 것이 좋고 무조건 분리해야 한다는 일부의 의견에 반대한다. 몇몇 교사들은 부모가 있으면 유아가 더 오래 울고 다른 유아들의 적응에도 방해가 된다고 생각하지만 무조건 분리하는 것은 유아들의 정서에 심각한 문제를 일으킬 수 있다는 것이다.

다음은 유아와 부모가 헤어지고 만나는 과정에서 고려해야 할 사항이다(홍길회 외, 2016).

(1) 부모들이 당황하지 않도록 안심시킨다

유아들은 부모와 헤어져 낯선 장소에 남겨지는 과정에서 상당한 스트레스를 받는다. 부모가 이러한 상황을 이해하고 수용하는 것이 중요하다. 자녀가 울고 매달리는 것은 정상적인 행동이며 많은 유아들이 함께 겪는 과정임을 이야기한다. 부모들은 자녀의 불안한 모습에서 걱정이나 죄책감을 느낄 수 있으며 특히 정해진 시간에 출근을 해야 하는 경우에는 당황하고 짜증스러워 할 수 있다. 교사는 여러 가지 경험이나 연구를 들어 부모에게 정보를 누고 안심시키며 중간에도 유아가 어떻게 지내는지 연락해 줄 필요가 있다.

또한 초기에는 잘 적응하다가 새삼스럽게 울기 시작하는 아이들도 있다. 이들은 처음에는 새로운 환경에 흥분하여 부모가 없어진 사실을 잘 모르다가 며칠 지나서 비로소 현실을 깨닫는 유아들이다(Keyser, 2006). 유아들은 동조감정이 강하기 때문에 친구가 우는 것을 보고 자극받아 울기 시작하기도 한다. 간혹 학부모들은 초기에 잘 다니던 아이에게 무슨 일이 있는 것은 아닐까 걱정하기도 하는데 이러한 현상을 일상적으로 일어나는 일임을 알리고 안심시킬 필요가 있다.

(2) '이별'에 대해 유아들이 어떻게 느끼는지 부모를 이해시킨다

유아들은 어른과 같은 방식으로 시간을 이해하지 못한다. 같은 시간이라도 유아들은 한없이 길게 느낄 수 있다. 부모가 안보이면 없어졌다고 생각하고 돌아올 것이라고 확신하지 못할 수 있다. 심하면 부모가 나를 버리고 갔을 것이라고 생각할 수도 있다. 부모와 헤어지고 만나는 과정이 규칙적으로 반복되면 유아들은 비로소 떠나간 부모가 돌아올 것이라는 것을 확신하게 된다.

(3) 교사는 유아가 느끼는 불안, 슬픔에 대해 솔직하게 대화를 나누는 것이 좋다

유아가 울고 불안해 할 때 강제로 울음을 그치게 하거나 무시해서는 안된다. 유아가 느끼는 슬픔과 공포를 이해하고 있으며 부모가 돌아올 때까지 잘 돌보아 줄 것임을 이야기한다.

> **예** 수아야, 엄마가 회사에 가셔서 많이 속상하구나. 선생님하고 놀고 있으면 엄마는 회사 끝나고 꼭 오실 거야. 걱정하지 마. 친구들도 엄마가 보고 싶지만 잘 놀고 있잖아. 우리 무엇을 하고 놀까?

(4) 눈 앞에서 '안녕' 하고 떠난다

유아가 안 보는 사이에 사라지지 않도록 한다. 부모가 언제 없어질지 모르기 때문에 유아는 더욱 불안해 할 수 있기 때문이다. 처음에는 다소 격렬한 반응을 보일 수 있지만 유아에게 정식으로 '안녕'하고 인사를 하고 떠나면 오히려 쉽게 받아들일 수 있다(Keyser, 2006; Dobmbro & Lerner, 2007).

(5) 만남에 대한 확신을 준다

부모가 약속한 시간에 정확하게 데리러 오는 것이 중요하다. 특히 초기에는 부모가 돌아오지 않을지도 모른다는 불안감이 깊은 시기이므로 정확하게 시간을 지키도록 한다.

새로운 시대의 부/모/교/육

CHAPTER

07

유아교육현장에서의 부모교육 운영

1 부모교육계획 수립

1) 부모교육계획의 개념

부모들에게 성인으로서, 효과적인 교사로서의 부모역할과 자녀양육과 교육에 대해 올바른 인식수준을 제고시키며 이에 적절한 지식과 능력을 갖추도록 도와서 부모 자신의 발달은 물론 효과적인 교육동반자로서의 부모가 되도록 교육기관과 부모, 지역사회의 실정을 고려하여 계획한 부모를 대상으로 하는 사회교육 활동의 총체적인 계획을 '부모교육계획'이라한다.

부모교육계획은 연간 부모교육계획, 월간 부모교육계획, 주간 부모교육계획, 일간 부모교육계획 등으로 이루어져 있다.

2) 부모교육계획의 절차

유아교육기관의 부모교육계획은 당해 유아교육기관의 운영계획의 일환으로 운영계획을 수립하는 절차나 과정 속에서 동시에 수립해야 한다. 이러한 절차나 과정은 일반적으로 실태분석, 목표 및 방침 설정, 내용선정, 활동계획 수립, 조직계획, 평가계획의 순으로 이루어진다(고정곤 외, 2014).

(1) 실태분석

실태분석(문제의 규명) 단계에서는 부모들이 요구하는 부모교육의 내용이나 형식을 분석하고, 전년도에 실시한 부모교육의 성과와 문제점을 찾아내는 과정이다. 부모를 대상으로 질문지법이나 면접을 통해 실태를 파악하고 전년도에 실시한 부모교육 내용이나 성과에 대한 검토를 통하여 이루어진다. 이를 통해 부모들이 원하는 부모교육의 형식과 내용을 파악하게 된다.

(2) 목표 및 방침의 설정

목표 및 방침이란 부모교육을 어떤 방향으로 추진할 것인가에 대한 초점이나 관점을 정리한 것으로 전 단계에서 부모교육에 대한 실태조사와 전년도 부모교육 실적분석 결과에 근거해서 설정된다. 부모교육의 목표는 당해 교육기관의 경영 목표나 부모의 요구, 지역사회의 특성 등이 함께 고려되어 설정된다. 부모교육의 방침은 부모교육 목표가 더욱 구체화된 수단으로써 부모교육의 목표달성을 위하여 채택해야 할 기본적 지침이나 활동원칙이다.

(3) 내용선정

부모교육의 내용은 설정된 부모교육의 목표를 달성하기 위한 것으로 부모교육의 목표에 근거하여 선정되어야 한다. 부모교육의 내용은 많으므로 그중에서 어떤 내용을 선정하느냐의 문제는 매우 중요한 것으로 이것은 부모교육 목표 달성에 직결되는 내용이어야 한다.

부모교육의 내용으로는 자녀 지도방법 및 기술, 대화기술, 자아정체감 배양, 기본 예절지도, 부모-자녀 간의 상호작용의 기회 확대 등이 있다.

(4) 활동계획 수립

활동계획은 부모교육의 목표를 달성하고 부모교육의 방침을 실천하기 위한 세부 활동계획이다. 즉, 구체적인 과업이나 활동을 합목적적으로 연결시켜 주는 활동 조직망이다. 부모교육의 목표달성을 위하여 어떤 활동을, 언제, 어떤 방법으로, 누가 활동을 시킬 것이며, 어떤 자료가 소요되는가 등 다양한 관점에서 구체적인 계획을 세워야 한다.

(5) 조직 및 평가 계획

이상과 같은 절차를 밟아 부모교육계획이 수립되면 이를 추진하기 위한 조직과 평가계획을 세운다. 평가계획에는 평가의 영역, 내용, 방법, 도구 등이 구체적으로 계획되어야 한다.

(6) 부모교육계획 정리

이상의 절차를 통해 계획된 내용을 부모교육계획으로 확정·정리하여 당해 교육기관의 교육계획이나 운영계획에 수록한다.

3) 부모교육계획 수립 시 고려할 사항

부모교육계획 수립 시 고려해야 할 사항은 다음과 같다.

① 부모교육계획은 유아교육기관 운영계획의 일환으로 계획되어 종국적으로는 당해 유아교육기관의 교육목표 구현에 직결되도록 수립되어야 한다.

② 부모교육계획은 교육기관, 지역사회, 부모의 제반특성을 고려하여 수립되어야 한다.

③ 부모교육계획에는 내용, 방법, 시기, 대상, 일정, 자료, 평가계획, 주관자 등이 구체적으로 계획되어야 한다.

④ 부모교육 내용은 부모들의 직업, 학력, 생활수준, 시간적 여유, 부모의 요구와 희망, 부모들의 양육 및 교육상의 당면 과제 등을 고려하여 대부분의 부모들이 절실히 요구하는 내용으로 구성되어야 한다.

⑤ 부모교육계획은 부모들의 가정 및 직장생활에 지장을 주지 않으며, 심리적·경제적 부담을 주지 않도록 계획해야 한다.

⑥ 부모교육 시행에 따른 준비과정에서 교사, 아동에게 과중한 부담이 되지 않도록 계획해야 한다.

⑦ 부모교육계획은 형식적, 선전적, 일시적인 계획이 되어서는 안 된다.

⑧ 부모교육계획은 구체적이며 실천 가능한 계획이어야 한다.

⑨ 부모교육계획은 학년 초에 윤독회를 통하여 전 직원이 이해하고 있어야 한다.

⑩ 부모교육 실시에 따른 업무 담당자를 부모교육계획 내에 명시하여 사전준비를 할 수 있도록 한다(홍길회 외, 2016).

〈표 7-1〉 부모교육 참여프로그램 예시

월		소주제
3	1	사회생활의 첫 단추, 원 생활 적응하기
	2	우리 아이 사회성 키우기
	3	정리하는 습관들이기
	4	우리 아이도 혹시 단체생활증후군?
4	1	질서를 잘 지키는 아이
	2	초미세먼지, 예방으로 극복해요
	3	봄철 알레르기를 예방해요!
	4	우리 아이 괴롭히는 입 속 통증, 구내염
	5	편식하는 아이, 어떻게 지도할까요?
5	1	우리 아이의 눈 건강을 지켜 주는 음식
	2	아이와 함께 더욱 즐거운 봄나들이
	3	성적 호기심이 많은 아이
	4	스스로 일어나는 아침 습관 기르기
6	1	물건을 훔쳤어요
	2	우리 아이를 격려해 주세요
	3	올바른 교통안전 수칙
	4	아이의 소변을 확인하세요!
7	1	뜨거운 햇빛으로부터 피부를 보호하는 방법
	2	아이들도 겪는 우울증
	3	물놀이 후 꼭 살펴야 할 증상
	4	여름을 건강하게 보내요
	5	여름철 불청객! 모기에 물렸어요
8	1	여름철 변비 탈출법
	2	땀이 많아 걱정이라면?
	3	영유아기 도덕성 교육
	4	의존성이 강한 아이 지도법
9	1	안아달라고 떼쓰는 아이, 어떻게 지도할까?
	2	우리 아이의 잠버릇은 괜찮은가요?
	3	긍정적인 아이로 키우려면?
	4	거짓말 하는 아이들
	5	아이들과 장거리 이동 시 주의할 점
10	1	자꾸만 코를 파는 아이
	2	나쁜 말을 해요
	3	성조숙증, 원인이 무엇일까요?
	4	하루에도 몇 번씩 삐쳐요
11	1	올바른 경제관념 심어 주기
	2	꼭 필요하지만 많으면 독이 되는 나트륨!
	3	승부욕이 너무 강한 아이
	4	갑자기 열이 나요
12	1	체온을 높이는 옷 입기 방법
	2	겨울철, 아이들의 피부를 지켜 주세요
	3	산만하고 집중을 못하는 아이 지도방법
	4	소아비만을 주의하세요!
	5	2021년 새해 계획을 세워요
1	1	올바른 미디어 교육법
	2	빙판길, 안전하게 지나가요
	3	감기 예방을 도와주는 음식들
	4	ADHD에 대해 알아보아요
2	1	자꾸 코피를 흘려요
	2	행복한 식사 시간을 위한 방법
	3	이렇게 훈육해 주세요
	4	고집불통인 우리 아이, 어떻게 지도해야 할까요?

〈표 7-2〉 부모교육 운영계획

시기	활동명	목적	내용	방법	대상
3월	입학식	입학식을 경험하고, 새로운 선생님과 친구들을 만남	부모님과 함께 등원하여 유치원 교육과정 및 교사 소개 후 인사 나누기		유치원의 모든 가족
4월	부모 개별면담 (1차)	교사와 부모가 유아의 생활에 대한 정보를 교류함으로써 유치원과 가정에서 일관성 있는 유아교육을 위한 협의	유아의 발달 및 유치원 생활에 관한 교사와의 개별면담	개별 면담	전체 학부모
5월	아빠 참여수업	자연 속에서 자녀와 함께 자연물을 이용한 다양한 체험을 통해 교육의 의미를 이해하고 자녀와 친밀해질 수 있는 기회를 제공	아빠와 함께 숲에서 놀이활동	수업 참여	전체 아버님
7월	유아관찰기록 배부(1차), 방학 중 생활지도 안내	부모님의 유아에 대한 발달 상황 및 유치원 생활을 인지할 수 있도록 함	유아의 유치원 생활에 관한 교사의 관찰기록 유인물을 통한 안내	사진 +기록 +평가	전체 학부모

2 부모교육 운영방법과 내용

부모와 교사는 영유아를 위하여 서로 협조적인 관계가 형성되어야 하며, 조화로운 유아교육을 위해서는 가정과 부모의 공동관심과 협력이 있어야 효과적인 교육이 가능하다(서혜정·한애희, 2006). 따라서 부모에게 다양한 유형의 부모교육 프로그램을 마련하여 가정과 유아교육기관의 효율적인 상호작용을 유도하고 바람직한 유아교육이 될 수 있도록 지도하는 일은 매우 중요한 일이다.

유아교육기관에서 활용할 수 있는 부모교육 프로그램에는 여러 가지가 있으나, 실제로 부모의 인식부족과 무관심 또는 유아교육기관에서 부모참여 및 교육의 구체적인 실천방법에 익숙하지 못한 이유로 현장에서는 활발하게 이루어지지 않고 있다.

유아교육기관에서 실시하는 부모교육 프로그램의 유형은 각 프로그램의 목적, 주제, 교육 여건이나 부모집단의 특성 등에 따라 좌우되는데, 부모교육 프로그램의 유형을 알아보고 실제로 어떻게 적용할 수 있는지 살펴보고자 한다(홍길회 외, 2016).

1) 가정통신문

가정통신문은 교육기관에서 월간, 주간, 일간 교육활동 내용이나 국가, 사회, 기관의 행사, 돌발적인 사건 등에 대하여 중요한 정보나 내용을 각 가정에 통지하여 자녀지도 시 고려하도록 한다.

가정통신문에 들어가는 내용은 다음과 같다.

- 월간, 주간, 일간 교육활동에 대한 안내 또는 지도·확인해 주어야 할 내용, 준비물 등을 안내하여 아동지도의 효율성을 도모한다(교육프로그램 안내).
- 국가, 사회, 교육기관의 행사와 이에 관련된 내용을 중심으로 편성하여 시사, 행사교육을 도모한다(행사 안내).
- 돌발 사건이나 사안에 대하여 자녀지도에 필요한 내용을 안내한다(가정에서의 협조사항).
- 아동지도에 따른 아이디어를 제공해 준다(부모에게 유익한 정보제공).

〈표 7-3〉 가정통신문의 예

원 훈 마음이 따뜻하고 창의적인 어린이	9월 1~2주 가정통신문	oooooo 22-9-1호 발행일 22oo. 9. 2 연락처 ooo-oooo

공 지 사 항

1. 필요경비 결제 안내

9월 필요경비 결제는 9/5(월) 이후로 가능합니다. 결제 문자를 받으신 후 9/16(금)까지 결제해 주세요.

보육료는 9/19(월) 이후로 가능합니다. 아이사랑 사이트 또는 모바일 앱, ARS(1566-0244) 중 하나로 결제가 가능합니다.

2. 원내 9월 일정 안내

* 9월 6일(화)~9월 7일(수) : 추석행사 (전체)
  - 9/7(수)에는 외부 요리선생님이 방문하여 추석요리 수업을 합니다.

* 9월 16일(금) : 아이신나놀이터 견학 (ㅇ반, ㅇ반)
* 9월 21일(수) : 생일파티
* 9월 22일(목) : oo시 숲체험 (ㅇ반, ㅇ반)
* 9월 23일(금) : 아이신나놀이터 견학 (ㅇ반)
* 9월 27일(화) : 반석산 숲체험 (ㅇ반)
* 9월 29일(목) : 민속촌 견학 (ㅇ반)
* 9월 29일(목) : 화성행궁 견학 (ㅇ반)

3. 대체공휴일 휴원 안내

- 9월 12일(월) : 추석 대체공휴일
- 10월 10일(월) : 한글날 대체공휴일

* 운영규정에 따라 대체공휴일인 9/12(월), 10/10(월)에는 어린이집이 휴원합니다.

4. 추석선물 금지 안내

추석을 맞이하여 가정에서 보내 주시는 먹거리, 선물 등은 일체 받지 않습니다. 보내 주실 경우 다시 되돌려 보내드립니다.

5. 20ㅇㅇ 학부모 간담회 일정 안내

2학기 원아 개별상담 전, 원장, 담임교사, 학부모님과 함께 대화의 장을 마련하여 연령의 발달특성을 공유하고 지원방향을 모색하고자 합니다. 사전에 부모님들께 받은 질문지를 바탕으로 공통적으로 궁금해 하시는 부분에 대해 함께 이야기를 나눌 예정입니다. 간담회를 통해 어린이집과 학부모님께서 우리 아이들의 중심이 되어 한 방향을 바라보고 함께 걸어나갈 수 있길 바랍니다.

반 별로 간담회 일정은 아래와 같으며, 반 별로 수요조사를 실시할 예정입니다. 부모님들의 많은 참여 부탁드립니다.

반명	간담회 일정	반명	간담회 일정
ㅇ반 (만 0세)	신입원아 적응 후 추후 실시 예정	ㅇ반 (만 3세)	20ㅇㅇ년 9월 23일(금) 오후 6시
ㅇ반 (만 1세)	20ㅇㅇ년 9월 14일(수) 오후 6시	ㅇ반 (만 4세)	20ㅇㅇ년 9월 21일(수) 오후 6시
ㅇ반 (만 2세)	20ㅇㅇ년 9월 20일(화) 오후 6시	ㅇ반 (만 5세)	초등학교 입학과 관련된 간담회로 추후 실시 예정

6. 아동발달 검사 & 부모 양육태도 검사 실시

2학기 간담회와 상담을 앞두고 아동을 이해하는 데 도움을 얻어 앞으로의 지도방안을 가정과 공유하고자 아동발달 검사를 진행합니다. 또한 부모님의 양육태도를 점검해 보고 보다 바람직한 양육태도를 만들어가는 데 도움을 드리고자 부모 양육태도 검사를 실시합니다.

2가지 검사 중 선택하신 검사의 검사지를 9/5(월)에 가정으로 배부해드립니다. 아동발달 검사는 온라인 검사이므로 알림장으로 검사방법과 링크를 공유해 드립니다. 검사문항에 빠짐없이 체크하셔서 9/8(목)까지 담임교사에게 제출해 주시기 바랍니다.

검사 결과지는 간담회 때 나누어 드리며, 간담회 때 결과지 해석방법과 앞으로의 방안에 대해 함께 이야기 나눌 예정입니다.

7. 유아반 밀집·밀폐·밀접도 고려한 견학 실시

2분기 운영위원회에서 유아반은 밀폐도가 낮은 실외, 단독놀이가 가능한 실내시설 견학을 9월부터 진행하기로 결정되었습니다. 현재 코로나 상황을 감안하여 밀폐도가 낮은 실외 견학부터 진행하고 상황을 지켜 보고 점차적으로 실내시설 견학도 늘려 진행하고자 합니다.

8. 보육교직원 교육

교육명	참석자	교육일시
자체 놀이 세미나 (놀이중심 교육과정)	ㅇㅇㅇ 선생님	20ㅇㅇ년 9월 7일 수요일 16:00~18:00
놀이를 코칭하다	ㅇㅇㅇ 선생님	20ㅇㅇ년 9월 8일 목요일 16:00~18:00

9. 보육교직원 연차 안내

연차 대상	연차기간	대체인력
ㅇㅇㅇ 선생님	20ㅇㅇ. 9. 2(금) ~ 9. 5(월)	ㅇㅇㅇ 보조교사

* 담임교사의 연차기간에는 법적 교사 대 아동 비율에 맞게 운영하여 평소보다 원아 수가 많을 수 있습니다.
* 담임교사 연차기간에는 안전 위주의 보육이 이루어집니다.
* 담임교사 연차기간에는 개별 알림장 작성을 하지 않습니다.
* 앨범은 담임교사의 연차일 등 상황에 따라 융통성 있게 업로드할 예정입니다.

행사 & 견학 & 준비물 안내

날 짜	행사명	해당 연령	준비물
9월 6일(화) ~9월 7일(수)	추석행사	전체 연령	요리용 앞치마
안 내	* 행사내용 : 민속놀이 체험 및 발달·흥미에 적합한 추석과 관련된 활동 * 9월 7일(수)에는 외부 요리선생님이 방문하여 요리수업을 합니다.		

날 짜	행사명	해당 연령	복 장
9월 16일(금)	아이신나놀이터 견학	만 4~5세 (ㅇㅇ반, ㅇㅇ반)	편한 복장, 운동화 착용
준비물	* 물 & 물통 (목에 거는 물통으로 보내 주세요)		
안 내	* 9시 20분에 출발합니다. 9시에 간식을 먹으니 9시까지 등원 부탁드립니다. * 우리 원 단독 진행 / 차량 및 시설 사전 방역 완료 예정 * 만 4~5세 학부모님 중 차량 소독을 도와주실 학부모님이 계시다면 말씀해 주세요. * 실내활동이므로 미세먼지 나쁨 또는 우천 시에도 진행됩니다.		

9월 1주 ~ 9월 2주 일정

일 시	9/5(월)	9/6(화)	9/7(수)	9/8(목)	9/9(금)
행 사	–	추석행사	추석행사 (요리)	–	추석연휴
준비물	–	–	요리용 앞치마	–	

일 시	9/12(월)	9/13화)	9/14(수)	9/15(목)	9/16(금)
행 사	대체공휴일	–	ㅇㅇ반 간담회	–	아이신나놀이터 (만 4~5세)
준비물		–	–	–	해당반 안내 참고

2) 전화 및 전자메일

(1) 전화

영유아교육기관에서 연락수단으로 가장 많이 사용하는 것이 전화이다. 유아가 갑자기 아프거나 다쳤을 때, 유아가 결석했을 때 등 즉각적인 대화가 필요할 때 사용한다. 전화는 부모와 기관의 유용한 의사소통 수단이지만 조심스럽게 사용하는 것이 좋다. 부모가 직장에 있을 때 갑작스러운 전화통화는 부모를 곤란하게 할 수 있고 부모가 일에 몰입하는 것을 방해할 수도 있기 때문이다. 또한 서로 얼굴을 보고 나누는 대화가 아니기 때문에 오해를 일으킬 수도 있다. 따라서 민감한 문제를 이야기할 때는 전화보다는 직접 면담이나 전자메일을 이용하는 것이 좋다.

(2) 전자메일

기관에서 홈페이지를 개설한 경우는 홈페이지를 통하여 부모와 대화를 교류할 수 있다. 홈페이지가 없는 경우라도 부모와 교사가 개인 메일을 통해 상담하는 것이 가능하다. 단 이러한 부모교육은 실행 이전에 부모들의 컴퓨터 보유 정도와 사용 가능성 등에 대해 알아보는 것이 필요하다. 만약 부모들의 사용능력에 문제가 있다면 기관에서 특강을 마련하여 교육의 기회를 주는 것도 좋다. 전자메일을 보내면서 유아의 사진이나 작품을 첨부하여 보내는 것도 하나의 방법일 수 있다.

3) 게시판

대부분의 유아교육기관에서는 출입구 가까운 곳에 부모를 위한 게시판을 마련하고 있다. 공지할 사항이나 기관의 행사, 또는 부모를 위한 여러 가지 정보, 유아들의 사진이나 작품 등을 전시한다. 부모들은 게시판을 통해 유아의 생활에 대한 여러 가지 정보를 얻을 수 있다. Gennarelli(2004)는 새로운 방법의 게시판을 제안한다. 유아들이 활동하는 사진을 슬라이드 쇼 자료로 만든 후 부모가 유아를 데리고 오거나 데려갈 때 볼 수 있도록 게시판의 벽면에 상영해서 높은 호응을 얻었다는 것이다. 유아들 역시 자신의 모습을 벽면에서 보면서 즐거워했다고 보고하고 있다.

4) 원아 조사서 및 설문조사

(1) 원아 조사서

유아교육기관에서는 유아를 교육하기 이전에 유아에 대한 여러 가지 정보를 알아 둘 필요가 있다. 일반적으로 원아 조사서는 유아들의 건강상태, 생활습관, 식사습관, 놀이형태, 가정에서의 생활, 유치원에 오기 전의 경험, 부모의 교육방법, 유치원에 대한 기대 등을 알아보는 내용으로 구성되어 있다.

〈표 7-4〉 원아 조사서 예

<table>
<tr><th colspan="6">만 1~2세 원아 조사서</th></tr>
<tr><td colspan="6">어린이집에 잘 적응할 수 있도록 돕는 기본정보입니다. 조금 힘드시더라도 성실한 답변 부탁드립니다.</td></tr>
<tr><td colspan="2">반명</td><td></td><td>원아명</td><td></td><td>생년월일   년 월 일생</td></tr>
<tr><td colspan="3">구 분</td><td colspan="3">내용</td></tr>
<tr><td rowspan="5">먹기</td><td rowspan="5">식사</td><td>식사여부</td><td colspan="3">아침(시경), 점심(시경), 저녁(시경)</td></tr>
<tr><td>식욕</td><td colspan="3">☐ 잘 먹는다 ☐ 보통이다 ☐ 잘 먹지 않는다</td></tr>
<tr><td>좋아하는 음식</td><td colspan="3"></td></tr>
<tr><td>싫어하는 음식</td><td colspan="3"></td></tr>
<tr><td>알레르기 발생식품</td><td colspan="3"></td></tr>
<tr><td rowspan="3">잠자기</td><td>수면</td><td colspan="4">( )시경 자서 ( )시경 일어난다.</td></tr>
<tr><td>낮잠</td><td colspan="4">일일 (회) 총( )시간 낮잠을 잔다. ( )부터 ( )경까지 잠을 잔다.</td></tr>
<tr><td>잠버릇</td><td colspan="4">☐ 업어서 잔다. ☐ 엎드려서 잔다. ☐ 두드려 주어야 잔다.
☐ 혼자서 잔다. ☐ 손을 빨고 잔다. ☐ 기타( )</td></tr>
</table>

<table>
<tr><td rowspan="5">대소변 가리기</td><td>기저귀</td><td colspan="2">☐ 현재 사용한다. ☐ 현재 사용하지 않는다. ☐ 잘 때만 사용한다.</td></tr>
<tr><td>지도여부</td><td colspan="2">☐ 대소변 가리기 지도를 한다. ☐ 가끔한다. ☐ 하지 않는다.</td></tr>
<tr><td>대변</td><td colspan="2">☐ 가린다(일일 회 정도) ☐ 가리는 중이다. ☐ 가리지 못한다.</td></tr>
<tr><td>소변</td><td colspan="2">☐ 가린다(일일 회 정도) ☐ 가리는 중이다. ☐ 가리지 못한다.</td></tr>
<tr><td colspan="3">우리아이의 특별한 습관:</td></tr>
<tr><td rowspan="3">놀잇감</td><td colspan="2">장난감 정리하기</td><td>☐ 스스로 정리한다. ☐ 도와주면 정리한다. ☐ 정리해 준다.</td></tr>
<tr><td colspan="2">좋아하는 놀이, 놀잇감은 무엇인가요?</td><td></td></tr>
<tr><td colspan="2">애착 물건이 무엇인가요?</td><td></td></tr>
<tr><td rowspan="3">기타</td><td colspan="2">다른 기관에 다닌 경험이 있나요?</td><td>☐ 있다(기관명: / 기간:)
☐ 없다</td></tr>
<tr><td colspan="2">낯선 곳에 갔을 때 유아의 반응은?</td><td></td></tr>
<tr><td colspan="2">특별히 앓았던 질병이 있나요?</td><td></td></tr>
<tr><td colspan="3">기타
(담임교사에게 하고 싶은 말)</td><td></td></tr>
</table>

(2) 설문조사

유아교육기관에서 특별히 관심을 갖는 일에 대해서는 가정으로 설문을 보내 자료를 수집할 수 있다. 이러한 자료는 유아들을 위해 활용되고 부모와의 상담에서 유용하게 사용될 수 있다.

5) 강연회

강연회는 월 1회 또는 격월 1회 정도로 강사를 초빙하여 강연을 듣게 하는 것으로 부모와 교사 간의 의사전달에 있어서 가장 용이하면서도 원활하게 진행시킬 수 있으므로 교육기관에서 가장 많이 활용하고 있는 부모교육 유형이다. 강연회의 내용은 주로 다양한 교육이론, 아동발달 단계에 따른 부모의 역할 등과 같은 유형의 교육이론을 비롯하여 교육기관의 이해, 아동발달에 대한 지식과 지도방법, 성교육 그 밖의 부모들의 관심사를 다룬다. 강연회의 사회는 처음에는 교육기관에서 담당하나 점차 부모에게 위임한다. 강연회가 끝난 다음 평가를 실시하여 평가결과를 차기 강연회 운영에 반영한다.

6) 심포지엄

심포지엄은 한 주제를 여러 명의 발표자가 여러 가지 측면에서 다루어 발표한다. 제한시간은 5~15분 정도이고, 청중의 자리는 원이나 반원으로 배치되며, 발표자는 청중 앞에 테이블을 두고 앉는다. 발표 후 질의응답 시간이 주어지고, 사회자가 중요한 점을 요약하여 결론을 맺는다.

7) 학부모 오리엔테이션

학부모 오리엔테이션(Orientation)은 학기 초에 신입 아동의 학부모에게 교육기관의 교육철학, 운영방법, 교육방법, 교육기관 행사, 아동지도 방법 등에 관해 전반적으로 소개하는 시간이다. 또한 오리엔테이션에서 다루는 내용은 교육기관의 교육프로그램, 교육방침, 일과 및 행사에 대한 안내와 교직원 인사, 반편성 안내 등이며 비디오나 슬라이드, 홈페이지에 게시된 자료 등을 통해 이루어진다.

8) 부모참여 및 참관수업

부모참여는 교육기관에서 실시하는 부모교육 방법 중 가장 적극적인 형태로 부모의 요구를 교육기관 운영에 반영하고 직접 참여할 수 있는 기회를 제공하는 방법이다.

[그림 7-1] 부모 참여수업 환경구성

〈표 7-5〉 학부모 오리엔테이션 예1

20○○학년도

ooo 친구들~ 환영합니다!

안녕하십니까?
귀댁의 소중한 자녀의 교육을 저희 ○○○ 유치원에 맡겨 주신
학부모님께 감사를 드립니다.
민들레의 꽃말 중에 '일편단심'이라는 말이 있습니다.
이것은 민들레의 뿌리가 곧게 내리뻗은 모양을 두고 하는 말입니다.
저희 유치원은 초심을 잃지 않고
아이들에 대한 일편단심의 사랑을 마음에 담고 교육하겠습니다.

첫 번째 선생님과 만나는 날

☞ **날 짜**

12월 22일(수) 오후 4시 ~ 5시 30분
(자녀와 함께 자유롭게 방문합니다)

☞ **장 소**

ooo 유치원

☞ **활동 내용**

사진찍기 및 재미있는 만들기, 원복 및 체육복 사이즈 재기,
원복 신청 및 원복비 납부(00,000원)

※ 부득이한 사정으로 참석하지 못하시는 어머님들께서는 원으로
연락을 주시고 ○○일(수) 이후에 방문하시기 바랍니다.

새로운 식구들과 설레이는 마음으로 만날 날을 손꼽아 기다리면서
늘 가정처럼 좋은 교육기관이 되도록 노력하겠습니다.

유아학교 000유치원

☎ 000 – 0000

〈표 7-6〉 학부모 오리엔테이션 예2

진급을 축하합니다.

꿈이 있는 미래에는 희망이 있다고 했습니다.
재물에 대한 투자는 부를 낳지만 사람에 대한 투자는 꿈을 낳습니다.
꿈은 헛되어 보이나 세상을 변화시키는 동력원이 되어 왔습니다.

꿈이 있어야 미래가 있습니다. 부모 꿈속에 아이의 미래가 있습니다.
엄마 아빠가 자신들의 꿈을 포기하지 않고 노력한다면 좋은 본보기가 되어
아이도 자연스럽게 자신의 꿈을 만들고 가꾸게 될 것입니다.
아이에게 꿈을 가지라고 말하기 전에 내 꿈을 기억해 내야 합니다.

꿈이 있어야 하고 싶은 것이 생기고, 하고 싶은 것이 있어야 열심히 노력하고
희망찬 미래를 만들 수 있기 때문입니다.

우리 아이들이 꿈을 만들어 가고 그 꿈을 이룰 수 있도록
부모님들과 함께 노력할 것을 굳게 약속드립니다.
부모님 가정에 항상 행복과 행운이 함께하시길 기원합니다.
감사합니다.

♣ 반 배정 안내

우리 친구들의 반 배정은 남, 여, 생일, 지역 등을 고려하여 골고루 배정하였습니다.
( ) 어린이는 (반)입니다.

♣ 상급반으로 진급하여 등원하는 날

- 2010년 3월 4일부터 유아들만 등원하며 4일, 5일은 간식 먹고 12시에 귀가합니다. 8일(월요일)부터는 오후 2시까지 정상수업 후 귀가합니다.
- 자세한 내용은 3차 오리엔테이션(2월 27일) 때 안내해 드립니다.

♣ 차량표 안내

- 차량시간 안내는 26일(금) 오리엔테이션 때 배부됩니다.

♣ 진급생 오리엔테이션 안내

날 짜 : 2월 26일 금요일

유아학교 000유치원

☎ 000 – 0000

〈표 7-7〉 부모참여활동 일지의 예

<table>
<tr><td>활동명</td><td colspan="3">부모 참여수업</td></tr>
<tr><td>일 시</td><td>20ㅇㅇ년 ㅇ월 ㅇ일 (ㅇ시)</td><td>참가대상</td><td>연령: 전체 유아</td></tr>
<tr><td>장 소</td><td colspan="3">ㅇㅇㅇ유치원</td></tr>
<tr><td>목 표</td><td colspan="3">* 부모님과 함께 준비된 활동들에 적극적으로 참여한다.
* 부모님을 사랑하는 마음을 부모님께 전달할 수 있다.</td></tr>
<tr><td>준비물</td><td colspan="3">* 교사 명찰, 한자카드, 나라카드, 속담카드, 국기 카드, 부모 유아 명찰, 식수대, 종이컵, 골든벨 PPT자료, 음원 등</td></tr>
<tr><td>주의사항</td><td colspan="3">*아이들이 계속해서 집중할 수 있도록 한다.
*부모님들이 적극적으로 호응할 수 있게끔 유도한다.</td></tr>
<tr><td>활동계획</td><td colspan="3">
〈사전활동〉
– 아이들과 함께 부모 참여수업 시뮬레이션하기
– 부모님께 선물할 노래 연습하기
〈본 활동〉
– 과학놀이(야외)
– 한자카드(6세) / 나라·속담·국기 카드(7세)
– 오감퍼포먼스(5세)
– 체육
– 아침 인사 및 하루 일과 소개
– 골든벨(6,7세)
– 영어
– 노래 및 영상 선물
<table>
<tr><td>오전</td><td>아름 슬기 어진</td></tr>
<tr><td>오후</td><td>다정 고운 지혜</td></tr>
</table>
<table>
<tr><td>시간</td><td>아침인사</td><td>골든벨(고운)</td><td>영어(지혜)</td><td>체육(활동실)</td></tr>
<tr><td colspan="5">오전반</td></tr>
<tr><td>10:00~10:15</td><td colspan="4">각 반 교실</td></tr>
<tr><td>10:15~10:45</td><td>슬기</td><td colspan="2">아름</td><td>어진</td></tr>
<tr><td>10:45~11:15</td><td>어진</td><td colspan="2">슬기</td><td>아름</td></tr>
<tr><td>11:15~11:45</td><td>아름(퍼포먼스)</td><td colspan="2">어진</td><td>슬기</td></tr>
<tr><td>11:45~12:00</td><td colspan="4">아름, 슬기, 어진 (노래 및 영상 선물)</td></tr>
<tr><td colspan="5">오후반</td></tr>
<tr><td>시간</td><td>아침 인사</td><td>골든벨(슬기)</td><td>영어(어진)</td><td>체육(활동실)</td></tr>
<tr><td>14:00~14:15</td><td colspan="4">각 반 교실</td></tr>
<tr><td>14:15~14:45</td><td>다정(퍼포먼스)</td><td colspan="2">고운</td><td>지혜</td></tr>
<tr><td>14:45~15:15</td><td>지혜</td><td colspan="2">다정</td><td>고운</td></tr>
<tr><td>15:15~15:45</td><td>고운</td><td colspan="2">지혜</td><td>다정</td></tr>
<tr><td>15:45~16:00</td><td colspan="4">고운 지혜 다정 (노래 및 영상 선물)</td></tr>
</table>
</td></tr>
</table>

활동계획

〈나가는 선물〉

공통 선물 ㅇㅇ원 ㅇㅇ개	5세	6세	7세

〈사후 활동〉

– 오늘 하루 어땠는지 기분을 물어보며 활동을 평가한다.

– 키즈노트에 마지막 영상을 올려 댓글로 자연스럽게 평가가 이루어질 수 있도록 한다.

〈추가 준비〉

문 앞 포토존 및 이름표				–
작품 전시	 5세	 6세	 7세	–
야외 (과학)				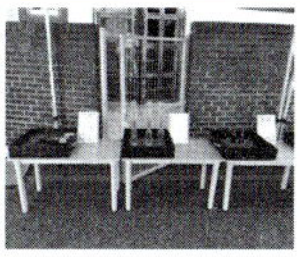
			–	
교실 환경				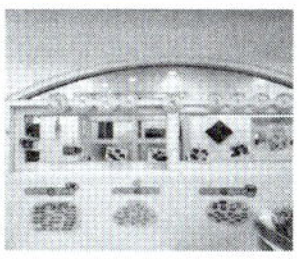
아침 인사				

구분	활동				
활동계획	골든벨				
	오감				
	영어	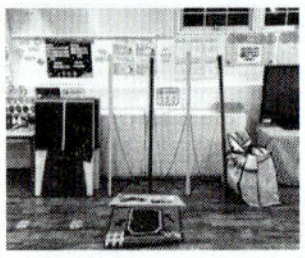			
	체육				
	노래 선물				
	2층 식수대	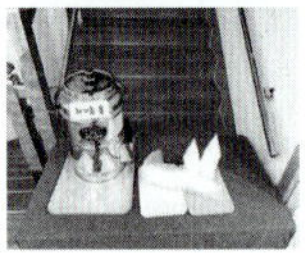			
활동평가	• 오랜만의 참여수업이라서 호응이 좋았음 • 교사 간 먼저 협의해서 했어서 별 문제없이 활동 • 엄마들이 적극적이라서 다행 • 아빠들이 오셔서 좀 더 분위기가 좋았던 것 같음 • 중간에 노래 음원이 안 돼서 당황(인터넷 이슈도 포함〉와이파이가 안됨) • 형제자매의 경우 엄마가 번갈아 가면서 하는 것도 또한 엄마들이 너무 힘들어 하고 아이들도 서운해 하기도 했었음 • 돌봄 관련 문의 여러 번 있었음(그렇지만 평일에 진행하는데 있어서 장단점이 있는 부분인 것 같음) • 반 인원수 모두가 동시간에 모여서 진행해서 좀 더 활동적인 분위기였고, 호응도 더 좋았음 • 아침 인사 시간이 7세는 15분이 적당하고, 5~6세는 10분 정도가 적당해 보임 • 30분씩 활동하는 것도 괜찮음 • 전시를 밖에 해둔 뒤 가져갈 수 있던 것도 괜찮아 보임					

활동평가	• 체육활동을 굉장히 좋아함 • 환기가 되지 않았음(골든벨과 체육활동 시간) • 계속해서 소독제를 뿌려 가며 소독해서 좋았음 • 수요일에 진행해서 너무 힘들었던 것 같음, 금요일에 하는 게 어떨까 싶은 의견도 있음 • 선물 포장지가 너무 흐물흐물했음, 그리고 좀 더 많은 선물을 주는 것도 좋을 것 같음

(1) 부모 참여수업

부모 참여수업은 유아교육기관과 가정과의 연계교육을 활성화시키기 위한 적극적인 부모교육의 형태로 1년에 1~2회 정도 진행된다. 부모 참여수업은 부모가 유아교육기관의 교육프로그램이 어떤 목표를 가지고서 유아교육기관 교육과정이 진행되어 가는지를 이해하는 최선의 방법이다. 이는 영유아와 함께 프로젝트 부분단계 또는 현장견학, 요리활동, 조형활동, 게임활동, 과학활동, 자유선택활동 등 다양하게 계획된 활동에 직접 참여하여 경험함으로써 가정에서도 유아교육기관의 교육과정을 어떻게 풍부하게 구성해야 하는지에 대한 생각을 이끌어 낼 수 있다.

이를 통해 부모는 유아교육기관의 교육이념과 목표를 이해하게 되고 교육방법을 통해 사녀에 대한 이해와 시식을 증진시키녀, 사녀를 긍정적이고 바람직하게 양육하는 방법을 습득하여 올바른 자녀교육관의 형성을 돕는다

부모 참여수업은 부모의 영유아가 자신의 역할을 제대로 해 낼 준비가 되어 있을 때 계획하는데 부모가 많이 참여할 수 있는 요일을 사전에 설문지를 통하여 조사한 후, 3주전에 부모 통신란을 통해 알려 준다. 참여활동 내용은 유아교육기관에서 주제와 활동유형을 정하고 활동내용과 참여수업에 대한 유의사항 등을 참여수업 일주일 전에 가정으로 안내한다. 부모 참여수업은 교육프로그램의 성격에 따라 어머니 참여수업, 아버지 참여수업, 할머니·할아버지 참여수업 등이 있다(홍길회 외, 2016).

[그림 7-2] 부모참여활동 활동모습

(2) 수업참관

수업참관은 교육기관과 가정이 바람직한 협력관계를 유지하는 데 있어서 효율적인 방법이다. 수업참관은 가능한 한 많은 부모들이 참가할 수 있도록 계획되어야 한다. 수업참관을 계획하면서 참관일과 참관방식을 먼저 결정한 후 참관의 목적, 내용, 주의사항 등을 미리 인쇄물로 제작하여 나누어 주고, 이에 대해 질문을 받은 후 참관하게 하는 것이 좋다.

참관수업이 끝나면 참관소견을 작성하도록 하고 함께 평가하는 시간을 갖는다.

9) 부모 자원봉사(보조교사)

부모 자원봉사 활동은 부모가 교육기관에서 교사의 역할을 보조하는 부모참여 방법이다. 교육현장에서는 부모의 도움을 받아 보다 원활하게 행사나 수업을 진행해 나갈 수 있으며, 부모의 입장에서는 자신의 능력과 역할을 나눌 수 있으며, 이를 통해 교육현장에서 체득한 기술과 정보는 가정에서 자녀지도에 적극 활용할 수 있다는 장점이 있다.

부모가 유아교육기관에서 보조교사로서 참여할 수 있는 분야는 주로 간식지도와 환경정리, 교구제작의 보조자 역할, 원내 행사 참여 자원봉사자(어린이날 동극 참여 등). 학습의 보조자로서 동화, 노래지도, 게임 또는 작업 등의 부분적인 활동을 지도하는 보조교사 역할, 견학 및 행사 시 보조교사 역할 등이 있다.

10) 워크숍

(1) 워크숍 준비

워크숍은 실습을 하는 연수회를 뜻하며, 부모교육에서 자주 사용되는 방법 중 하나이다. 일반적으로 워크숍은 소집단으로 이루어진다. 그래서 주로 학급별로 진행되지만 그렇더라도 전체 참가자들이 모여 얼굴을 익힐 수 있도록 강당이나 큰 장소에 모여 간단한 게임이나 자기소개의 시간을 갖는 것이 좋다.

① 놀잇감 만들기 워크숍

놀잇감 만들기 워크숍은 카드나 게임 도구, 간단한 요리활동, 소꿉놀이 소품 등을 만들어 학급에 기증하거나 만든 자료를 자녀에게 어린이날 선물 등으로 선사할 목적으로 워크숍을 하는 경우를 말한다. 현재 진행 중인 교육주제와 관련된 자료를 만든다면 가정과의 교육연계를 꾀한다는 점에서 유익하며, 자료를 학급에 기증할 경우 부모들은 자신이 기여했다는 생각에 만족을 느끼고 기뻐한다.

또 한편으로는 부모들은 자신이 만든 작품을 집으로 가져가기를 원하기도 하므로 방학을 앞두고 가정에서 자녀와의 놀이에 사용할 교구를 만들어 이러한 부모들의 욕구를 충족시켜 주는 워크숍을 계획하는 것도 좋다

② 학습증진을 위한 워크숍

유아의 학습을 위해 부모에게 정보를 제공하는 방법으로 강연회가 일반적이지만, 워크숍으로 했을 때에는 참석자 간에 자유로운 소통이 이루어져 만족감이 더 커진다. 학습과 관련된 어떠한 주제도 워크숍으로 진행할 수 있는데 맞춤법에 맞지 않게 글씨를 쓰거나 아이가 창안한 글씨를 쓴다거나 혹은 아이의 숫자 이해를 돕거나 계획을 세워 실천한 습관을 들이기와 같은 주제도 워크숍에서 다룰 만한 주제이다. 아울러 워크숍에서 다룰 주제 역시 부모들이 원하는 것으로 채워져야 한다. 다음은 학습과 관련된 워크숍에서 다룰 만한 주제의 예이다.

- 부모-자녀관계 증진을 위한 취미활동
- 자녀 교육과 관련된 양육기술
- 베스트셀러 책에 관한 독서 토론회 등

〈표 7-8〉 부모 자원봉사 - 엄마 선생님 참여 신청서의 예

부모참여 프로그램 (엄마, 아빠! 책 읽어 주세요~)

안녕하세요.
빠르게 시간이 지나 벌써 아이들과 새로운 생활을 시작한 지도 한 달이 지나갑니다. 아이들이 어린이집에서 잘 지내고 있을까 신경이 쓰이고 걱정이 되실 때가 많으시죠?? 그때마다 아이와 시간을 함께하지 못하는 부모님의 마음은 항상 미안하고 안쓰러우실 거라 생각이 듭니다.
저희 ㅇㅇ어린이집에서는 부모님의 마음을 헤아려 20ㅇㅇ년에 부모참여 프로그램을 계획하였습니다. 아이들과 교실에서 함께 소통하며 원에서의 특별한 점심식사를 통해 부모와 아이의 추억을 만드는 프로그램 '엄마, 아빠! 책 읽어주세요~'입니다.
활동이 이루어지는 방법은 아래와 같습니다. 참여를 원하시는 날짜를 적어서 4월 8일 금요일까지 알림장에 남겨 주시기 바랍니다. 부모님들의 적극적인 참여 부탁드립니다.

엄마, 아빠! 책 읽어 주세요~

1. **활동기간** : 20ㅇㅇ년 4월 ~ 20ㅇㅇ년 2월
2. **활동목표**
   ① 부모님이 아이와 친구들에게 책을 읽어 줌으로써 아이와 교감하고 정서적 안정감을 느낄 수 있다.
   ② 부모와 아이가 원에서 함께 식사를 함으로써 행복한 추억을 만들 수 있다.
   ③ 책에 흥미를 끌 수 있고 더 나아가 언어발달 및 독서습관을 형성할 수 있다.
3. **활동방법**
   ① 가정에서 자녀가 평소 즐겨 읽는 책 또는 친구들에게 소개하고 싶은 책 1권을 아이와 함께 선택해 주세요.
   ② 함께 고른 책을 신청 날짜, 정해진 시간에 해당 반으로 가져와 주세요.
   ③ 해당 반 아이들에게 책을 읽어 주시고 책과 관련된 내용으로 함께 소통해 주세요.
   ④ 반 아이들은 점심식사를 하러 식당으로 이동하고 참여 부모님과 아이는 빈 교실(ㅇㅇ반)에서 행복하고 즐거운 점심시간을 즐기세요.
   ※ 점심식사 후 부모님은 다시 회사로 돌아가시고 아이는 원에서 귀가 전까지 지냅니다.

반명	시행주간	시간
ㅇㅇ반 (만 5세)	매월 첫째 주 수요일	11:50~12:10
ㅇㅇ반 (만 4세)	매월 둘째 주 수요일	
ㅇㅇ반 (만 3세)	매월 넷째 주 수요일	11:20~11:40

반명 :		원아 이름 :	
참여합니다	참여하지 않습니다	참여하시는 부모님	참여 시 원하시는 날짜를 적어 주세요.
		부 모	

※ 희망하시는 참여 날짜가 겹칠 경우, 담임 선생님께서 날짜 조정을 하실 수 있습니다.

3 부모교육 평가

1) 질의응답 시간

부모교육을 마친 후에는 이에 대한 이해를 돕고자 질의응답 시간을 갖도록 한다. 따라서 질의응답은 마지막에 이루어져야 하는데, 먼저 참여자들에게 평가할 시간을 준 뒤, 다시 대집단으로 모여 간단히 주제를 정리한 후 질의응답 시간을 갖도록 한다.

그리고, 그날 다루었던 부모교육 주제를 간략히 정리한 유인물을 제공하며 부모들의 이해를 도우며, 이들에게 참석에 대한 고마움을 표시하고, 아울러 다음 모임에 대한 일정과 정보를 광고하면서 모임을 마친다.

2) 평가의 방법

평가는 성공적인 부모교육이 되기 위한 필수조건이다. 그러나 안타깝게도 부모교육에 평가가 아예 포함되지 않는 경우도 적지 않다. 이럴 경우 교직원들이 참석자의 반응을 주관적으로 판단한 것으로 평가를 대신하게 된다.

그러나 주관적인 판단으로는 부모들의 생각을 정확히 파악할 수 없다는 점에서 유의할 필요가 있다. 교사의 입장에서 볼 때 평가가 다소 번거롭겠지만, 실제로 부모들이 평가를 원했다는 사실을 되새겨 볼 필요가 있다.

평가 항목에는 프로그램에 대한 감상과 느낌뿐 아니라 실제적으로도 도움이 되었는지, 내용과 시간구성이 적절했는지에 대한 항목도 포함되어 있어야 한다. 그래야 더 나아진 부모교육이 될 수 있다. 이렇듯 부모교육에서 평가는 선택이 아닌 필수사항이며, 또한 평가결과는 다음 부모교육에 반드시 반영되어야만 한다.

부모교육의 전 과정에 부모들의 적극적이며 주도적인 참여가 필요하며, 그것이 현실적으로 어렵더라도 프로그램의 일부 과정에서라도 부모들이 참여하도록 개방되어 있어야 한다(홍길회 외, 2016).

〈표 7-9〉 부모교육 행사 후 평가하기

[부모교육 '마음의 중심을 세우다' 계획 및 평가서]

1. 부모교육 참석명단

반명	참여자	반명	참여자
ㅇㅇ반		ㅇㅇ반	
ㅇㅇ반		ㅇㅇ반	
ㅇㅇ반		ㅇㅇ반	
행사명	부모교육 – 부모, 마음의 중심을 세우다 (동심 주최)		
일시	20ㅇㅇ년 ㅇ월 ㅇ일 금요일 오후 6:30~8:00		
장소	ㅇㅇ 3층 강당		
사전준비	[다과 & 저녁 주문] * 부모님 & 교사 다과 : 김밥 ㅇㅇ개, 시리얼바, 커피 주문 * 아동 저녁 : 주먹밥, 빵, 음료 주문		
교육장 세팅	[행사 당일 오후 4시 세팅] * 기자재 체크 * 강당에 의자, 쓰레기통, 물, 볼펜, 다과 세팅		

2. 행사 당일 역할분담

	담당 역할
원장님, 원감님	부모교육 총괄
ㅇㅇㅇ선생님	만 0세 보육 담당
ㅇㅇㅇ선생님	만 1세 보육 담당
ㅇㅇㅇ선생님	만 2세 보육 담당
ㅇㅇㅇ선생님	유아반 보육 담당

3. 부모교육 사진

4. 부모교육 평가

- 6시 30분에 참석을 희망하신 부모님들이 모두 참석하셨음. 6시 30분부터 시작하니 많은 인원이 참석한 상태에서 진행할 수 있어 좋음
- 부모님 두 분 모두 참석하시는 가정이 많았음. 또한 유아반보다 영아반 부모님들이 참석률이 높았음
- 의자는 40개 정도 세팅하였고 간격을 두고 배치하여 코로나 감염 예방을 함. 또한 취식을 제한하여 교육이 끝난 후에 김밥을 제공함
- 20○○년 첫 번째 부모교육으로 가장 기본적인 내용을 다루었으며, 다음 교육에는 상호작용 방법, 양육태도, 훈육 등 실제적인 내용을 다룬 주제로 하면 좋을 것 같음

〈표 7-10〉 부모 참여수업 참가 신청서의 예

[부모교육 '세상 쉬운 우리 아이 성교육' 수요 조사서]

안녕하세요? 낮의 길이가 부쩍 짧아진 것을 보니 가을도 막바지에 다다른 것이 느껴집니다.
유아기의 성교육은 청소년기는 물론 성인이 되어서까지 많은 영향을 미치기 때문에 아이에게 올바른 성 가치관을 심어 주는 것이 매우 중요합니다.
이에 ㅇㅇ어린이집에서는 부모님들께 유아기 성교육의 필요성과 연령별 성교육 방법, 성과 관련된 질문에 대처하는 방법 등에 대해 알아보는 시간을 마련하고자 합니다.
아래 일정을 참고하시어 **수요 조사서에 참석여부를 체크하여 ㅇ일(목)까지 원으로 보내 주시기 바랍니다.**
건강하고 긍정적인 성 가치관을 확립할 수 있는 기회에 학부모님들의 많은 참여 부탁드립니다.

- 교육 일시 : 20ㅇㅇ년 ㅇ월 ㅇ일 수요일 오후 6:00~7:30
- 강사명 : ㅇㅇㅇ (현 ㅇㅇ대표, TV 출연 유명 강사)
- 장소 : ㅇㅇㅇㅇ어린이집 3층 강당
- 교육내용
  - 성(性)으로 소통하는 방법
  - 유아 자위와 대처방법
  - 성적 놀이와 대처방법 / 상황별 대처방법
  - 공감 Q&A

* 부모교육에 참석하시는 부모님의 자녀에 한하여 원아 보육을 합니다.
  – 재원 원아만 보육이 가능합니다.
* 부모교육 당일 보육하는 원아에게는 저녁이 제공됩니다. (오후 5시 30분에 저녁 제공)
* 참석하시는 학부모님께도 간단한 저녁이 제공됩니다.

반 명		원 아 명	

★ **부모교육 참석여부** (O로 표시해주세요)

참석합니다.		참석하지 않습니다.	
참석하시는 학부모	어머님		아버님	

★ **부모교육 당일 원아 보육 신청여부** (O로 표시해주세요)

보육 신청합니다.		신청하지 않습니다.	
형제아 보육 신청	반 이름		

★ **부모교육 당일 원이 저녁 신청여부** (O로 표시해주세요)

저녁 신청합니다.		신청하지 않습니다.	

〈표 7-11〉 부모교육 연수 평가서의 예

부모교육 평가 설문지

바쁘신 와중에 부모교육에 참석해 주셔서 감사합니다.
이 설문은 본 부모교육에 대한 의견을 수렴하여 다음 부모교육 계획에 참고하기 위한 것입니다.
성의껏 작성해 주시기 바랍니다.

1. 해당란에 ✓표시해 주십시오.

참여하신 분은?	아버지( ), 어머니( ), 기타( )		
내용	만족함	보통	미흡함
• 부모교육의 주제는 적절하였습니까?			
• 부모교육의 내용은 유익하였습니까?			
• 부모교육의 방법은 적절하였습니까?			
• 부모교육의 진행시간은 적절하였습니까?			

2. 다음 부모교육의 주제로 제안하고 싶은 것이 있다면 적어 주십시오

3. 이번 부모교육에 참여하셔서 느낀 점이나 건의사항이 있다면 적어 주십시오.

기쁨과 행복이 가득한 ○○어린이집

〈표 7-12〉 부모 참여수업 평가서의 예

부모 참여수업 평가서

1	▶수업내용은 아동에게 적절하다고 생각하십니까? ① 매우그렇다 ② 그렇다 ③ 보통이다 ④ 미흡하다 ⑤ 매우 미흡하다
2	▶교사와 아동 간에 적절한 상호작용이 이루어졌나요? ① 매우그렇다 ② 그렇다 ③ 보통이다 ④ 미흡하다 ⑤ 매우 미흡하다
3	▶부모 참여수업을 보고 만족하십니까? ① 매우그렇다 ② 그렇다 ③ 보통이다 ④ 미흡하다 ⑤ 매우 미흡하다
4	▶원이나 선생님께 하고 싶은 말을 적어 주세요.

참여수업에 참석해 주셔서 감사합니다.

소감을 기록하신 후 제출해 주시면 ㅇㅇ유치원의 발전과 운영에 많은 도움이 됩니다.

새로운 시대의 부/모/교/육

CHAPTER

8

유아교육현장에서 부모면담

유아교육기관에서 이루어지는 부모면담은 그 필요성에 대한 부모나 교사의 요구가 높고, 부모의 참여도도 매우 높은 부모참여의 한 형태이다. 이 장에서는 부모면담에 대해 자세히 살펴보도록 하겠다.

1 부모면담의 의미

1) 부모면담의 개념 및 중요성

부모면담은 부모와 교사가 직접 대면하여, 영유아의 생활과 발달 그리고 유아교육기관에 대한 정보를 교환하고 서로의 의견을 나눔으로써, 유아교육기관과 가정이 연계성을 갖고서 영유아의 발달을 돕기 위한 것이다.

부모면담은 부모입장에서 볼 때 자녀가 유아교육기관에서 적응을 잘하는지, 자녀의 발달이 또래들과 비교해서 어떠한지를 교사를 통해 확인해 볼 수 있는 좋은 기회가 되며, 일년 동안 자녀를 맡아 줄 교사를 파악하는 시간도 되기 때문에 부모는 면담참석에 임하려는 경향이 있다. 교사입장에서 부모면담은 가정에서의 영유아의 행동에 대한 정보를 얻을 수 있고, 부모의 양육방법을 알 수 있는 기회가 되기도 한다.

부모면담은 영유아 발달을 위한 바람직한 양육방법에 대한 일반적인 정보뿐만 아니라 자녀에 대한 개인적이고 특수한 정보도 얻을 수 있는 장점이 있다(김현주·손은경·신혜영, 2002). 부모들은 영유아 발달과 양육에 대한 전문적인 지식을 대중매체를 통해 쉽게 접할 수 있으나, 가정이 아닌 유아교육기관에서의 자녀의 생활과 자녀의 발달수준이나 행동에 대한 비교적 객관적인 정보를 교사를 통해 얻는다는 것은 매우 특별한 일이다. 유아교육기관에서 가장 많은 시간을 함께하고 영유아를 관찰하고 돌보며, 교육현장에서 영유아에게 직접 도움을 줄 수 있는 사람도 교사이기 때문에 부모의 교사와의 면담은 꼭 필요하다(홍길회 외, 2016).

2) 부모면담의 목적

부모는 면담을 통해 자녀의 유아교육기관에서의 적응, 또래관계, 학습능력, 자녀의 발달수준의 정상성, 부모 양육태도의 적절성, 문제행동에 대한 지도방안 등을 알기를 원한다. 교사는 부모면담을 통하여 부모의 특성 및 양육방식에 대한 이해, 유아교육기관에 대한 요구사항 파악, 가정에서의 영유아의 행동과 함께 가정환경 정보를 얻어서 가정과 연계하여 영유아의 학습 및 생활지도를 하고, 부모의 신뢰를 얻어 친밀하고 협력적인 관계를 도모하고자 한다.

일반적으로 부모면담의 목표는 다음과 같다.

- 교사와 부모가 서로의 지식을 교환하면서, 더욱 정확해진 정보를 가지고 영유아를 이해한다.
- 교사와 부모가 친밀감과 신뢰감을 형성하여, 영유아 발달을 위한 동반자가 된다.
- 부모에게 영유아의 발달수준 및 발달과정과 기관의 교육방침을 알릴 수 있다.
- 부모와의 만남을 통해 영유아의 기본 생활습관, 기호도, 가정환경에 대한 다양한 정보를 얻는다.
- 개별적인 만남을 통해 영유아교육에 대한 부모의 요구와 기대를 파악한다.
- 영유아의 교육에 관하여 부모와 교사가 공동목표를 세운다.

2 부모면담의 유형

부모면담에는 개별면담, 집단면담, 전화상담, 이메일 상담, 가정방문 면담, 전문가 면담, 등·하원 시 면담 등의 유형이 있으며 이에 대한 설명은 다음과 같다(홍길회 외, 2016).

1) 개별면담

(1) 개별면담의 의의 및 필요성

유아교육기관에서의 개별면담은 교사와 부모가 일대일로 만나 자녀에 관한 의견을 나누는 활동이다. 이를 통해 부모는 교사에 대한 파악, 영유아 발달수준의 정상성, 유아교육기관에의 적응, 부모 양육태도의 적절성과 영유아의 문제행동 지도방안에 대한 정보를 얻고자 한다. 한편 교사는 부모에게 영유아에 관한 정보를 주어 부모가 영유아를 새롭게 인식하는 기회를 제공하고, 유아교육기관의 목적이나 프로그램에 대한 정보를 제공하며, 유아교육기관에 대한 협조를 구한다. 그리고 영유아 개인에 영향을 주는 가정환경과 부모의 양육방식을 파악하며 부모와 친밀감을 형성하고 영유아의 지도에 관해 서로 의견을 나누어, 가정과 연계한 영유아 지도방법을 함께 모색하도록 한다.

(2) 개별면담의 내용

유아교육기관에서 개별면담은 대체로 연 1~2회 정도 실시되며, 면담시기에 따라 부모 면담내용과 시간배분에 차이가 있다. 교사는 기관에서의 영유아의 생활에 대한 부모의 질문에 대해서 답해 주고 부모의 이야기를 경청한다. 특히 1학기 초에는 교사가 부모의 이야기를 많이 듣는 것이 좋다.

① 입학 후 첫 개별면담

학기 초에 이루어지는 첫 번째 개별면담에서는 영유아가 기관에서 어떻게 적응하는지 그리고 가정에서의 생활은 어떠한지에 대하여 대화를 나누게 된다. 부모는 교사에게 가정에서의 영유아의 습관, 문제행동, 영유아에 대한 기대, 유아교육기관에 바라는 점 등에 대해 이야기하게 되고, 교사는 부모에게 유아교육기관의 특성, 교육과정, 지도방법, 유아교육기관의 행사유형 및 내용, 하루 일과 진행 등을 설명하게 된다. 부모는 자녀가 기관에 다니면서 잘 적응하는지, 교사가 영유아들과 어떠한 교육을 하고 있는지 알고 싶어 한다. 그리고 교실과 실외에서 자녀가 특별히 관심 갖는 놀이나 활동은 무엇인지에 대한 구체적인 사례와 작품, 관찰 기록물 등을 보기를 원한다(이원영 외, 2008).

② 학기 중 또는 학기 말 개별면담

학기 중 또는 학기 말 개별면담에서 교사는 그동안 영유아의 활동자료를 보여주면서 면담을 진행한다. 면담내용은 영유아의 발달수준, 유아교육기관에 대한 적응, 또래관계, 활동 참여정도, 교사와의 관계, 생활습관, 자신감, 호기심을 보이는 상황, 대화의 이해수준, 인지발달, 주의집중 정도, 글쓰고 셈하는 능력, 편식, 성교육 등이 있다. 대체적으로 영유아 발달에 대한 전반적인 내용, 영유아의 부적응문제, 기본 생활습관, 성격문제, 정서불안, 또래관계 등이 면담주제의 주를 이룬다.

교사는 부모에게 유아가 점차적으로 신체적, 사회적, 정신적으로 얼마나 성장했는지, 자립심이 증가했는지, 책임감 있는 활동을 하는지, 또래관계는 어떻게 변화했는지, 주변 세계에 대해 관심을 갖고 탐색하는지, 그리고 유아교육기관에서 배운 것을 생활에 어떻게 적용하는지를 이야기한다. 이외에도 부모가 궁금해 하는 사항은 모두 개별면담의 내용이 될 수 있다.

(3) 개별면담의 운영

부모면담은 학기 초부터 체계적으로 미리 계획하고 준비하여 운영되어야 한다. 면담을 위해 면담 전 부모와 라포 형성하기, 면담을 위한 자료 준비 및 사전 지식, 물리적 환경 꾸미기, 면담 당일 진행절차, 면담 후 면담평가 및 면담일지 작성과 면담결과 활용 등에 대해서 다음과 같은 세심한 준비를 해야 한다(홍길회 외, 2016).

◈ 면담 전 라포 형성하기

교사가 부모와 개별면담을 하는 데 있어 가장 중요한 것은 부모와 라포를 형성하는 것이다. 라포형성은 짧은 시간 단기적으로 형성되는 것이 아니기에, 신학기 시작이 부모와의 관계형성이 시작되는 시점이다. 신학기가 시작되면서부터 이루어지는 전화상담이나 등·하원 시의 만남, 쪽지 주고받기 등을 통해 부모와 친밀한 관계를 형성하면 부모면담이 잘 이루어진다. 사소한 일일지라도 평소에 전화통화 등을 통하여 부모와의 대화를 시도하고 자녀에 대한 의견을 나누다 보면 부모와 좀 더 가까워지고 부모들 역시 교사가 자녀에게 신경을 많이 써 준다고 느끼게 될 것이다. 그렇게 신뢰감을 쌓은 후 부모면담을 한다면 보다 부드럽게 개별면담이 이루어질 것이다.

이와 같이 평소에도 꾸준히 전화나 메모를 통해서 영유아가 관심을 받고 있음을 느끼도록 하고, 특별한 일과 즐거웠던 에피소드를 적어 놓고 부모에게 전달하면서 서로 신뢰감을 키워 가는 것이 중요하다.

◈ 개별면담을 위한 준비 및 사전 지식

부모가 면담하러 오기 전에 교사가 미리 숙지해야 할 사전 지식과 준비할 것이 있다.

① 면담 전 교사는 영유아에 대해 관찰하고 기록하며 자료를 모은다. 영유아의 발달이나 원에서의 적응에 대해 부모가 궁금해 하며 알고 싶어 하거나 질문

할 것들에 대해 적절한 반응을 할 수 있도록, 어느 정도의 시간을 두고 미리 영유아를 관찰하고 이를 기록해 두어야 한다. 이것을 부모면담 때 객관적 자료로써 제시하면, 부모는 교사가 영유아에 대해 관심과 애정을 가지고 교육하고 있음을 알게 된다.

② 부모면담을 실시하기 전 면담일정과 장소, 면담할 내용, 면담 시 부모가 준비해야 할 사항, 면담 참석여부 확인서 등을 포함한 가정통신문을 2~3주 전에 발송해야 한다. 부모의 시간이 여의치 않을 경우 면담일정을 조정할 수 있으며, 부모가 면담시간을 선택할 수 있는 기회를 줄 수도 있다. 취업모의 경우는 근무시간을 고려해서 퇴근 후의 시간을 계획할 수 있다.

③ 영유아의 가정환경 및 가정에서의 유아의 행동을 알 수 있는 항목과 부모가 면담하고 싶은 사항을 기재할 수 있는 부모 설문지나 가정환경 조사서를 2~3월 초에 미리 가정에 배부하고 회수하여 숙지한 후, 면담에 임하도록 한다. 부모가 고민하는 문제, 영유아가 좋아하는 놀이, 주로 누구와 노는지, 어떤 것을 싫어하고 어떤 특성이 있는지에 대해 미리 파악하면 친근하게 대화를 할 수 있고, 기초적인 정보를 교환하는 데 면담시간을 소모하지 않아도 된다.

④ 면담을 할 때 활용할 수 있는 여러 가지 자료를 준비하는 것이 중요하다. 원아 조사서나 설문지, 부모면담 기록지, 여러 검사결과나 행동관찰 일지, 전화상담 기록부, 영유아가 만들고 활동한 자료들로 구성된 포트폴리오 자료 등을 보여 주면서 부모와 이야기하면, 효과적으로 면담을 진행할 수 있다.

〈표 8-1〉 부모면담 행사 계획 및 평가

행사 계획 및 평가

담 당	원 감	원 장
○○○		

활동명	1학기 학부모 면담		
일 시	면담-20○○년 4월 23일 토요일 전화상담-20○○년 4월 18일 월요일~ 20○○년 4월 29일 금요일	참가 대상	면담 신청한 학부모님
장 소	각 반 교실		
목 표	* 학부모님과 유아에 대해 이야기를 나누며 더 긴밀히 파악한다.		
준비물	* 책상보, 조화, 유아관찰 기록지		
주의사항	* 편안하고 유동적인 분위기를 조성한다.		
활동계획	〈사전 활동〉 - 면담할 유아를 관찰한다. - 관찰한 것을 바탕으로 면담 기록지를 작성한다. - 면담 시간표를 짜서 일괄적으로 안내한다. - 교실을 정돈하고 면담 책상을 마련한다. 〈본 활동〉 - 유동적인 분위기에서 유아에 대한 다양한 점들을 학부모님과 면담한다. 〈마무리〉 - 학부모님이 말씀해 주신 것을 바탕으로 면담 기록지를 완성한다. - 건의사항을 정리하여 원장님 원감님께 보고한다.		

반명 / 시간	아름	다정	고운	슬기	어진	지혜
09:20~09:40						
09:40~10:00						
10:00~10:20						
10:20~10:40						
10:40~11:00						
11:00~11:20						
13:20~13:40						

활동사진	
활동평가	– 면담 기록지의 항목내용이 중복되는 경우가 있어 같은 관찰내용을 다시 써야 하는 부분이 있었다. – 화사한 꽃과 대비된 차분한 색상의 책상보를 준비해 주셔서 편안한 분위기가 조성될 수 있었다. – 예정된 면담시간보다 더 빨리 오신 어머님들에 대한 확인이 잘 되지 않아 30분씩 면담하는 경우가 있었다.

〈표 8-2〉 학부모 면담 안내문

학부모 면담 안내문

안녕하십니까?
자녀들에 대한 이해를 증진시키고 건전한 성장을 도모하기 위해 부모님들과 2학기 개별면담을 실시하고자 합니다.
2학기에는 방문면담이 없으며 면담을 희망하시는 부모님을 대상으로 전화상담만 이루어집니다.
부모님께서는 의논하고자 하는 내용을 미리 메모하셔서 효과적인 면담이 되도록 도와주시기 바랍니다.

- 전화상담 여부를 O표로 표시한 후 9일(수)까지 보내 주시면 상담날짜 및 상담시간을 계획한 후 18일(금)에 키즈노트를 통해 안내해 드립니다.
- 전화상담은 수업 마무리 후 오후 4시 30분 이후 전화 드리며 상담시간은 15분입니다. 계획된 상담시간 이후에도 상담이 있으므로 상담시간을 꼭 지켜주시기 바랍니다. 상담 이후 궁금한 사항은 추후에 다시 연락 주시면 됩니다.
- 상담하실 내용을 미리 적어서 보내 주시면 시간을 효율적으로 사용하실 수 있습니다.
- 빈칸을 작성하신 후 11월 9일(수)까지 유치원으로 보내 주시기 바랍니다.

------------------- 신 청 서 (절 취 선) -------------------

반		이름	
전화상담 신청 합니다.		상담 신청하지 않습니다.	
상담하실 내용			

ㅇㅇ유치원

〈표 8-3〉 원아 개별면담 안내문

20○○년 2학기 ○○○반 원아 개별면담 안내문

안녕하세요.

풍성함이 가득한 가을입니다. 과일과 곡식들이 무르익듯 우리 아이들의 몸과 마음도 풍성하게 자란 것 같습니다.

우리 아이가 처음 새로운 반을 시작하여 잘할 수 있을까 걱정하던 고민들도 때가 되면 찾아오는 계절마냥 잘 자라 주어 또 다른 반을 준비해도 좋을 만큼 형님이 되어 있네요. 또래 친구들과 함께 놀이하며 양보하고 배려하는 가운데 규칙과 질서를 배우며 자라 가는 아이들이 무척이나 대견하고 자랑스럽습니다.

2학기 면담은 학부모님께서 원으로 방문해 주셔서 얼굴을 뵙고 하는 대면면담으로 진행하려고 합니다. 지난 1학기를 보낸 우리 아이들이 가정과 원에서 얼마나 성장하였는지, 앞으로 더욱더 균형 있게 성장하기 위해서는 어떤 지원을 해 주어야 하는지 부모님들과 함께 이야기 나누고자 합니다.

가정과 원이 서로 도움받는 귀한 시간이 될 수 있도록 면담에 참여해 주시길 바랍니다.

면담일자 : 반별로 상이하오니 아래 일정을 확인해 주세요.

반명	면담일정	반명	면담일정
○○반 (만 0세)	10월 27일(목)~10월 28일(금)	아름솔반 (만 3세)	10월 18일(화)~10월 19일(수)
□□반 (만 1세)	10월 14일(금)~10월 17일(월)	푸른솔반 (만 4세)	10월 24일(월)~10월 26일(수)
△△반 (만 2세)	10월 11일(화)~10월 13일(목)	봄빛솔반 (만 5세)	12월 간담회 전후로 연기

면담방법 : 대면면담 또는 전화상담 中 원하시는 면담방법을 선택해 주세요.

면담 안내사항

1) 담임교사와의 면담시간은 20분입니다. 궁금하신 사항을 미리 정리하시면 면담이 원활히 진행됩니다.
2) 면담시간이 겹칠 경우, 담임 선생님께서 시간조정을 하실 수 있음을 미리 알려 드립니다.
3) 면담으로 인한 원아의 등·하원 변동은 미리 원으로 연락 주세요. 면담 시 원아가 동석하지 않는 것이 원활한 면담에 도움이 됩니다.
4) 대면면담 시 교사들을 위한 간식, 선물 등은 일체 받지 않습니다. 보내 주실 경우 다시 되돌려 보내드립니다.
5) 키즈노트 알림장 작성시간과 면담시간이 겹치므로 면담기간에는 알림장 작성이 불가하며 특이사항은 개별 연락을 드립니다.
6) 대면면담 시 면담장소는 추후 담임 선생님께서 안내해 드릴 예정입니다.

※ 면담 신청서를 작성하셔서 2022년 10월 17일 월요일까지 원으로 보내 주시기 바랍니다.

〈표 8-4〉 원아 개별면담 신청서

ㅇㅇㅇ반 2학기 원아 개별면담 신청서

신청서를 20ㅇㅇ년 10월 17일 월요일까지 원으로 꼭! 보내 주세요.

반 명		원 아 명	

원하시는 면담방법과 날짜, 시간을 체크해 주세요.

* 2개 정도 선택하셔서 보내 주시면 반영하여 면담일정을 안내해 드리겠습니다.

원하시는 면담 날짜	20ㅇㅇ년 월 일				
상 담 시 간	대면면담	전화상담	상 담 시 간	대면면담	전화상담
오후 3:35~3:55			오후 5:15~5:35		
오후 4:00~4:20			오후 5:40~6:00		
오후 4:25~4:45			오후 6:05~6:25		
오후 4:50~5:10			오후 6:30~6:50		

면담 시 궁금한 점 또는 면담하고 싶은 내용을 적어 주세요.

〈표 8-5〉 학부모 간담회 사전 질문지

학부모 간담회 사전 질문지

안녕하세요. 아이들과 함께 즐겁고 행복한 추억을 만드는 사이 벌써 1학기가 지나가고 있습니다.

한 학기 동안 저희 원에 대한 믿음으로 늘 응원해 주셨던 학부모님께 감사드리며 2학기 원아 개별면담 전, 간담회 개최를 안내드립니다.

간담회는 ○○어린이집의 놀이중심 교육과정에 대해 안내드리고, 아이들의 현재 발달 상황을 공유함으로써 앞으로 아이들의 발달에 필요한 지원이 무엇인지, 가정에서 필요한 조력은 무엇인지 함께 이야기를 나누어 보는 시간입니다.

20○○년 학부모 간담회는 미리 학부모님들께 질문을 받아 Q&A 시간을 갖고자 합니다. 아래 사전 질문지에 간담회 때 이야기 나누고 싶은 내용을 적어 8월 22일(월)까지 담임 선생님께 제출해주시기 바랍니다. 많은 학부모님들께서 궁금해 하시는 내용에 대해 간담회 때 이야기 나눌 예정입니다.

아직 정확한 일정이 계획되지는 않았으며 대략적인 일정은 아래를 참고해 주세요. 수요조사는 추후에 실시할 예정입니다.

간담회를 통해 어린이집과 학부모님께서 우리 아이들의 중심이 되어 한 방향을 바라보고 함께 걸어 나갈 수 있길 바랍니다.

간담회 일정 계획

날 짜	9월 중순~10월 초 예정 (반 별로 날짜 상이)
시 간	오후 6시~ 8시

-------------------- 간담회 사전 질문지 --------------------

반 명 : **원아명 :**

간담회 때 우리 아이와 관련하여 함께 이야기 나누고 싶은 내용을 적어 주세요.

- 아이의 발달특성과 관련하여 궁금하신 점
- 생활지도에 어려움을 느끼는 부분
- 그 밖에 간담회 때 공유하고 싶은 내용 등

EX) 기저귀는 어떻게 떼야 할까요? 한글 교육은 어떻게 시작해야 할까요?

놀이중심, 유아중심 교육과정에 대해 궁금하신 점이 있다면 적어 주세요.

EX) 놀이가 좋은 건 아는데 인지적인 학습도 필요하지 않을까요? 사신에 보면 똑같은 놀이만 하고 있는 우리 아이 괜찮을까요?

〈표 8-6〉 학부모 면담일지

부모 면담일지

<table>
<tr><td>반명/원아명</td><td colspan="2"></td><td>생활연령</td><td colspan="2"></td></tr>
<tr><td>면담일시</td><td></td><td>면담 참여자</td><td></td><td>면담방식</td><td></td></tr>
<tr><td rowspan="5">아동
발달특성</td><td>[신체운동·건강]</td><td colspan="4"></td></tr>
<tr><td>[의사소통]</td><td colspan="4"></td></tr>
<tr><td>[사회관계]</td><td colspan="4"></td></tr>
<tr><td>[자연탐구]</td><td colspan="4"></td></tr>
<tr><td>[예술경험]</td><td colspan="4"></td></tr>
<tr><td>발달특성에
따른
향후
지도방안</td><td colspan="5"></td></tr>
<tr><td>면담
내용</td><td colspan="5"></td></tr>
<tr><td>보육 관련
건의사항</td><td colspan="5"></td></tr>
<tr><td>면담
총평</td><td colspan="5"></td></tr>
</table>

◈ 개별면담을 위한 물리적 환경조성

성공적인 부모면담이 이루어질 수 있도록 다음과 같은 물리적 환경을 조성하도록 한다.

- 일반적으로 영유아의 교실을 부모면담 장소로 정한다. 면담장소를 청소하는 것은 물론 영유아가 원에서 사용하는 물품 등의 청결상태를 점검한다.
- 교실이 너무 넓을 시 가림막 등으로 교실을 분리하여 안정적인 분위기를 만든다.
- 교실 내의 유아의 작품 게시물의 부착과 배치를 고려하는 등 세심한 부분까지도 주의를 한다. 교실 내 게시물은 유아의 평소 활동모습이 담긴 작품을 게시하고 어떤 그림을 그렸는지 부모가 알 수 있도록 간략한 설명을 첨부하여 게시한다.
- 부모가 교실의 출입문을 등지고 앉도록 자리 배치를 하고 부모 선호에 따라 부모와 교사가 마주 앉거나 옆으로 앉을 수 있도록 부모용 의자를 2개 준비한다. 가급적 의자는 성인용으로 준비한다.
- 영유아에 관한 , 관찰 기록지, 발달 체크리스트, 포트폴리오 등을 책상 위에 준비한다. 부모도 메모할 수 있으므로 면담을 시작할 때, 작은 메모지나 펜을 책상 위에 놓고 부모에게 적고 싶은 내용이 있으면 적어도 된다고 이야기하는 것이 좋다.
- 미리 온 부모들이 머물 수 있는 대기실을 마련해 둔다. 면담 일정표를 대기실이나 교실 문 앞에 게시하여 면담시간과 순서를 부모들이 알 수 있도록 한다. 기다리는 동안 읽을 수 있는 책이나 간식 등을 준비한다.

◈ 부모면담 진행과정

부모와의 면담이 반드시 정해진 순서를 따라야 하는 것은 아니나, 대체로 면담 시작–본 면담–마무리 등의 순서로 진행된다.

① 면담 시작

교사가 부모에게 좋은 인상을 줄 수 있는 환영·안부 인사를 하고 부모가 자리에 앉으면 차나 다과를 권하면서 면담을 시작한다.

- 교사가 부모를 맞이하는 태도는 중요하다. 교사가 부모에게 먼저 다가가 밝은 얼굴로 환영의 인사를 한다. 날씨나 교통에 관한 이야기로 대화를 시작하면서, 부모가 유아교육기관을 방문한 것에 대해 감사인사를 한다. "바쁘신 와중에 이렇게 귀한 시간을 내주셔서 감사드려요."라고 인사할 수 있다.
- 부모가 자리에 앉을 수 있도록 안내한다. 자리에 앉은 후 바로 면담을 시작하기보다는, 어색하고 긴장된 분위기가 완화될 수 있도록 가벼운 이야기로 시작하여 자연스럽게 대화를 끌어 나간다. 차를 권하고 ○○이는 지금 어디에 있는지, 누구와 있는지 등 영유아에 대한 관심을 표현한다. 영유아가 기관에 있는 경우는 영유아가 지금 어디에서 누구와 함께 시간을 보내고 있는지 알려 준다.

② 본 면담

본격적인 면담은 부모가 유아교육기관에서의 자녀의 생활에 대해서 그리고 교사는 가정에서의 영유아의 생활에 대해 묻는 것으로 진행되지만, 부모면담이 이루어지는 시기에 따라 면담내용은 차이가 있다. 부모면담 당일이나 최근에 있었던 유아의 일화, 면담목적, 주요 관심내용 등에 대한 이야기를 하고, 부모의 이야기에 적절한 반응을 하면서 자연스럽게 대화를 이어 간다.

- 영유아의 일화를 이야기한다. 아이의 긍정적인 행동에 대한 칭찬, 최근에 관심 있어 하거나 관심을 보였던 경험, 면담 당일이나 주변 날짜에 있었던 에피소드를 이야기하면서 친근한 분위기를 만든다. 책상 위에 놓은 관찰일지, 영유아의 작품 파일을 보면서 그에 맞는 에피소드를 이야기하거나 발달상황을 이야기하면, 부모의 신뢰를 얻을 수 있다.

- 면담목적을 이야기한다. 본격적인 면담을 시작하기 전 교사가 부모에게 이 자리를 마련한 이유에 대해 이야기를 하면, 보다 효율적인 면담을 할 수 있다. 예를 들어 1학기 면담이라면 영유아의 특성과 발달상태에 대한 부모의 의견을 물으며, 부모의 생각을 파악한다. "오늘은 가정에서의 ○○이의 모습이 궁금해서 이 자리를 마련했습니다." 또는 "오늘은 제가 ○○에 대해 말씀드리기보다 ○○이와 앞으로 지낼 행복한 시간을 위해 ○○이를 좀 더 이해하고 가까워질 수 있도록 어머니께 ○○이에 대해 많은 이야기를 듣는 시간을 가지고자 해요."라고 면담목적을 이야기한다. 2학기 면담일 때는 "오늘 이 자리는 ○○이가 원에서 1학기보다 어떻게 변화했는지 그리고 어떤 부분이 발달되었는지 이야기하기 위해 마련했어요."라고 할 수 있다. 이렇듯 부모면담의 목적을 전달하고, 영유아의 발달을 위해 기관과 가정이 연계하여 일관성 있는 지도를 해야 하는 것의 중요성을 알린다.
- 영유아의 장점을 먼저 이야기한다. 부모에게 영유아의 문제행동을 이야기하기에 앞서 영유아의 장점이나 칭찬을 먼저 하면서 부모가 편안해 하도록 하는 것이 중요하다. 영유아에 대한 칭찬은 피상적이거나 인사치레식이 아닌 구체적으로 이루어져야 한다. 영유아에 대한 관찰기록이나 자료를 활용해서 이야기해 주는 것이 효과적이다. 예를 들면, "어머니, 지난번 놀이터에서 야외활동을 하는데 친구 △△이가 넘어졌는데 ○○이가 달려가서 일으켜 주고 옷에 묻은 흙도 다 털어 주고 친구를 챙겨 주었어요. 친구를 소중하게 생각하는 마음에 제가 너무 놀라기도 하고 ○○이가 예뻤어요. △△이도 고맙다고 이야기를 했구요."라고 이야기할 수 있다.

영유아의 장점 및 긍정적인 행동에 대해서 먼저 언급하는 것은 교사가 아이에 대해서 부정적 편견을 가지고 있는 것이 아니며, 아이의 장점과 단점을 균형 잡힌 시각으로 보고 있음을 부모에게 전달할 수 있기 때문이다(김혜숙·최동옥, 2013). 긍정적인 측면과 문제를 함께 바라보면, 문제해결이 가능하다는 낙관적인 자세를 유지하며 문제해결에 초점을 맞추기도 용이해진다.

- 면담 전 부모로부터 미리 받아 놓은 개인 조사서에 있는 영유아의 문제행동이나 관찰에 의한 영유아 발달 전반에 대한 정보를 교환한다. 예를 들어 "개인 조사서에 ○○가 편식이 있다고 하셨는데 특별히 어떤 음식을 안먹으려고 하나요?"라고 물어보면서 이야기를 풀어 갈 수 있다.
- 부모에게 영유아의 문제행동의 이해를 돕기 위한 질문을 하여 내용을 정확히 파악하도록 한다. 부모가 자녀의 문제행동을 이야기하면 문제행동과 관련된 상황에 대해 정확하고 구체적인 이해를 돕기 위한 질문을 해야 한다. 어떤 행동에 대해 걱정을 하고 있다면, 언제 그랬는지, 얼마나 자주 그러는지, 그런 상황에서 부모는 어떻게 반응하는지 그리고 다른 방법을 시도해 본 적은 없는지 등을 질문함으로써 부모가 자신의 행동에 대해 돌아보도록 한다. 질문은 자연스럽게 이루어져야 하며 심문하듯이 캐묻지 않도록 주의한다.

  면담을 할 때 부모가 자녀에 대해 좋지 않은 이야기를 하더라도 "걱정하지 마세요. 원에서는 그러지 않아요."라고 일축하기보다는, "○○이가 그런 행동을 보여서 걱정이 되셨나 봐요. 그런데 ○○이가 언제 그런 행동을 보이나요?" 등 정확한 상황과 구체적인 행동을 물어보는 것이 중요하다.
- 영유아의 연령에 따라 부모의 관심사가 다를 수 있으므로 이에 대한 준비를 한다. 3세 아이 경우는 애착형성, 부모와 떨어져서 유아교육기관에 가는 등원문제, 밥은 잘 먹는지 등의 기본 생활습관에 부모가 관심이 많으므로 적절한 답을 할 수 있도록 잘 관찰해야 한다. 4세 아이 경우는 또래문제, 언어(한글)에 대한 이야기, 수업참여의 적극성 등에 관한 것, 5세 아이 경우는 초등학교와 연계된 문제, 누리과정, 한글에 대한 걱정 등을 부모들이 많이 하므로, 이에 대한 정보제공과 설명을 할 수 있어야 한다.
- 영유아의 문제행동에 대한 해결책은 부모가 결정하도록 한다. 중요한 결정을 교사가 대신 내리지 않는다. 간혹 부모는 교사에게 조언이나 도움을 받을 수 있는 이야기를 듣고 싶어 하는데, 교사는 직접적인 충고나 조언을 하지 않도록 한다. 교사의 역할은 부모가 아이의 문제행동을 정확하게 알도록

그리고 해결방안을 스스로 결정할 수 있도록 돕는 것이다. 그러기 위해서 교사는 부모의 질문에 즉답을 하기보다는, 영유아의 문제행동의 이해를 돕기 위한 적절한 질문을 할 수 있어야 한다. 초임교사의 경우 첫 면담할 때 부모가 걱정하는 문제나 영유아의 문제행동들에 대해 어떻게든 해결방안을 찾고 전문가의 입장에서 의견을 주려고 노력하는데, 이는 면담을 더욱 어렵게 만들 수 있다. 당장 해결할 수 없는 문제라면 앞으로 부모와 어떠한 방법으로 지도할 것인지를 함께 노력할 수 있도록 지속적인 연락을 하는 것이 바람직하다.

- 유아교육기관과 부모가 연계성을 갖고 영유아를 지도할 수 있도록 한다. 원에서는 어떻게 지도할 것인지를 부모에게 이야기하면서, 가정에서도 비슷한 방법으로 지도해 주길 부탁한다. 해결책을 제시할 때도 지시적, 단정적으로 이야기하기보다는 "이렇게 하면 어떨까요?" 하고 제안하듯이 이야기하는 것이 좋다. 추후에 별도로 연락을 해서 원에서나 가정에서의 변화된 모습에 대해 이야기를 나눈다.
- 부모의 역할을 잘 하고 있다는 자신감을 갖도록 도와준다. 교사가 부모면담을 통해 부모를 교육하기도 하지만, 부모로 하여금 부모역할에 대한 자신감을 갖도록 격려하는 것도 중요하다. 가정에서 시도해 보았던 내용들에 대해 구체적인 질문을 하면서 스스로 해결방법을 찾을 수 있도록 도와줄 뿐 아니라, 부모의 사녀양육에 대한 성공사례를 찾을 수 있도록 함으로써, 부모의 자존감을 높여 주는 것이 중요하다. 부모의 긍정적인 양육행동이나 부모의 노력을 지지해 주면, 부모 자신도 자신감이 생기고, 교사와 부모 간에 신뢰가 높아질 수 있다.

부모가 자녀에게 주로 사용하는 훈육방법이 어떤 것인지, 그 방법이 자녀를 지도하는 데 효과가 있었는지, 부모가 원하는 도움이 무엇인지, 부모역할에 방해가 되는 요인이 무엇인지 등을 알아보면 부모의 강점과 보완할 점을 알 수 있을 뿐 아니라, 어떤 방법을 사용하는 것이 문제해결에 효과적인지를 판단하기 수월해진다(김혜숙·최동옥, 2013).

- 언어를 순화해서 이야기한다. 영유아에 대해 "산만하다, 공격적이다." 등의 부정적인 용어로 고정화시킨다면, 부모는 마음의 상처를 받을 뿐만 아니라, 영유아의 현재 상황에 대한 극단적인 평가가 되므로 문제가 될 수 있다. 영유아의 행동에 대해 단정 지어 이야기하지 않도록 하며, 부정적인 행동의 다른 측면을 보면서 부드럽게 이야기할 필요가 있다. 예를 들어 유아가 행동이 느린 경우, "꼼꼼하고 섬세하다."고 말할 수 있고, "아이가 산만하다."라는 표현보다는 "활동적인 면이 많다."고 이야기할 수 있다. 그리고 "집중을 하지 못한다."는 말보다는 "다양한 곳에 흥미가 많아 관심이 자주 바뀐다."고 말할 수 있다. 영유아가 다른 영유아에게 폭력적인 경우는 분명하게 이야기한다.
- 전문용어를 가급적 사용하지 않아야 한다. 부모면담을 하면서 본의 아니게 교사는 전문용어를 사용하게 된다. 일부 기관장은 교사의 전문성을 드러내기 위해 일부러 전문용어를 사용할 것을 권하기도 하지만, 보다 중요한 것은 교사의 이야기를 부모가 제대로 이해하는 것이라고 볼 때, 가급적 전문용어 사용을 자제하고, 전문용어를 사용해야 한다면 이해하기 쉽게 설명을 덧붙여야 한다.
- 부모와 대화하면서 공감과 수용하는 태도를 지녀야 한다. 교사는 언어적, 비언어적인 반응을 통해 반영적 경청을 하면서 부모의 이야기를 들어주는 자세가 중요하다. 상대방의 내면세계에 대해 역지사지하는 자세는 부모 자신을 보다 깊게 이해하도록 돕는 것은 물론 심리적 공감대를 형성함으로써, 부모와의 관계를 부드럽게 하는 데 기여한다. 부모가 이야기하는 것에 대해 비판적인 태도를 보이기보다는 부모도 교사에게 면담을 통해 인정받고 싶은 욕구가 큰 만큼 고개를 끄덕이거나 감탄사로 느낌을 표현하며 반영적 경청을 한다. 때로는 침묵도 좋다.

③ 마무리

마무리를 잘하기 위해서는 갑작스럽게 면담을 끝내지 않고, 그날 면담하면서 나누었던 이야기와 추후 가정과 원에서 연계해서 지도할 부분에 대해 요약을 하고, 교사에게 바라는 점을 묻는 것이 좋다. 그리고 부모면담을 위해 방문해 준 것에 대해 감사인사를 하는 것으로 마무리를 한다.

특히 영유아의 행동지도를 위해 가정과 원이 함께 협력하여 노력할 부분에 대해 다시 정리하며 언급해 주는 것이 반드시 필요하다. 유아교육기관에서 교사가 영유아를 위해서 구체적으로 어떤 노력을 할 것이며, 가정에서 부모는 구체적으로 어떤 노력을 할 것인지를 분명하게 구체적으로 이야기를 나눈다.

◈ 부모면담 후

면담이 끝나면 교사는 바로 면담일지를 작성하고 자기평가를 한 후 면담결과를 교육에 활용할 수 있도록 한다.

① 작성하기

교사는 면담이 끝나면 영유아에 대해 획득한 새로운 정보나 지도계획 등 전반적인 면담내용을 면담일지에 기록하고 숙지한다. 부모가 특별하게 부탁한 부분이나 대답을 나중에 하기로 한 사항들은 따로 메모한 후 부모에게 피드백을 할 수 있도록 관리한다.

② 자기평가

부모면담이 끝난 후, 교사가 면담준비와 진행이 성공적이었는지 자기평가를 하면 차후 부모면담을 보다 효과적으로 할 수 있다.

Berger(2004)가 제시한 교사의 자기평가 내용은 다음과 같다(김희진, 2006: 286).

〈표 8-7〉 교사의 자기평가 내용

자기평가 내용	그렇다	보통이다	아니다
1. 유아의 가정적 배경에 대해 미리 숙지하였는가?			
2. 다양한 방법을 사용하여 유아에 대한 정보를 얻었는가?			
3. 유아들의 작품이나 학습의 결과물 등을 준비해 놓았는가?			
4. 부모가 기다리는 동안 드실 음료나 책을 준비해 놓았는가?			
5. 부모를 따뜻하게 환영하면서 맞이하였는가?			
6. 긍정적인 말로 시작하였는가?			
7. 부모의 욕구와 이해수준에 맞게 면담을 조정하였는가?			
8. 면담을 위한 목표가 분명하였는가?			
9. 전문적인 용어는 부모가 이해할 수 있는 말로 풀어 주었는가?			
10. 반영적으로 경청하였는가?			
11. 의사소통이 오고 가도록 했는가?			
12. 다른 부모나 유아와 비교하지 않았는가?			
13. 함께 발전방향을 의논하였는가?			
14. 요약하였는가?			
15. 사후 점검을 하였는가?			
16. 제 시간에 시작하고 끝났는가?			

③ 추후 지도 및 활용

작성한 면담일지를 토대로 추후 지도를 해야 한다. 추후 지도를 잘하는 것은 성공적인 부모면담 전략의 하나다. 일반 면담과는 달리 유아교육기관의 부모면담은 면담 자체를 원활하게 진행하는 것 못지않게, 부모와 협력하여 추후 지도를 잘하는 것이 매우 중요하다. 김희진(2006)은 부모면담을 통해 개선방향이 설정되면, 실천한 결과를 부모에게 알리고 부모도 가정에서의 발전사항을 기관으로 알려서, 협력을 통한 영유아 교육과 양육이 이루어지게 하는 것이 필요하다고 했다. 교사는 부모가 부모 면담내용을 매우 중요시하고 있음을 인식해야 하며, 유아교육기관에서도 부모 면담결과를 교육에 적극 활용해야 한다.

- 면담결과를 요약하여 부모 면담일지에 기록한다.
- 1~2주 이내에 교사는 부모에게 연락을 해서 면담내용에 근거하여 추후 지도를 하도록 한다. 부모가 부탁한 내용을 반영하여 교육을 계획하고 영유아의 행동변화를 부모에게 알려 부모와 친밀한 관계를 유지한다.
- 가능하다면 정기적인 만남이나 전화, 메모, 메일 등을 통하여 영유아의 변화 양상에 대하여 부모와 지속적으로 정보를 교환하면 좋다.
- 등원 및 하원 시간에 일상적인 대화를 통해 면담에서 논의되었던 사항을 확장할 수도 있으며, 면담 중 제기되었던 문제와 제안을 후속 활동으로 연계한다.
- 면담내용을 다른 교사나 원장과 공유하면서, 면담내용을 토대로 새로운 교육 목표를 설정할 수 있다.
- 부모면담 자료는 새로운 학급으로 진급한 후 새 담임교사에게 인계한다.

(4) 효과적인 개별면담을 위해 고려할 점

면담이 성공적으로 이루어지기 위해서는 다음과 같은 점을 고려해야 한다(홍길회 외, 2016).

- 영유아에 대한 부모의 이해를 촉진하기 위한 방식으로 자료를 정리해서 제시한다. 현재 상태에 대한 강조보다는 발전된 과정을 중심으로 설명한다. 평소에 유아를 관찰하고 작은 것이라도 주기적으로 기록하고 정리해 둔다. 영유아의 성격, 또래관계, 행동, 발달특징, 관련 사건 등에 대한 구체적인 자료가 좋다.

- 교사가 일방적으로 너무 많은 이야기를 하지 않도록 주의한다. 훈육식으로 이야기하지 말고 부모의 의견을 충분히 듣고 대답한다. 부모의 반응을 살펴서 설명의 강도나 난이도를 조절한다. 부모가 수용할 자세나 준비가 되어 있지 않는데, 교사의 입장에서 교육적인 내용을 받아들이도록 강요하지 않도록 한다.
- 교사 윤리에 어긋나는 대화는 피한다. 즉 특정한 유형의 가정에 대한 편견을 가지거나 다른 가정이나 다른 아이와 비교하거나 그들을 비평해서는 안 되며, 면담을 통해 알게 된 사적인 내용을 관련이 없는 사람에게 이야기해서는 안 된다.
- 부모면담에서 나온 이야기에 대해 비밀이 보장된다는 것을 알려 주어 교사가 영유아를 이해하는 데 필요한 내용을 부모가 안심하고 이야기할 수 있도록 한다.
- 교사 혼자서 면담하기 힘들 때는 경력교사나 원감, 원장에게 도움을 청한다. 교사에게 무례하거나 지나치게 까다로운 부모의 경우에는 혼자서 감당하려고 하기보다는, 도움을 요청하는 것이 바람직하다.
- 필요한 경우 다른 전문기관의 도움을 받는다. 각종 전문면담기관의 연락처 등 관련된 정보를 준비한다.
- 부모의 이야기에 집중하고 경청하고 공감해 주고 반영적 경청과 나-전달법을 사용한다.
- 부모와 유대감을 가진 경우, 대화가 쉽게 되고 부모의 성격, 특징, 요구도 잘 파악하게 되어 대응하는 방법도 알게 된다. 즉 평소에 전화통화를 자주 하거나 등·하원 시에 부모와 간단하게라도 자주 이야기를 하는 것이 필요하다. 부모에게 아이에 대해서 자주 알려 주되, 긍정적인 변화를 반드시 포함해서 알린다.
- 아이에 관해 부모와 교사의 의견이 다를 경우, 우선 부모의 감정에 공감을 하면서 서로의 시각이나 상황이 다를 수 있음을 이야기한다. 부모는 가정에서 자녀의 행동을 보고, 교사는 다른 아이들과 함께 있는 상황에서 관찰하기

때문에, 영유아의 행동에 대해 다른 의견을 가질 수 있음을 이해한다.

- 문제행동을 보이는 경우 영유아의 긍정적인 행동을 먼저 이야기하고 영유아의 문제점이나 부족한 부분을 이야기하면, 부모들이 잘 받아들인다. 그리고 그 부분을 도와주기 위해 유아교육기관에서 어떻게 지도했는지를 이야기하면 부모의 신뢰를 얻을 수 있다. 그리고 가정에서도 같은 방법으로 지도해달라고 부탁하면 대부분 수용을 한다. 이때 교사가 그 문제의 해결사인양 바로 교사 자신의 생각을 이야기하기보다는, 부모의 이야기를 듣고, 그 행동을 바르게 지도할 수 있는 방법을 함께 의논하려는 자세를 보인다.

(5) 부모유형에 따른 접근

효과적인 부모면담을 위해서는 교사가 부모의 특성을 파악하는 것이 중요하다. 부모 개인의 성격특성도 다르지만 부모가 기관에 대해 기대하는 요구도 다양하기 때문에, 부모의 기대와 이야기를 경청하고 적절한 반응을 할 수 있어야 한다.

① 교사나 유아교육기관에 불만이 많은 부모

우선 부모의 감정에 공감하면서 부모의 관점을 이해하려고 노력한다. 부모가 자신의 입장을 충분히 밝힐 때까지 관심을 가지고 경청하고 기다린다. 그런 다음 교사의 입장과 관점을 이야기한다. 교사가 직접 경험하거나 관찰한 내용, 교사의 역할과 기관의 교육방침 등에 입각해서 이야기한다. 방어적 입장에서 설명하기보다는 객관적 사실을 토대로 설명하고 부모 관점과의 공통점과 차이점을 파악한다. 아이에 대한 설명을 할 경우에는 긍정적인 측면과 부정적 측면이 골고루 포함된 관찰기록 등 다양하고 구체적인 자료를 제시한다. 장기간 누적된 것일수록 좋다. 상황에 따라 아이의 행동이 다를 수 있음을 설명한다(김희진, 2006).

그러나 유아교육기관의 운영에 대해 주도권을 행사하려는 의도로 무리한 것을 요구하는 경우에는 기본적으로 단호한 태도를 가지고 대해야 한다. 현실적으로 무리하거나 불가능한 요구에 대해서는 가능하지 않은 이유를 알려 주고 들어줄 수 있는 것은 들어드리나 나머지 부분은 원장님 및 다른 교사들과 상의한 후 말씀을 드리겠다고 한다. 부모들끼리 또는 부모와 기관 간의 갈등이 있을 경우 해결하는 방법이나 절차에 대해서는 기관의 방침을 사전에 수립하여, 학기 초 부모 오리엔테이션 때 부모에게 알리고 동의를 구하는 것이 바람직하다.

② 무관심하거나 비협조적인 부모

무관심한 부모는 자신의 문제로 인해 자녀에 대해 관심이 적을 수도 있지만 자녀양육에 무력감을 느끼고 있는 부모일 수 있다. 교사는 부모가 자녀를 위해서 하고 있는 아주 작은 일까지도 인정해 줄 필요가 있다. 부모면담을 위해 원을 방문한 것, 매일 아침 아이가 원에 늦지 않도록 돌보아 준 것 등을 인정하며, 자녀의 긍정적인 측면과 나아진 점 등을 꾸준히 부모에게 전달한다. 말이 없는 부모에게는 질문을 함으로써 반응을 하도록 유도한다. 예를 들어 "아이가 아침에 무슨 반찬을 먹었나요? 무슨 놀이를 좋아하나요?" 등 답하기 쉬운 질문을 하고, 면담 후에는 부모에게 "○○에 대해 많이 알려 주어서 지도하는 데 도움이 되었습니다." 라는 이야기를 한다. 자주 전화 통화나 메모를 보내고 부모로 하여금 답장을 하도록 유도한다.

비협조적인 부모와도 자주 전화통화하거나 만나는 횟수를 늘리고 부모의 의견을 높이 평가해 주고 공감하여 동질감을 느끼게 한다. 그리고 교육목표와 운영방침, 프로그램의 내용, 교육목표 등에 대해 자세히 설명하면서 협조를 구하는 것이 좋다.

③ 빠른 변화를 원하는 부모

부모의 기대에 부응하는 방향으로 아이가 빨리 자라거나 변화하기를 재촉하는 부모가 있다. 교사는 부모의 성급한 마음에 공감을 해 주면서도 변화에는 때가 있어 그 시기를 준비하면서 기다려야 한다는 것을 차분히 설명해 주어야 한다. 아이가 준비되었을 때 교육을 하는 것이 아이에게 최상의 결과를 안겨 준다는 것을 설명한다. 발달이론이나 발달단계를 설명하면서 부모의 조급함이 오히려 아이에게 해를 끼칠 수 있다는 점도 이해시킨다.

④ 자신의 자녀에게 더 많은 관심을 요구하는 부모

자기 아이에게만 신경을 써달라고 하는 부모는 얄밉고 이기적인 사람으로 생각될 수 있다. 교사는 그런 부모에게 화를 내기보다는, 모든 부모에게 자기 자녀가 가장 사랑스럽고 소중한 만큼, 교사는 모든 아이들에게 골고루 관심을 가진다는 것을, 부모에게 확고하면서도 부드럽게 이야기한다. 그리고 다른 사람의 관심을 나누어 갖고 서로 부딪치는 과정에서 아이의 사회성과 정서가 발달한다는 것을 알려 준다.

⑤ 자녀를 객관적으로 파악하지 못하는 부모

어떤 부모들은 자녀가 정상적 발달을 보이고 있음에도 불구하고 문제가 있다고 생각하거나, 반대로 지나치게 과대평가를 하는 경우가 있다. 반면 아이가 실제로 발달 지체를 보이거나 문제행동을 보이는 데도 불구하고, 자기 아이에게는 아무런 문제가 없다고 생각하는 경우도 있다. 부모가 자녀를 객관적으로 보지 못할 때는 검사와 같은 객관적인 자료와 관찰기록을 활용해서 이야기하는 것이 좋다.

⑥ 지적 발달을 위한 교육프로그램을 과도하게 요구하는 부모

영유아기에 전인적 발달의 중요성을 설명하고, 성인중심의 인지적인 학습은 지적인 발달에도 도움이 되지 않음을 설명한다. 단순 지식만을 과도하게 받아들이는 것은 창의성 발달과 문제해결 능력 증진에 오히려 저해가 됨을 알려 준다. 인지발달과 더불어 정서, 사회성, 창의성 등을 골고루 발달시키는 것이 유아의 지적 성취를 도울 뿐 아니라 행복하게 하는 것임을 이해시킨다.

⑦ 교사에게 무례한 부모

교사에게 폭언을 하거나 난동을 부리는 부모가 있다. 오리엔테이션을 할 때 기관장은 부모에게 자신의 자녀를 위해서라도 교사의 권위를 인정해야 함을 알린다. 교사와 부모는 서로 협조해야 하는 관계이며, 상호존중의 큰 혜택이 자녀에게 돌아감을 인식하도록 한다. 교사가 부모보다 나이가 어리고 경험이 적다고 할지라도, 교사는 영유아교육과 관련된 학과를 전공하였고 아이에 관해서는 부모보다 더 잘 알 수 있고 도움을 줄 수 있음을 상기시켜야 한다. 비상식적이고 폭력적인 부모를 교사 혼자서 감당할 필요는 전혀 없다. 부모가 화를 내는 원인에 대해서는 경청, 이해하는 자세를 보여야 하지만 모든 교사와 원감, 원장이 합심해서 폭언, 난동이 용납되지 않음을 알려 준다.

⑧ 장애를 지닌 아이 또는 다문화 가정의 아이에 대해 거부감을 나타내는 부모

장애아나 다문화 가정에 대해 편견을 가지고 부정적인 시각으로 바라보는 부모들이 있는데 이런 부모를 설득하려고 성급하게 시도하지 않는다. 부모가 느끼는 불안, 불만 등을 충분히 듣고 수용한다. 그런 다음 장애아나 다문화 가정의 아이가 자녀에게 부정적인 경험보다는 오히려 다양한 경험을 할 수 있도록 하며, 다른 사람을 도와주는 이타적인 행동을 배울 수 있는 좋은 기회가 됨을 알려 준다.

⑨ 자녀가 아닌 부모자신의 이야기를 하는 부모

부모들은 가끔 자녀에 대해서 면담을 하러 왔다가 부모 자신의 개인문제, 부부문제, 가정문제를 이야기하는 경우가 있다. 교사는 부모의 이야기를 경청하고 공감적으로 반응하면서, 부모의 문제가 자녀와 어떤 연관성을 가질 수 있는지 함께 생각하도록 유도한다. 때로는 힘든 부분을 이야기하면서 우는 부모도 있다. 눈물을 흘리는 경우는 휴지를 건네 주고 진정될 때까지 기다린 후, 상황의 어려움에 주의를 기울이는 것보다 상황을 어떻게 해결할지를 생각해 보는 것이 중요하다는 것을 이야기한다. 부모의 힘든 상황이 자녀에게 영향을 주는 부분이 어떤 것이 있는지 확인하고 부정적인 영향을 줄일 수 있는 방안을 강구한다(홍길회 외, 2016).

2) 집단면담

(1) 집단면담의 개념 및 필요성

집단면담은 비슷한 문제를 안고 있는 대상자들이 소수의 집단을 구성하여 동일

한 주제를 놓고 각자의 의견을 대화형식으로 진행해 나가는 것으로, 집단 상호 간의 역동적 상호작용을 활용하여 문제를 해결하거나 인간의 성장과 발달을 촉진시켜 나가는 과정이다.

유아교육기관에서의 집단면담은 한 반의 교사와 다수의 부모가 함께 모여 자녀에 관한 의견을 나누며 정보를 교환하는 활동으로, 적게는 4명에서 많게는 8명 정도의 부모가 함께 모임을 하게 된다. 집단면담은 면담의 깊이를 갖기 어려운 단점이 있지만, 시간을 절약할 수 있고, 부모들 간의 교류를 통하여 자녀의 문제를 폭넓게 볼 수 있으며, 부모와 교사 둘만의 긴장된 관계를 해소할 수 있다는 장점을 갖는다. 같은 문제로 고민하는 부모들이 모이게 되면 서로가 쉽게 공감대를 형성하여 면담의 효과를 극대화할 수 있다(김진영 외, 2009).

집단면담에서 부모들은 상호작용과 구성원들 간의 대화를 통해 자신의 견해 및 양육방식에 대한 다른 사람들의 생각을 통찰할 수 있게 된다. 또한 다른 부모들도 비슷한 문제를 가지고 있다는 것을 인식함으로써, 심리적인 안정감을 갖고 새로운 관점에서 해결방안을 모색하고자 하는 동기를 가지게 된다.

(2) 집단면담의 목표

- 부모로부터 영유아에 관한 정보를 얻는다. 부모가 영유아에 대해 가지고 있는 공통적인 기대나 걱정을 확인함으로써, 영유아의 행동을 이해하고 영유아를 지도하는 데 도움을 받는다.
- 부모로부터 유아교육기관에 대한 기대를 듣는다. 자녀를 기관에 보내면서 부모가 가지는 기대를 파악할 수 있다. 유아교육기관이나 교사가 자녀를 어떻게 교육하고 지도하길 바라는지를 파악할 수 있다.
- 교사와의 일대일 면담을 부담스러워하는 부모에게 집단면담은 긴장관계를 줄일 수 있다.
- 자녀양육에 대한 부모들 간의 공통된 관심사를 나눌 수 있는 좋은 기회이다. 유사한 연령의 자녀를 가진 부모는 비슷한 관심사를 공유한다. 서로의 관심사를 공유하는 것을 통해 부모가 걱정하고 있는 자녀의 문제가 대부분의 또

래 아이가 보이는 일반적인 행동특성이라는 것을 알게 된다.

- 자녀양육에서 경험한 성공사례나 실패사례를 들으면서, 자녀지도에 대한 안목을 넓힐 수 있다. 때로는 심각하다고 느끼는 자녀의 문제를 서로 이야기 나누다 보면, 형제가 있는 부모의 양육경험을 통해 시간이 지나면 자연스럽게 해결되는 부분이 있음도 알게 된다(홍길회 외, 2016).

(3) 집단면담의 내용

집단면담의 주제를 잘 선정하는 것이 중요한데, 이는 부모들 간의 공통된 관심사를 주제로 선택해야 함께 고민을 나누고 해결방안을 모색하려는 동기가 높아지기 때문이다. 집단면담의 주제로는 다음 내용들을 선정할 수 있다.

- 기관에서의 영유아의 적응문제
- 놀이 지도법
- 또래 형성 및 관계
- 발달에 맞는 자조기술
- 기본 생활습관
- 문제행동 지도법
- 대화기법

이외에 집단면담 시간을 이용해서 교사는 자녀가 속한 학급의 일반적인 정보와 교사의 교육철학 및 운영방침, 1년 동안의 주요행사 및 하루 일과를 소개함으로써 부모의 협조를 구할 수 있다.

(4) 집단면담의 운영

집단면담의 운영을 위한 절차는 다음과 같다(홍길회 외, 2016).

① 준비

- 집단면담을 하기 최소 2~3주 전에 가정통신문을 발송한다. 가정통신문에는 집단면담 장소, 일시 및 집단면담 소요시간, 집단면담 주제, 참석여부 표시난 등을 기재한다.
- 집단면담이 이루어지는 장소에는 원탁을 가운데 놓고 둘레에 의자들을 놓는다. 자녀의 이름과 부모의 이름이 적힌 이름표를 놓아서 자리를 배치한다.
- 일찍 도착한 부모들을 위해 간단한 다과를 준비하고, 유아교육기관이나 영유아에 대한 자료나 사진을 배치해 기다리면서 볼 수 있도록 세심한 배려를 한다.

② 진행 절차

집단면담 진행과정은 다음과 같다.

- 부모가 도착하면 반갑게 맞이하고 자녀의 이름표가 있는 곳에 앉도록 안내한다.
- 참여하기로 한 부모들이 모두 모이면, 교사부터 시작해서 부모들 각자 자신을 소개하면서 서로 인사를 한다.
- 교사는 집단면담의 목적과 당일 집단면담의 주제에 대해 간략하게 설명한다.
- 연이어 집단면담의 진행순서와 주의점에 대해 안내한다. 진행은 주제에 대해 부모의 의견을 나누도록 하면서 서로 자연스럽게 의견을 교환할 수 있도록 한다.
- 교사는 어떤 부모의 고민에 대해 반영적 경청을 하여 공감을 표시한다. 그리고 다른 부모들도 의견이 다른 부모의 의견에 대해 비판하거나 상처 주는 말을 하지 않도록 미리 이야기를 한다.
- 한 부모가 오랫동안 발언을 하지 않도록 한다. 최대 발언시간을 알려 주고 이를 초과한 경우 신호(예: 종소리)를 줄 것임을 미리 알려 준다.
- 부모가 해결방안을 요구할 경우 교사는 즉시 답을 주기보다는, 다른 부모들

의 의견을 구하면서 해결방안을 함께 모색하도록 유도한다.

- 정해진 시간이 다 되면 교사가 앞서 논의되었던 내용들을 요약하고, 가정과 원에서 지도해야 할 부분에 대해서 이야기한다.
- 교사는 부모에게 기관의 교육철학이나 교사의 교육방침 또는 공지할 내용에 대해 이야기한다.
- 끝으로 기관에 부탁하고 싶은 이야기를 하도록 한다.

3) 전화상담

(1) 전화상담의 개념 및 필요성

전화상담은 많은 장점이 있어서, 영유아 지도와 부모와 긴밀한 관계를 형성하는 데 매우 효과적으로 활용될 수 있다.

- 긴급하게 의사소통이 필요할 때 할 수 있다. 부모가 시간이 없어서 기관에 방문하기 어려울 때 사용한다. 아이가 아플 때, 다쳤을 때, 결석했을 때 등 급히 의사소통을 해야 할 때도 간편하고 빠르게 전달할 수 있는 방법이다.
- 아이의 성공적인 성취가 있을 때나 흥미로운 일화가 있을 때 부모에게 연락하여, 가정에서도 아이가 부모로부터 칭찬이나 격려를 받을 수 있도록 한다.
- 교사는 아이와 그 가족의 안부를 묻는 전화를 자주 함으로써, 교사가 자녀에게 애정과 관심이 있음을 부모에게 보여 주어, 신뢰로운 관계를 형성할 수 있다. 부모는 또래관계, 학습태도, 활동 참여정도, 문제행동 유무, 기본 생활습관 등에 대해 교사에게 전달받기를 원한다.
- 많은 교사들이 공식적인 개인면담을 하기 전에 전화상담으로 부모들을 먼저 접촉하면서, 라포를 형성하고 유지할 수 있다.
- 자녀의 문제행동으로 부모를 만나 해결방안을 모색해야 할 때, 문제가 해결될 때까지 수시로 전화통화를 하여 지도상황을 부모와 공유하고 제안할 수 있다. 그러나 심각한 문제를 의논할 때는 직접 만나도록 한다.

(2) 효과적인 전화상담을 위한 전략

전화상담은 부모와 교사가 얼굴을 보지 않고 대화를 하는 것이기 때문에, 부모가 전한 내용과 부모의 감정에 민감하게 관심을 기울여야 하며, 정확한 발음과 부드러운 목소리로 이야기하면서, 교사 자신의 감정전달에 신경을 써 오해가 없도록 한다. 전화상담을 하고 나서는 전화상담일지에 기록한다. 전화상담은 급한 상황에서 긴요한 의사소통 수단으로 이용되기도 하고, 필요시 편안하게 대화를 나눌 수 있는 방법이지만, 교사가 일관성 있고 주기적이며 체계적인 전화상담을 계획하는 것도 필요하다.

4) 인터넷을 이용한 상담

인터넷 사용이 활발해지면서 직장생활을 하는 부모나 기관에 방문하는데 어려움이 있는 바쁜 부모들의 인터넷을 통한 상담이 증가하고 있다. 인터넷 상담은 시간과 노력을 최소화하면서 부모의 관심사에 일대일 답변이 가능한 방법으로, 부모 입장에서는 시간과 장소에 제약 없이 궁금한 것을 물어보며 정보를 얻고 의논할 수 있다는 장점이 있다. 반면 답변을 하기 위해서 교사가 근무시간 이외에 업무를 해야 하는 경우도 있고, 충분한 의사소통 없이 일방적으로 정보나 의견을 제공할 수 있다는 단점이 있다.

인터넷 상담의 유형은 다음과 같다.

- 유아교육기관의 홈페이지를 구축한 경우, 공지사항이나 교육활동 안내뿐만 아니라, 면담메뉴를 마련하여 면담이 이루어질 수 있다. 공개와 비공개 두 가지 형태로 되어 있으며, 교사의 신속한 답변이 요구된다.
- 포털 사이트 내의 무료 카페나 클럽을 이용한다. 교사가 운영자가 되고, 부모들이 회원자격으로 참여하여, 서로 교류하면서 정보를 공유하는 것이다.
- 개인 이메일을 이용하는 방법이다. 교사는 이메일을 사용할 경우 맞춤법에 주의해야 하며, 기록이 남기 때문에 신중하게 작성하여야 하며 나중에 진히

생각하지 않은 목적으로 사용될 수 있다는 점을 유념해서 준비해야 한다(홍길회 외, 2016).

5) 기타

최근 영유아교육기관의 현장에서는 스마트폰을 활용하여 소통이 이루어지고 있다. 스마트폰을 활용한 소통은 메신저, SNS와 커뮤니케이션 앱 등을 통하여 시간과 장소에 구애받지 않고 양방향 의사소통이 이루어지며 즉각적인 커뮤니케이션이 가능함에 따라 면담에도 활용되고 있다.

커뮤니케이션 앱의 기능을 활용하면 유아에 대한 면담과 자녀에 대한 세세한 이야기를 충분히 나눌 수 있고 모바일 인스턴트 메신저나 SNS를 활용하는 경우 발생할 수 있는 개인의 사생활 침해와 불필요한 정보제공을 막을 수 있다.

현재 다양한 종류의 스마트알림장 앱 중에서 키즈노트, 키디스, 맘파파 등이 있으나 키즈노트가 국내에서 가장 먼저 개발되어 가장 많이 사용되고 있다. 키즈노트 앱은 알림장과 공지사항, 사진 및 동영상을 볼 수 있는 앨범, 식단표, 투약 의뢰서, 귀가 동의서, 전자출결 시스템을 통한 출결상황을 확인할 수 있다.

스마트알림장을 활용해 영유아에 대해 기록하게 되면 수정할 것이 있을 때 쉽게 수정할 수 있고, 텍스트로는 전달이 불가한 감정을 스마트알림장 앱 서비스 내에서 제공하는 스티커나 이모티콘을 통해 전달할 수도 있다. 또한 편리한 시간에 글을 남겨 두어 소통할 수 있고, 갑자기 결정되거나 변화되는 전달사항을 누구에게나 즉시 공지할 수도 있어 편리하다. 또한 스마트알림장을 통한 소통방식은 지면, 전화, 홈페이지, 대면 소통 등을 통합한 총체적 애플리케이션으로 정보전달뿐 아니라 양방향 의사소통 방식으로 업무의 효율성을 높이는 장점이 있다(홍길회 외, 2022).

3 효율적인 부모면담을 위한 대화기법

부모면담을 효과적으로 하기 위하여 교사는 영유아의 발달에 관한 지식이나 유아의 지도방법은 물론 여러 가지 면담이론과 대화방법에 대한 지식, 기술, 태도를 갖추어 면담자로서의 자질을 발휘할 필요가 있다.

일반적으로 면담에는 여러 가지 면담기법이 있지만 영유아교육현장에서 교사가 부모와의 면담을 효과적으로 이끌기 위해 배워야 할 몇 가지 면담기법을 소개하면 다음과 같다(박성희, 2007).

1) 촉진적 관계의 형성

면담에서 촉진적 관계형성은 면담자와 내담자가 서로를 어떻게 지각하고 받아들이느냐는 차원에서 이해될 수 있는 것으로, 촉진적 관계가 형성되었을 때 다음 단계로 진전될 수 있다. 이를 위해서 면담자는 내담자를 공감적으로 이해하고 수용적 존중을 해야 한다. 인본주의자인 Rogers는 공감적 이해와 수용적 존중이 인간관계의 핵심요소로 면담의 필요충분조건이라고 하였다.

면담에서 면담자가 내담자와의 촉진적인 관계를 형성하기 위해서 사용하는 기법을 소개하면 다음과 같다(홍길회 외, 2016).

(1) 공감적 이해

① 공감적 이해의 의미

내담자의 감정에 대한 공감적 반영은 신뢰가 있는 관계를 맺기 위해 필요하다. 공감적 이해는 내담자의 내면세계를 이해하기 위해 면담자가 활용하는 가장 중요한 기법으로 자신이 직접 경험하지 않고도 상대방의 감정을 거의 같은 수준으로 이해하는 것을 의미한다.

② 공감적 이해의 가치

- 공감적 이해는 관계형성에 있어서 매우 중요한 역할을 한다. 면담자가 내담자를 공감적으로 이해하고 있음이 내담자에게 전달되면 그는 자신이 이해받고 있다는 느낌을 받게 되고, 면담자를 보다 신뢰하게 되어서 자신을 깊이 드러내 보이게 된다. 면담자가 내담자의 내면세계에 대해 역지사지하는 자세는 면담자가 내담자 자신을 보다 깊게 이해하도록 돕는 것은 물론 심리적 공감대를 형성함으로써, 면담자와 내담자와의 관계를 부드럽게 한다.
- 내담자를 공감적으로 이해한다는 것은 그를 설득해서 면담자의 의견에 따르도록 하는 것이 아니라, 내담자가 전개하는 논리를 있는 그대로 존중하고 그것을 충실히 따라가는 것이다. 사람들이 타인과 의사소통을 할 때 가장 많이 사용하는 방법 중 하나가 설득하는 것이다. 그러나 설득하기보다는 내담자가 자신의 논리를 충실히 따르도록 면담자가 안내하여 내담자 스스로 자신을 객관화시켜 볼 수 있는 기회를 주는 것이 문제해결에 도움을 줄 수도 있다.

③ 공감적 이해의 예시

<table>
<tr><td colspan="2">"매일 매일 아이들 돌보고 집안일만 하다 보니 어느 날 나는 누구인지 한심하기도 하고 답답하고 스트레스가 쌓여서 별일도 아닌데 아이들한테 큰소리를 지르게 되요. 그러다가 후회하고… 매일매일 이런 일이 반복이에요."</td></tr>
<tr><th>충고 · 설득</th><th>공감적 이해</th></tr>
<tr><td>"자녀가 어릴 때는 어머니만 힘드신 것이 아니라 모든 부모님들이 다 비슷하실 거예요. 그래도 어머님이 속상하시다고 아이들한테 큰소리 지르시는 것은 교육상 좋지 않아요. 마음을 가라앉히도록 노력해 보세요."</td><td>"어머니 개인의 시간도 가지시고 마음의 여유가 좀 더 있다면 아이들한테도 더 잘할 수 있으실 것 같은데… 그게 안 되니 답답하시고 속상하신가 봐요."</td></tr>
</table>

(2) 수용적 존중

① 수용적 존중의 의미

수용적 존중은 상대방의 감정, 경험 및 잠재력에 대해 긍정적인 존중과 관심을 표명하는 것이다(이장호·금명자, 1992). 이는 무조건적으로 내담자의 의견에 동의하라는 것이 아니라 상대방을 하나의 인격체로서 존중하는 것이다. 우리가 누군가를 도우려고 할 때에, 자신의 문제를 스스로 해결할 수 있는 그의 능력을 믿고, 본인 스스로 하려는 노력을 격려해 줌으로써, 상대방에 대한 존중을 보여 줄 수 있다. 그러므로 면담자가 내담자의 생각과 감정, 잠재력을 신뢰하며 상대방을 존중하는 태도를 지녀야 한다.

② 수용적 존중의 가치

- 사람들은 진정한 자신의 모습을 찾게 되면, 그를 바탕으로 타인과의 관계를 창출하는 성숙한 자세를 가지게 된다. 반면 진정한 자신이 아니라는 것은, 보잘 것 없는 자신을 다른 사람들이 알게 되면 비난과 질책이 쏟아질까 봐 가면을 쓰고 사는 것으로, 자신보다 타인의 기대를 우선시하고 그 기대를 충족시키기 위해 자신의 욕구를 희생시키는 것이다. 면담자가 있는 그대로 내담자의 모습을 받아들이고 존중할 때, 그는 타인으로부터 인정받기 위해 허비하던 심리 에너지를 전환하여 진정한 자아를 탐색하고 즐기는 데 사용할 수 있게 되면서 진정한 자아회복을 하게 된다.
- 면담자가 내담자의 열등감, 비난, 좌절, 원망, 적개심 등을 정성껏 들어주고 수용하는 것은 내담자 스스로 자신을 새롭게 인식하게 되기를 기대하는 것이다. 내담자에게 일어나는 현상을 판단 없이 바라보는 면담자의 이러한 수용적 태도는 내담자에게도 자신의 존재를 객관화할 수 있도록 함으로써, 궁극적으로 자기수용의 단계에 도달하도록 한다. 현 상태와 가능상태의 수용은, 아무리 지치고 부족하고 허약하고 결점 투성이 일지라도, 바로 지금 그러한 나를 존중하고 인정하도록 돕는다.

- 면담에서 내담자를 수용하는 목적은 면담관계를 부드럽게 하는 것은 물론 내담자를 변화, 성장시키기 위함이다. 면담자가 내담자를 수용하면 내담자 스스로도 자신을 수용하게 된다.

③ 수용적 존중의 예시

"전 도대체 이 원의 교육방침을 이해하지 못하겠습니다."	
방어적인 태도	수용적 존중
"제가 여러 번 원의 교육철학과 교육방침에 대해서 말씀드렸는데…. 혹시 지난번 오리엔테이션 때 일찍 가셔서 못 들으신 것 아닌가요? 이런 말씀을 어머니에게서 처음 듣는 것이라서…."	"원의 교육방침을 잘 알고 싶으신데 이해가 안 되셔서 매우 답답하셨나 봐요. 제가 좀 더 자세히 설명을 해드렸어야 했는데…. 어떤 부분에 대해 설명을 해 드릴까요?"

(3) 명료화

① 명료화의 의미

명료화는 상대방의 대화내용을 분명히 하고, 상대방이 표현한 바를 정확히 지각하였는지 확인하는 대화기술이다. 대화를 하다 보면 애매모호한 어휘, 다중의미를 가진 어구, 뒤틀린 문법, 논리의 비약 등으로 혼란스러워질 수 있는데, 이때 명료화가 필요하다.

② 명료화의 가치

- 내담자나 면담자가 검증되지 않은 가정과 추리로 섣부른 결론에 도달하지 않도록 돕는다.
- 내담자로 하여금 면담자가 자신의 말을 정확히 이해하고 있고, 자신의 말에 집중하고 있음을 느끼게 하여 신뢰감을 심어 준다.
- 문제상황과 관련된 내담자의 감정, 경험, 행동이 구체적으로 논의되어질 수 있다.

③ 명료화의 예시

"남편하고는 더 이상 말을 하고 싶지 않아요. 말이 통해야 말이죠. 말을 해 봐야 소용이 없어요."
명료화 반응: "남편에게 무슨 이야기를 했고 남편이 어떻게 반응하셨길래 그런 생각을 하시게 되었나요?"

2) 문제의 이해와 새로운 조망의 촉진

면담자가 내담자에 대한 공감적 이해, 수용적 존중 등을 통해 내담자가 자신의 경험, 행동 및 감정 등을 자신의 관점에서 탐색했다면, 그다음 단계는 새로운 조망을 발달시켜 문제상황을 다룰 수 있는 대안을 갖도록 하는 방법이 필요하다.

이러한 방법으로는 요약, 정보제공, 질문하기 등이 있으며, 이에 대해 소개하면 다음과 같다(홍길회 외, 2016).

(1) 요약반응

① 요약의 의미

다루고 있는 문제상황을 더욱 초점화하고 구체적으로 탐색할 수 있도록 돕기 위해 요약을 사용한다. 요약은 단순히 내담자가 말한 내용들을 간추려서 정리하는 수준이 아니라 서로 관련이 있는 내용들을 체계적으로 정리해서 내담자에게 표현하는 것이다.

② 요약반응의 예시

"저의 부모님은 무섭고 매우 엄격하셨어요. 대학생일 때도 통금시간이 있어서 친구들과 놀다가도 저만 집으로 가야 했어요. 그래서 저는 제 아이들한테 친구같이 편한 부모가 되고 싶어요. 가급적 많은 것을 허용하고 자기가 좋아하는 것을 할 수 있도록 해 주어요. 애들도 저를 편하게 대하고요. 그것은 좋아요. 그런데 가끔 아이들이 부모인 제게 너무 버릇없는 것은 아닌지 걱정이 되고. 지난번 애들 아빠 친구 가족이 왔는데, 그 집 아이들은 우리한테는 물론 자기 부모님에게도 예의가 바르고, 잘 큰 것 같아서 부럽더라고요. 그날 괜히 우리 아이들한테 소리를 지르고 혼을 냈어요. 제가 잘하고 있는 건가요?"

요약: "어릴 때 부모님의 엄격한 양육방식이 좋지 않게 생각되어 자녀에게는 부모님과는 반대로 허용적으로 양육을 하고 계시고, 그로 인해 아이들과의 관계는 만족스럽지만, 허용적인 양육방식이 다른 측면으로 아이들에게 좋지 않은 것은 아닌지 걱정이 되시는 것이군요."

(2) 정보제공 반응

① 정보제공의 의미

내담자가 정보가 부족해서 자신의 문제를 충분히 탐색할 수 없는 경우도 있는데, 이럴 때 필요한 정보를 준다거나 정보를 얻을 수 있는 자료를 소개해 줄 수 있다. 이때 정보제공이 상대방에게 충고하는 것이 되지 않도록 주의해야 한다.

② 정보제공의 가치

- 내담자가 자신의 문제에 대한 새로운 조망을 발달시키도록 돕는다.
- 어떤 경우에는 결정을 확신하게 하는 역할이나 지지적인 역할을 한다.
- 예를 들어 교사가 부모면담을 할 때, 교사는 영유아교육에 대한 지식과 영유아지도 방법을 알고 있을 뿐 아니라, 여러 명의 영유아들을 가르치는 경험이 있는 전문가이다. 그러므로 부모의 고민의 어떤 부분에 있어서는 교사의 전문지식과 기술을 부모와 공유하는 것만으로도 좋은 해결방안이 될 수 있다.

③ 정보제공의 예시

“우리 부부는 ㅇㅇ이가 착하고 남을 배려하는 좋은 아이가 되도록 키우고 싶은데 ㅇㅇ이는 자기만 알아요. 절대로 친구에게 양보하지도 않고. 외동이여서 그럴까요?”
정보제공: “유아기의 아이들이 그러는 것은 발달단계로 볼 때 있을 수 있는 반응입니다. 성인이 자기만 생각하는 이기적인 태도와는 달리 아직 상대방의 입장이나 관점을 알지 못해서 오는 자기중심적인 태도입니다. 지금은 부모님이나 주위에서 좋은 모델을 자주 보여 주시고, 4~5세 정도 되면 상대방의 입장이나 감정을 알 수 있도록 설명해 주시면 됩니다.”

(3) 질문하기

① 질문하기의 의미

면담자는 내담자로 하여금 자신의 문제를 더 깊이 이해하도록 도와주는 질문을 하도록 한다.

② 효과적인 질문을 위해 고려할 점

- 개방적 질문을 하면 상대방의 관점, 의견, 감정을 끌어 낼 수 있다.
- 간접질문을 하면 내담자에게 불편감을 덜어 줄 수 있다.
- 내담자에게 혼란을 주지 않도록 이중질문은 피한다.
- 질문은 구체적인 내용으로 한다.
- 필요시 우회적인 질문을 해서 내담자의 부담을 적게 한다.
- 내담자의 방어나 회피를 가져올 수 있는 ‘왜’라는 질문은 피하는 것이 좋다.

③ 질문하기 예시

잘못된 질문	효과적인 질문
• 얼굴이 핼쑥해지셨어요. 요즘에 좋지 않은 일이 있으신가요?	• 얼굴이 핼쑥해지셨어요. 요즘에 무슨 일이 있으신가요?
• ㅇㅇ어머니는 체벌교육을 강조하시는 아버님을 어떻게 생각하시나요?	• ㅇㅇ어머니는 체벌교육을 강조하시는 아버님 의견을 어떻게 생각하시는지 궁금하군요.
• ㅇㅇ가 친구랑 자주 다툼을 하고 다툴 때 야단을 치시나요?	• 친구하고 자주 싸우나요?(반응을 듣고) • 친구하고 싸울 때 어떻게 하시나요?
• 아버님은 말이 없으신가요?	• 아버님은 처음 만나시는 분하고 있을 때는 말이 없으신가요?
• 이 문제에 대해 ㅇㅇ의 아버지하고 의논을 해 보셨나요?	• ㅇㅇ의 아버지는 이 문제를 어떻게 생각하실까요?
• 왜 친구랑 다투었어?	• 친구와 어떤 문제로 다투게 되었니?

출처: 홍길회 외(2016).

참고 문헌

강홍렬 · 장혜경 · 김혜영 · 김영란 · 최민영 · 전미경 · 윤성호(2006). 정보화로 인한 가족관계와 가족역할의 미래변화 총괄보고서: 가족기능 변화와 미래 가족 전망. 경제 · 인문사회연구회 협동연구총서, 06-03.

고남희(2009). 교류분석 활용 부모교육 프로그램이 부모-자녀 간 의사소통, 부모 효능감 및 양육 스트레스에 미치는 효과. 연세대학교 교육대학원 석사학위논문.

공미혜(1995). 이혼에 의한 가족해체 현상. 여성연구논집, 6(1), 7-23.

공인숙 · 권기남 · 권혜진 · 김영주 · 김혜라 · 민하영 · 서주현 · 이완정 · 전숙영 · 정윤주 · 채진영 · 최인숙 · 한미현 · 황혜신(2018). 영유아발달. 경기: 양서원.

교육부(2015). 다문화가정 학생 교육 지원 계획.

교육인적자원부(2006). 다문화가정의 자녀교육실태 조사.

교육학 용어사전(1995). 서울대학교 교육연구소.

국어사전(2008). 서울: 금성출판사.

국립서울병원(2014). 문제행동별 치료 사례집 및 부모교육 사이버 프로그램 개발. 국립서울병원 국립정신보건교육 · 연구센터.

권민균 · 권희경 · 문혁준 · 성미영 · 신유림 · 안선희 · 안효진 · 이경옥 · 한유진(2012). 아동발달. 서울: 창지사.

권현애(2007). 한국의 영유아 보육정책에 관한 연구. 가야대학교 석사학위논문.

김경화(2003). 상호교류분석이론에 기초한 부모교육이 어머니의 심리적 자세, 자아개념 및 유아의 자아개념에 미치는 영향. 중앙대학교 대학원 박사학위논문.

김명희(1996). 현대사회의 부모 교육 서울: 학문출판사.

김명희(2009). 부모교육과 상담. 서울: 동문사.

김미란(2005). 아들러 개인심리학에 근거한 격려집단상남 프로그램 개발 및 효과분석. 목포대학교 박사학위논문.

김미숙(2010). 상호교류분석이론에 기초한 부모교육이 어머니의 자아개념과 대인관계 능력에 미치는 영향. 삼육대학교 대학원 석사학위논문.

김선희(2006). STEP 부모교육 프로그램이 어머니의 양육태도 변화에 미치는 효과. 광운대학교 교육대학원 석사학위논문.

김송이(2007). 자녀의 정서성과 남편의 부모역할 지지에 따른 어머니의 양육스트레스, 양육행동 및 유아의 사회적 유능성. Family and Environment Research, 제45권, 8호, 1-11.

김영옥(2016). 부모교육. 경기: 공동체.

김영옥·홍지명·김세루·김권일(2008). 유아교육기관의 부모상담 현황 및 교사와 부모의 요구분석. 유아교육학논집, 12(1), 165-191.

김유정(2012). 재혼가족의 레질리언스 강화를 위한 실천모형 기초연구. 한국가정관리학회지, 30(4), 147-161.

김정신(1999). 아버지의 양육태도와 양육참여도에 따른 유아의 친사회적 행동. 이화여자대학교 대학원 석사학위논문.

김정옥(1995). 가족 스트레스, 가족체제유형, 가족복지의 관계분석. 대한가정학회지, 33(3), 101-112.

김정원(2002). 영유아보육 현장의 조부모 역할 교육 및 지원 프로그램의 개발 과정에 관한 연구. 한국보육학회지. 2(1). 21-37.

김진영·김정원·전선옥(2009). 영유아를 위한 부모교육. 서울: 창지사.

김춘경(2006). 아들러 아동상담. 서울: 학지사.

김항중(1992). 건강한 가족내의 의사소통과 자아개념에 관한 연구. 대전대 사회과학 논문집, 145-153.

김현주·손은경·신혜영(2002). (현장중심) 부모교육: 이론과 실제. 서울: 양서원.

김혜선(2004). 조손가족 아동의 정서. 행동에 영향을 미치는 요인 연구. 이화여자대학교 대학원 박사학위논문.

김혜선·박희성(2000). 이혼 예방을 위한 최근 미국 가족 정책에 관한 소고 -결혼허가증제도와 서약결혼제도를 중심으로-. 한국가정관리학회 제28차 추계학술대회 자료집.

김혜숙·최동옥(2013). 교사를 위한 학부모 상담 길잡이. 서울: 학지사.

김혜영·김은지·최인희·김영란(2011). 조손가족지원방안연구. 연구보고서 수시과제-1, 서울: 한국여성정책연구원.

김홍주(1993). 한국 가족 문제의 특징: 기능주의 가족 문제론 비판. 한국사회사 연구회 논문집, 39. 서울: 문학과지성사.

김희진(2006). 유아교육기관에서의 부모교육과 지원. 서울: 파란마음.

문향화(2013). P.E.T. 부모교육프로그램이 영아기 어머니의 자아존중감과 양육효능감에 미치는 효과. 동아대학교 교육대학원 석사학위논문.

문혁준(2001). 부모의 효율적 훈육태도에 관련된 변인 분석. 아동학회지, 22, 1, 35-49.

문혁준·김경은·서소정·성미영·안선희·임정하·하지영·황혜정(2016). 영유아 발달. 서울: 창지사.

문혁준·양성은·김상림·손서희·윤수정·천희영(2020). 결혼과 가족. 서울: 창지사.

문혁준·양성은·김혜금·천희명·권영인·조한숙(2012). 가족관계. 서울: 창지사.

박경일(2012). 차별강화에 의한 초등학교아동의 공격 행동수정 사례연구. 전남대학교 교육대학원 석사학위논문.
박선정(2015). 유아기 아동을 둔 아버지의 양육인식에 관한 내용분석. child health nurs res, 21(2), 91-97.
박성연·고은주(2003). 영아보육 및 가족변인이 어머니의 양육행동에 미치는 영향. 대한가정학회지, 41(7), 91-106.
박성희(1999). 상담실 밖 상담 이야기. 서울: 학지사.
박영애·최목화·양명숙·나종혜·김민정(2005). 현대인의 자녀양육. 서울: 학지사.
박용석(2021). 예비부모교육. 서울: 동문사.
박지수(2013). 교류분석이론에 기초한 부모교육활동이 어머니의 양육태도에 미치는 영향. 한국교원대학교 대학원 석사학위논문.
보건복지부 편(2012). 발달장애인 부모교육과정 개발을 위한 연구. 서울: 금산군; 보건복지부; 중부대학교.
보건복지부·육아정책연구소(2019). 2018년 전국보육실태조사-가구조사 보고-.
보건복지부·한국여성정책연구원(2013). 아동학대 예방을 위한 부모교육 제도화 및 활성화방안 연구. 서울: 한국여성정책연구원.
서동인(1991). 손자녀가 지각한 조부모와의 심리적 친밀도: 친부모와 외조모의 비교 연구, 경희대학교 대학원 박사학위 청구논문.
서미경(2000). 현대사회의 가족문제와 가족치료. 서울: 양서원
서병숙(1994). 건전가정 육성을 위한 실천적 과제. 한국가정관리학회지, 12(2), 275-279.
서수경(2002). 포스트모던 가족담론과 한국가족의 변화. 대한가정학회지, 40(5). 95-108.
서영숙·황은숙(2003). 한부모 가정과 이혼 이해교육. 서울: 양서원.
서점삼(2001). 토큰강화가 학습부진아의 부적응 행동수정과 학업성취에 미치는 효과. 아주대학교 교육대학원 석사학위논문.
성정원(2011). 어머니의 취업여부 및 자녀 연령에 따른 어머니의 양육죄책감에 영향을 미치는 변인에 관한 연구. 한국보육학회지, 11(2), 123-145.
손소영(2013). 아버지 역할이 나타난 TV 광고 분석 연구. 기초조형학연구, 14(5), 219-227.
송정아(1995). 한국도시 부부의 건강한 결혼관련 변인. 한국가정관리학회지, 13(1), 69-78.
양정화(2003).남편의 협력과 어머니 효능감이 어머니의 양육스트레스에 미치는 영향. 수원대학교 석사학위논문.
여성가족부(2005). 다문화 가족지녀 양육지원 실태와 요구.
여성가족부(2012). 다문화 가족정책 기본계획.

여성가족부(2019). 2018년 한부모 가족 실태조사 결과발표. http://www.mogef.go.kr./nw/rpd/nw_rpd_s001d.do?mid=news405&bbtSn=706302에서 2020년 1월 29일 출력.

여성가족부·복권위원회(2021). 2021년 한부모·조손가족 복지서비스 안내.

연미희(1994). P.E.T.가 유치원 어머니들의 의사소통 기술과 자녀에 대한 가치관, 부모 역할 만족도, 유아의 문제행동에 미치는 영향. 경희대학교 대학원 박사학위논문.

연미희·김진숙(2008). 부모교육이론과 실제. 서울: 동문사.

오영순(2012). STEP 부모교육 프로그램이 어머니의 자아존중감 및 어머니-자녀간의 의사소통에 미치는 영향. 건양대학교 교육대학원 석사학위논문.

오영희·엄정애(2000). 부모와 자녀. 경기: 동현출판사.

옥선화·정민자·고선주 (2006). 결혼과 가족. 서울: 하우.

우재현(2003). 심성개발을 위한 교류분석(TA) 프로그램– 초급과정. 서울: 정암서원.

원지현(2008). STEP 부모교육 프로그램이 어머니의 양육태도와 자아개념에 미치는 영향. 동국대학교 교육대학원 석사학위논문.

유안진(1999). 아동발달의 이해. 서울: 문음사.

유영주·이정연·오윤자(1998). 건강한 가족생활을 위한 결혼준비 프로그램. 가족생활교육–이론 및 프로그램. 서울: 하우.

유영주 외(2004a). 새로운 가족학. 서울: 신정.

유영주(2004b). 건강가정의 의미와 방향성 모색. UN 세계가정의 해 10주년 기념 심포지움 자료집.

유호순·정원식(1994). 부모교육. 서울: 방송대출판사.

윤서영(1999). 아버지의 역할수행과 아동의 사회적 적응과의 관계. 고려대학교 대학원 석사학위청구논문.

이강숙(1985).Dreikurs 이론에 따른 부모 및 지역간의 양육태도 차이에 관한 연구. 이화여자대학교 교육대학원 석사학위논문.

이경우 편역(1986). 당신도 유능한 부모가 될 수 있다. 서울: 창지사.

이기숙(1982). 유아교육과정. 서울: 교문사.

이도영·김남옥·추석호·이수연·김규식(1999). 교류분석: 이론과 실제–교류분석 훈련 프로그램: 훈련자 매뉴얼–. 서울: 중앙적성출판사.

이동영·김남옥·추석호·이수연·김규식(1999). 교류분석: 이론과 실제. 서울: 중앙적성출판사.

이선애·김상림·신희이(2015). 부모교육. 서울: 정민사.

이숙 외(2004). 부모교육. 서울: 학지사.

이순형·권미경·최인화·김미정·서주현·최나야·김지현(2010). 영유아언어지도. 서울:

교문사.
이슬기 · 전귀연 · 김수경(2007). 유아기 자녀를 둔 아버지의 일-아버지 역할 갈등과 양육 스트레스가 양육 효능감에 미치는 영향. 대한가정학회지, 45(1), 35-49.
이영주(2008). 다문화 가족 아동의 특성에 따른 적응요인: 위험요인과 보호요인분석. 한국가족복지학, 13(1), 79-101.
이영분(1983). 어머니의 교육을 통한 부모-자녀관의 갈등개선에 관한 실험연구. 이화여자대학교 대학원 석사학위논문.
이원영 · 김정미(2011). 예비부모교육. 서울: 학지사.
이원영 · 이태영 · 강정원(2008). 영유아 교사를 위한 부모교육. 서울: 북카페.
이장호 · 금명자(1992). 상담연습교본. 경기: 법문사.
이재연 · 김경희(2000). 부모교육. 경기: 양서원
이정순(2003). 유아기 자녀를 둔 아버지의 양육참여와 부부관계, 부모성장과의 관계, 아동학회지, 24(3), 99-108.
이혜란(1996). P.E.T.가 어머니의 부모역할에 대한 인식에 미치는 영향. 연세대학교 대학원 박사학위논문.
임미희(2006). 유치원의 P.E.T. 부모훈련프로그램이 어머니의 의사소통 증진에 미 치는 효과. 강남대학교 교육대학원 석사학위논문.
임수연(2003). 토큰강화가 주의집중행동에 미치는 영향 : 초등학교 아동을 대상으로. 울산대학교 교육대학원 석사학위논문.
임양미(1994). 어머니 양육방식의 관련요인. 연세대학교 대학원 석사학위논문.
장선아 · 김향희(2000). 정상아동과 말- 언어장애아동의 수용 및 표현 어휘력에 관한 연구: 그림어휘력검사와 한국판 보스턴 이름대기검사를 중심으로, 언어장애-청각장애의 다문학적 접근. 서울: 한국언어청각임상학회.
장성오(2011). 교류분석 이론에 기초한 부모교육 프로그램의 적용 효과. 경기대학교 대학원 박사학위논문.
장영희 · 김희진 · 엄정애 · 권정윤(2007). 생애초기 저소득층 및 다문화 가정 자녀 발달지원프로그램 개발방향. 교육정책연구과제, 12, 273-285. 교육인적자원부.
전명자(2005). 유아의 정신적 표상능력의 발달: 가상과 틀린 믿음을 중심으로. 국민대학교 대학원 석사학위논문.
정경화(2008). 백업강화자의 초점을 둔 토큰강화기법이 품행장애 아동 및 학급전체 아동의 행동문제에 미치는 효과. 진주교육대학교 교육대학원 석사학위논문.
정계숙 · 문혁준 · 김명애 · 김혜금 · 신희이 · 심희옥 · 안효진 · 양성은 · 이희선 · 정태회 · 제경숙 · 한세영(2021). 부모교육. 서울: 창지사.
정문자 · 제경숙 · 이혜란 · 신숙재 · 박진아(2011). 아동심리상담. 서울: 양서원.

정옥분(2002a). 아동발달의 이해. 서울: 학지사.

정옥분(2002b). 사회정서발달. 서울: 학지사.

정옥분 · 정순화(2016). 부모교육. 서울: 학지사.

정현숙 · 유계숙(2005). 가족관계. 서울: 신정.

조명한(1989). 한국어 문장의 통사정보처리, 1989년도 한국정보과학회 언어공학연구회 학술발표 논문집, 225-227.

조옥라(1986). 전통사회에서의 부모의 역할. 서울: 창지사.

지옥정 · 권이정 · 정재은 · 최미순(2021). 지속가능한 사회를 위한 부모교육. 서울: 창지사.

진민주(2004). 이혼가정 유아에 대한 지도방안: 유아교육기관을 중심으로. 가야대학교 교육 대학원 석사학위논문.

최경숙 · 박영아(2005). 아동발달. 서울: 창지사.

최경순(1992). 아버지의 양육행동 및 참여도와 아동의 사회적 능력과의 관계. 고려대학교 대학원 박사학위논문.

최덕선(2009). STEP 부모교육 프로그램이 어머니의 양육태도와 유아행동에 미치는 영향. 동국대학교 교육대학원 석사학위논문.

최미숙(2014). 아버지의 양육참여도가 유아의 정서조절능력 및 또래유능성에 미치는 영향력, 어린이문학교육연구, 15(17), 313-332.

최혜순(2011). 부모교육. 서울: 동문사.

통계청(2013). 맞벌이 가구실태조사.

통계청(2014). 가구주의 성별및 맞벌이 가구비율.

통계청(2014). 경제활동 인구연보.

통계청(2014). 재혼가족현황.

통계청(2015). 2014년 다문화 인구동태 통계결과 보도 자료.

통계청(2017). 장래가구추계: 2015~2045. http://www.index.go.kr/potal/main/EachDtlpageDetail.do?dx_cd=1578에서 2020년 1월 29일 출력.

통계청(2019b). 2018년 인구동태통계연보(혼인 · 이혼편). http://kosis.kr/publication/publicationThema.do 에서 2020년 1월 29일 출력.

통계청(2021). 다문화 혼인유형별 규모 및 비중(2018~2020년).

통계청(2021). 이혼인구 비중(30세 이상).

통계청(2021). 인구주택총조사.

통계청(2021). 출신국적별 혼인비중(2020).

통계청(2021). 혼인상태 별 인구(15세 이상).

통계청(2022). 자녀연령별 맞벌이 가구.

통계청(2022). 지역별 고용조사.

한국과학기술한림원 편(2006). 영재를 자녀로 둔 학부모 교육 프로그램 연구. 성남: 한국과학기술한림원 출판위원회.

한국청소년상담복지개발원 편(2012a). 다문화가정 부모교육. 서울: 한국청소년상담복지개발원.

한국청소년상담복지개발원 편(2012b). 예비부모를 위한 부모교육. 서울: 한국청소년상담복지개발원.

한국청소년상담복지개발원 편(2014). 학교폭력 피해자 부모교육 프로그램 매뉴얼 – 2014 이음부모교육 프로그램. 서울: 한국청소년상담복지개발원.

한국청소년상담복지개발원 편(2015). 학교폭력 가해자 부모교육 프로그램 매뉴얼 – 2015 이음부모교육 프로그램. 부산: 한국청소년상담복지개발원.

한국청소년상담원 편(2005). 이혼가정 자녀를 위한 부모교육 프로그램 개발연구. 서울: 한국청소년상담원.

한국청소년상담원 편(2009a). 영유아 부모교육 프로그램. 서울: 한국청소년상담원.

한국청소년상담원 편(2009b). 저소득 가정 부모 교육 프로그램 개발. 서울: 한국청소년상담원.

함인희(2001). 변화하는 사회, 다양한 가족. 서울: 양서원.

허봉렬(1996). 건강한 가족이란 어떠한 가족인가?. 제3회 가정의 날 기념행사. 한국건강가족실천운동본부.

홍길회 · 정미자(2008). 유아기 아버지의 양육태도 및 언어형태와 자녀의 사회성 발달과의 관계. 유아교육 · 보육행정학회, 12(2), 237–260.

홍길회 · 이혜란 · 왕영희 · 정미자(2016). 부모교육. 서울: 창지사.

홍길회 · 황정해(2012). 결혼과 가족관계. 서울: 동문사.

홍길회 · 황정해(2019). 가족관계의 이해. 파주: 정민사.

홍길회 · 최정화 · 홍찬영(2022). 부모상담. 서울: 동문사.

황정해(2004). 자녀의 발달단계에 따른 남성의 부성경험 연구. 동국대학교 대학원 박사학위논문.

Baumrind, D. (1973). The development of instrumental competence through socialization. In A. Pick (Ed.). *Minnesota Symposium on Child psychology*, 7, Minneapolis: University of Minnesota Press.

Belsky, J. (1984). The determinants of parenting: A process model. *Child Development*, *55*, 83–96.

Belsky, J., Woodworth, S., & Crnic, K. (1996). Trouble in the Second year: Three questions about family interaction. Child Development, 67, 556–578.

Berk, L. E. (2015). 아동발달. 이종숙, 신은수, 안선희, 이경옥 공역. 서울: 시그마프레스.

Berne, E. (2006). *심리게임: 교류분석을 읽는 인간관계의 뒷면*. 조혜정 역. 서울: 교양인 (원저 1964년 출판).

Berne. E. (1975). *What do you say after you say hello?*, NY: Grove Press.

Bower, T. G. R. (1979). *Human development*. San Francisco, CA: Freeman.

Brooks, J. B. (2001). The process of parenting (3rd ed.). *새로운 세대의 부모와 자녀(3판)*. 이순례, 문연심, 신건호 공역(2006). 서울: 학지사.

Brooks, J. B. (2006). *The process of parenting*. Palo Alto, CA: Mayfield.

Couchenenour, D., & Chrisman, K. (1988). *Families, schools,and communities: Together for young children*. Columbia: Delmar.

Cowen, E. L., Orgel, A. R., Geston, E. L., & Wilson (1979). The evolution of an intervention program for young school children with acting- out problems. *Journal of Abnormal Child Psychology, 7*(4), 381-396.

Crain, W. C. (2000). Theories of development: Concepts and applications. NJ: Prentice Hall.

Dinkmeyer, D., & McKAY, G. (1986). *당신도 유능한 부모가 될 수 있다*. 이경우 역. 서울: 창지사(원저 1982년 출판).

Dombro, A. L., & Lerner, C. (2007). Sharing the care of infants and toddlers. In Koral 다, E. (ed). *Young Children and falilies*, pp. 16-18. NAEYC.

Erikson, E. H. (1963). *Childhood and society*. NY: Norton.

Evans, R. (1990). Making mainstemming work through pre ferral consultation. *Educational Leadership*, *47*, 73-77.

Gabel, H. D. (1973). Effects of parent group education an group play psychotherapy on maternal children-rearing attitudes. Unpulished doctoral dissertation. University of Rochester.

Galinsky (1987). The six stages of parenthood. Addison- Wesley Publishing, Company, INC. 김세희 외 역(1992). *자녀와 더블어 성장하는 부모-부모기의 6단계*. 서울: 양서원.

Galvin, K. M., & Brommel, B. J. (1991). *Family interaction: Cohesion and change*. NY: HarperCollins.

Ganong, L. H., & Coleman, M. (1994). A meta-analytic comparison of the self-esteem and behavior problems of stepchildren to children in other family structures. *Journal of Divorce & Remarriage*, *19*(3), 143-163.

Gestiwicki, C. (2000). Home, school, and community relation. (4th ed.). NY: Delmar.

Gennarelli, C. (2004). Communicating with families: Children lead the way. *Young Chil-*

dren, January, 98–99.

Ginott(1965). *Between parent and child*. NY: Macmillian.

Ginott, H. G. (2003). 부모와 아이사이. 신홍민 역. 서울: 양철북(원저 1965년 출판).

Ginott, H. G. (1965). *Between Parent And Child*. NY: Macmillan.

Ginott, H. G. (1969). *Between Parent And Teenager*. NY: Macmillan.

Ginott, H. G. (1972). *Teacher and Child*. NY: Macmillan.

Goldenberg, H., & Goldenberg, I. (1995). Counseling today's families. California : Brooks/Cole Pub., Co.

Gordon, I. J. (1975). Reaching the young child through parent education. *Childhood Education*, *46*(5), 247–249.

Gordon.T. (1995a). 부모역할 배워지는 것인가. 김인자 역. 서울: 한국심리상담소(원저 1976년 출판).

Gordon, T. (1995b). 효과적인 부모역할훈련 Work Book. 김인자 역. 서울: 한국심리상담소.

Gordon, T. (1995c). 효과적인 부모역할훈련 강사지침서. 김인자 역. 서울: 한국심리상담연구소.

Harris, P. L., Kavanaugh, R. D., & Meredith, M. C. (1994). Young children's comprehension of pretend episodes: The integration of successive actions. *Child Development*, *65*(1), 16–30.

Harris, T. A. (1969). *I'm OK-You're OK*. NY: Haper & Row Publisher.

Hinkle, Arnold, Croade, & Keller (1980). Adlerian parent education: Changes in parents' attitudes and behaviors, and children's self–esteem. *American Journal of Family Therapy*, *8*(1), 32–43.

James, M., & Jongeward, D. (1978). *Born to win: Transactional analysis with gestalt experiments*. NY: Signet.

Kail, R. V. (2008). 아동과 발달. 권민균, 김정민, 최형성 공역. 서울: 시그마프레스.

Keyser, J. (2006). From Parent to partners. St Paul: Redleaf Press.

Lewis, M. (1997). The self in self–conscious emotions. In J. G. Snodgrass & R. L.Thompson (Eds.), The self across psychology: self–awareness, self–recognition and the self–concept, pp.119–142. NY: New York Academy of Sciences.

McLoyd (1990). The impact of economic hardship on black families and children: Psychological distress, parenting, and socioemotional development. *Child development*, *61*, 311–346.

Olson, D. H. & DeFrain, J. (1999). *Marriage and the family : Diversity and strengths* (3rd ed.). Mountain View, CA: Mayfield Publishing Co.

Olson, D. H., & DeFrain, J. (2003). *Marriages and families: Intimacy, diversity, and strengths*. NY: McGraw-Hill.

Papalia, D. E., & Olds, S. W. (1982). *A child's world: Infancy through adolescence*. NY: McGraw-Hill.

Richards, D. D., & Siegler, R. S. (1986). Children's understandings of the attributes of life. *Journal of Experimental Child Psychology*, *42*(1), 1-22.

Shaffer, D. R., & Kipp, K. (2010). Developmental psychology: Childhood and adolescence (8th ed.). Belmont, CA: Wadsworth.

Shatz, M., & Gelman, R. (1973). The development of communication skills: Modifications in the speech of young children as a function of listener. *Monographs of the Society for Research in Child Development*, *38*(5), 1-38.

Stinnett, N., & DeFrain (1985). *Secrets of strong families*. Boston: Little Brown.

Summelin, M. L., & Ward, G. R. (1978). The effect of parental participation in a parent group on a child's self-concept. *Journal of Psychology*, *100*, 227-232.

Tanner, J. M. (1990). Foetus into man: Physical growth from conception to maturity (2nd ed.). Cambridge, MA: Harvard University Press.

Therrien, M. E. (1979). Evaluationg empathy skill training for parents. *Social Work*, *24*(5), 417-419.

von Hofsten, C. (1983). Catching skills in infancy. *Journal of Experimental Psychology: Human Perception and Performance*, *9*, 75-85.

Wahler, R. G., Winkel, G. H., Peterson, R. F., & Morrison, D. C. (1965). Mothers adbehavior therapists for their own children. *Behavior Research and Therapy*, *3*, 113-124.

Wolf, M. M., Risley, T., & Mees, H. (1964). Application of operant conditioning procedures to the behavior problems of an autistic child. *Behavior Research and Therapy*, *1*, 305-312.

저자 소개

홍길회

연세대학교 아동가족학과 학사
연세대학교 아동가족학과 석사
Gregorio Araneta University 교육경영학과 박사
현: 동남보건대학교 유아교육학과 교수

저서 : 부모상담 / 가족관계의 이해 / 사회 · 가족의 변화에 따른 부모교육
유아교육기관 운영관리 / 유아다문화교육 / 영유아 건강교육 제3판
아동관찰과 행동연구 제2판 / 영유아를 위한 수학교육 제2판
창의성교육의 실제 / 영유아교사인성론 제2판 등

우수정

연세대학교 아동가족학과 학사
연세대학교 아동가족학과 석사
연세대학교 아동가족학과 박사
현: 동남보건대학교 유아교육학과 교수

저서 : 보육학개론 / 아동과학지도

새로운 시대의

부모교육

초 판 1쇄 인쇄 2023년 2월 10일
초 판 1쇄 발행 2023년 2월 17일

지 은 이 | 홍길회 · 우수정
펴 낸 이 | 김기섭
책임편집 | 이윤희
펴 낸 곳 | www.changjisa.com
08589 서울시 금천구 가산디지털 1로 83 파트너스타워1차 9층
전화 (02) 719-2211~3
팩스 (02) 701-9386
등 록 | 1977년 4월 28일 · 제1-421호

ISBN 978-89-426-1583-4 (93370)

값 20,000원